beck´sche reihe

b^sr

Das politische System der Vereinigten Staaten unterscheidet sich erheblich von dem unsrigen, so daß eine übersichtliche Darstellung auf dem aktuellen Stand für das Verständnis der Politik Amerikas unerläßlich scheint. Nach einem kurzen Überblick über die Entwicklung der Vereinigten Staaten von den Urkolonien bis heute beschreibt der Autor im einzelnen die Entwicklung des Staatsgebietes und der Immigration, den Föderalismus, die Interessenverbände, die Parteien, die Wahlen, die Massenmedien, die Beziehungen zwischen Präsident und Kongreß, das Gerichtswesen und die politische Kultur des Landes. Vergleiche mit der Bundesrepublik erleichtern das Verständnis.

Emil Hübner war Akademischer Direktor am Geschwister-Scholl-Institut für Politische Wissenschaft der Universität München mit Arbeitsschwerpunkt Politische Systeme der westlichen Demokratien. Bei C. H. Beck ist erschienen: (mit Ursula Münch): Das politische System Großbritanniens (²1999).
Ursula Münch ist Professorin für Politikwissenschaft an der Universität der Bundeswehr München.

Emil Hübner

Das politische System der USA

Eine Einführung

6., aktualisierte Auflage

Fortgeführt von Ursula Münch

Verlag C.H.Beck

Mit 1 Karte und 7 Tabellen

1. Auflage. 1989
2., aktualisierte Auflage. 1990
3., aktualisierte Auflage. 1993
4., vollständig überarbeitete und aktualisierte Auflage. 2001
5., aktualisierte Auflage. 2003

Originalausgabe

6., durchgesehene und aktualisierte Auflage. 2007
© Verlag C. H. Beck oHG, München 1989
Gesamtherstellung: Druckerei C. H. Beck, Nördlingen
Umschlagabbildung: Uwe Göbel
Umschlagentwurf: + malsy, Willich
Printed in Germany
ISBN 978 3 406 47578 8

www.beck.de

Inhalt

I. Von der Unabhängigkeitserklärung bis zur Verabschiedung der Verfassung 7
1. Die Vorgeschichte 7
2. Der Unabhängigkeitskrieg 10
3. Die „Philadelphia Convention" und die Verabschiedung der Verfassung 12

II. Land und Leute. 18
1. Von den Urkolonien zu den Vereinigten Staaten von heute 18
2. Immigration und Bevölkerungsentwicklung der USA ... 26
3. Problemgruppen der amerikanischen Gesellschaft: die Schwarzen und die Armen 28

III. Der amerikanische Föderalismus 40
1. Die Regelungen der Verfassung 40
2. Die Föderalismus-Rechtsprechung des Supreme Court .. 41
3. Die Aushöhlung des Föderalismus im modernen Sozial- und Industriestaat 45
4. Reagans „New Federalism" und der jüngste Kompetenz- gewinn der Einzelstaaten 48
5. Zusammenfassung 50

IV. Die amerikanischen Interessenverbände 54
1. Die amerikanische Pluralismustheorie 54
2. Die traditionellen Interessengruppen.............. 55
3. Die „public interest groups" 58
4. Die Einflußstrategien der amerikanischen Interessen- verbände 60

V. Die amerikanischen Parteien 63
1. Zur historischen Entwicklung der amerikanischen Parteien 63
2. Die schwierige Abgrenzung 68
3. Zur Organisation der amerikanischen Parteien........ 69
4. Die „National Conventions".................. 72
5. Die Schwäche der amerikanischen nationalen Parteien ... 76

VI. Die amerikanischen Wahlen ... 79
1. Formale Bestimmungen ... 79
2. Die amerikanischen Parteien und ihre Wähler ... 86
3. Die Wahlkampffinanzierung ... 90

VII. Die amerikanischen Massenmedien ... 96
1. Daten zur Medienstatistik ... 96
2. Rechtliche Regelungen ... 99
3. Zum Einfluß der Massenmedien im amerikanischen System ... 102

VIII. Präsident und Kongreß ... 109
1. Präsidentielles Regierungssystem und Gewaltenteilung ... 109
2. Der Kongreß – Aufgabenwahrnehmung und Organisation ... 113
3. Das Amt des Präsidenten ... 131
4. Machtverschiebungen zwischen Präsident und Kongreß ... 142

IX. Das Gerichtswesen der Vereinigten Staaten ... 152
1. Die Ausgangslage ... 152
2. Die amerikanischen Rechtsquellen ... 154
3. Die Organisation des amerikanischen Gerichtswesens ... 155
4. Die Stellung des Supreme Court ... 158

X. Zur politischen Kultur der Vereinigten Staaten ... 164

Anmerkungen ... 171

Auswahlbibliographie ... 190

Karte und Tabellen:

Tabelle 1: Daten zu den Einzelstaaten der USA	20
Karte: Die Vereinigten Staaten seit 1776	22
Tabelle 2: Entwicklung der Bundeszuschüsse an die Einzelstaaten und Gemeinden	47
Tabelle 3: Fraktionsstärke, Gesetzgebungsarbeit und Sitzungsdauer des Kongresses	122
Tabelle 4: Die derzeit wichtigsten Amts- und Mandatsträger der USA	133
Tabelle 5: Die Präsidenten der Vereinigten Staaten	137
Tabelle 6: Die Entwicklung der Mitarbeiter des Kongresses	144
Tabelle 7: Die Vorsitzenden des Supreme Court	160

I. Von der Unabhängigkeitserklärung bis zur Verabschiedung der Verfassung

1. Die Vorgeschichte

Die Entstehung der „first new nation" (Seymour M. Lipset) war alles andere als selbstverständlich und unumgänglich. Die dreizehn Kolonien, die sich schließlich von ihrem Mutterland Großbritannien lossagten, hatten seit ihren Gründungen im 17. Jahrhundert (Ausnahme war das erst 1732 entstandene Georgia) in nicht allzu spannungsreichen Beziehungen zu Großbritannien gelebt, bis mit dem Ende des Siebenjährigen Krieges Frankreich im Frieden von Paris im Jahre 1763 den Großteil seiner nordamerikanischen Kolonien an Großbritannien, das nun über die Gebiete östlich des Mississippi und über Kanada verfügte, und an Spanien verlor. Als Großbritannien dann in der Folgezeit versuchte, einen Teil der Kriegskosten auf seine amerikanischen Kolonien abzuwälzen, und ihnen gegenüber härter auftrat, eskalierten die Spannungen, aber es dauerte noch mehr als ein Jahrzehnt, bis 1775 der amerikanische Unabhängigkeitskrieg ausbrach und 1776 die „Declaration of Independence" verabschiedet wurde.

Die dreizehn „Ur"-Kolonien – Connecticut, Delaware, Georgia, Maryland, Massachusetts, New Hampshire, New Jersey, New York, North Carolina, Pennsylvania, Rhode Island, South Carolina und Virginia – bildeten nicht etwa eine zum Kampf gegen das Mutterland entschlossene Einheit; es bedurfte vielmehr einer größeren Anzahl von Pressionen durch die Engländer, um die Einigungsbestrebungen auf seiten der amerikanischen Kolonien voranzutreiben, ihre divergierenden Interessen zusammenzubringen und einen unabhängigen Bundesstaat entstehen zu lassen.

Ein gewichtiges Moment, das einer einheitlichen Front der Kolonien gegen Großbritannien entgegenstand, war ihr unterschiedlicher rechtlicher Status. Als wichtigste Typen können gelten:[1] 1) Die „royal colony": Sie unterstand direkt der britischen Krone und wurde von einem mit weitgehenden Ernennungsrechten ausgestatteten, von der Krone eingesetzten Gouverneur regiert. Sie war der vorherrschende Typ. 2) Die „proprietor colony": Hier wurde der Gouverneur, der ähnliche Rechte hatte wie derjenige der „royal colony", vom jeweiligen Eigentümer benannt (Maryland, Delaware, Pennsylvania). 3) Die „charter colony": Sie besaß die weitestgehende Autonomie und konnte ihren Gouverneur selbst wählen (Connecticut, Rhode Island).

Auch unterschiedliche religiöse Schwerpunkte der Kolonien – in den nördlichen und mittleren Kolonien siedelten vornehmlich Anhänger von minoritären, in Europa verfolgten Religionsgemeinschaften, während die Anhänger der anglikanischen Staatskirche eher in den Südkolonien zu finden waren – brachten Probleme für die Einigung, zumal die unterschiedlichen religiösen Bekenntnisse nicht ohne Rückwirkungen auf das wirtschaftliche Verhalten ihrer Mitglieder blieben.

Mögen auch die Auswirkungen der unterschiedlichen ethnischen Herkunft der Bewohner der amerikanischen Kolonien – vor der Revolution waren ca. 60–80% der weißen Siedler englischer Herkunft, die irischen, schottischen, deutschen, niederländischen oder französischen Siedler bildeten Minderheiten[2] – nicht von übermäßiger Bedeutung gewesen sein, so darf doch die entscheidende Ausnahme hier nicht übersehen werden: Die Schwarzen stellten damals mit über 20% der Gesamtbevölkerung die größte nichtenglische Bevölkerungsgruppe[3] dar. Sie bildeten eine gewichtige Belastungsprobe in den Verfassungsverhandlungen, die nur durch einen faulen Kompromiß überwunden werden konnte, und sie sind denn auch bis heute – nachdem die Auseinandersetzungen um ihren Sklavenstatus im Bürgerkrieg (1861–1865) beinahe zum Auseinanderbrechen der amerikanischen Nation geführt hatten – der entscheidende

Prüfstein für die Integrationsfähigkeit der amerikanischen Gesellschaft (ausführlicher II, 3).

Darüber hinaus zeigten auch die Wirtschafts- und Sozialstrukturen der Kolonien deutliche Unterschiede. Der Süden setzte relativ einseitig auf Land- und Plantagenwirtschaft, und die Einkommensunterschiede zwischen den Großfarmern und den Pächtern bzw. den ärmeren Bevölkerungsschichten waren hier am größten. In den mittleren und nördlichen Kolonien gab es einerseits deutlich weniger Pächter und mehr Grundbesitzer, und andererseits war die Fixierung des Südens auf die Landwirtschaft hier aufgelockert durch deutlich mehr Handel, Gewerbe und Fischfang. Hinsichtlich der Einkommensverteilung nahm die relative Homogenität von Süden nach Norden zu.

Die Kolonien waren vor der Revolution vergleichsweise reiche Länder, und man kann durchaus – berücksichtigt man das Sklavenproblem und dessen Rückwirkungen auf das Selbstwertgefühl der unteren Schichten der weißen Siedler – von einer „relative(n) Klassenharmonie auf rassistischer Grundlage"[4] sprechen, wobei allerdings diese Harmonie nicht überschätzt werden darf: Verschiedene Aufstände von verschuldeten Pächtern und Landeignern gegen das „Establishment" und gegen die Geldgeber machen ihre Relativität deutlich.

Eine einheitliche Haltung der Kolonisten gegenüber ihrem Mutterland ist jedenfalls vor dem Unabhängigkeitskrieg nicht zu erkennen. Und auch die letztlich geringen finanziellen und wirtschaftlichen Auswirkungen der verschiedenen Maßnahmen, die die Engländer nach dem Siebenjährigen Krieg zur teilweisen Abwälzung ihrer Kriegsschulden auf die Kolonien ergriffen – z.B. der „Stamp Act" von 1765 oder der „Townshend Act" von 1767 –, reichten nicht aus, um die wachsenden Spannungen zwischen den Kolonien und dem Mutterland zu erklären.

Im wesentlichen unterschätzten die Engländer bei ihren Disziplinierungsversuchen gegenüber den nun vom französischen Druck befreiten amerikanischen Kolonien deren Verwurzelung in der Selbstverwaltung, deren relative „Demokratisierung" und deren gewachsenes Selbstbewußtsein.

Die wirtschaftlichen Maßnahmen Großbritanniens sind hinsichtlich der Loslösung der Kolonien von ihrem Mutterland zwar bei weitem nicht bedeutungslos, aber es ist eben doch charakteristisch, daß die Nichtmitwirkung der Amerikaner an den entsprechenden Entscheidungen der Engländer eine gravierende Rolle spielte und daß die berühmte Devise „No taxation without representation" zum Schlachtruf der amerikanischen Unabhängigkeitsbewegung werden konnte.

2. Der Unabhängigkeitskrieg

Die Beziehungen zwischen den Kolonien und dem Mutterland erhielten ihren entscheidenden, wenn auch nicht irreparablen Knacks durch die Ereignisse, die der berühmten Boston Tea Party im Jahre 1773 folgten. Die Amerikaner empfanden den sog. „Tea Act" aus demselben Jahr, mit dem die Briten die East India Company vor allem auf Kosten ihrer amerikanischen Kolonien sanieren wollten, als erneute Demütigung durch das Mutterland und boykottierten deshalb dieses Gesetz. In Boston eskalierten die Spannungen, als Gegner des Gesetzes, die sich als Indianer verkleidet hatten, eine Schiffsladung Tee in den Hafen warfen. Die Zwangsmaßnahmen, die die Engländer gegen Boston verhängten, führten zu einer Solidarisierung der Kolonisten und ebneten schließlich den Weg zum Unabhängigkeitskrieg und zur Unabhängigkeitserklärung, die auf dem zweiten Kontinentalkongreß im Jahre 1776 von allen dreizehn Kolonien gebilligt wurde. Feierlich hielt die immer wieder zitierte, auf Lockeschen Ideen aufbauende und von Thomas Jefferson konzipierte Erklärung vom 4.7.1776 fest: „Folgende Wahrheiten erachten wir als selbstverständlich: daß alle Menschen gleich geschaffen sind; daß sie von ihrem Schöpfer mit gewissen unveräußerlichen Rechten ausgestattet sind; daß dazu Leben, Freiheit und das Streben nach Glück gehören; daß zur Sicherung dieser Rechte Regierungen unter den Menschen eingesetzt werden, die ihre rechtmäßige Macht aus der Zustimmung der Regierten herleiten; daß, wann immer irgendeine

Regierungsform sich als diesen Zielen abträglich erweist, es Recht des Volkes ist, sie zu ändern oder abzuschaffen und eine neue Regierung einzusetzen und diese auf solchen Grundsätzen aufzubauen und ihre Gewalten in der Form zu organisieren, wie es ihm zur Gewährleistung seiner Sicherheit und seines Glückes geboten zu sein scheint".[5] Anschließend zählt die Erklärung ein langes „Sündenregister" der britischen Krone auf, in dem auch die wirtschaftlichen Maßnahmen Erwähnung finden; und sie vollzieht, nachdem sie den britischen Monarchen mit einem Tyrannen verglichen hat, der zur Herrschaft über ein freies Volk ungeeignet ist, den Bruch: „Daher tun wir, die in einem gemeinsamen Kongreß versammelten Vertreter der Vereinigten Staaten von Amerika, unter Anrufung des Obersten Richters über diese Welt als Zeugen für die Rechtschaffenheit unserer Absichten namens und im Auftrag der anständigen Bevölkerung dieser Kolonien feierlich kund ..., daß diese Vereinigten Kolonien freie und unabhängige Staaten sind, ... daß sie von jeglicher Treuepflicht gegen die britische Krone entbunden sind und daß jegliche politische Verbindung zwischen ihnen und dem Staate Großbritannien vollständig gelöst ist und bleiben soll ..."[6]

Bei der Verabschiedung der amerikanischen Unabhängigkeitserklärung waren – wie erwähnt – die militärischen Auseinandersetzungen mit dem Mutterland bereits im Gange. Nach anfänglichen Niederlagen konnten die Amerikaner, die unter der Führung von George Washington nicht nur gegen das übermächtige Großbritannien zu kämpfen, sondern auch mit den englandfreundlichen Loyalisten im eigenen Land und mit der mangelnden Moral ihrer Truppen erhebliche Probleme hatten, im Jahre 1777 u. a. in der Schlacht bei Saratoga wichtige Erfolge verbuchen. Trotz wachsender Unterstützung der Amerikaner vor allem durch Franzosen schleppte sich der Krieg bis ins Jahr 1781: In diesem Jahr konnten die Amerikaner unter Mithilfe der französischen Flotte die britischen Truppen in Yorktown einschließen und zur Kapitulation zwingen. Im Frieden von Versailles erkannte schließlich Großbritannien im Jahre 1783 die Unabhängigkeit seiner amerikanischen Kolonien an, wobei deren Siedlungsgebiet bis zum Mississippi erweitert wurde.

Nach dem Wegfall der Solidarisierungsfunktion des Unabhängigkeitskrieges beherrschten verstärkt innenpolitische Auseinandersetzungen – insbesondere um das Sklavenproblem – die Szene. Die 1777 verabschiedeten und 1781 ratifizierten „Articles of Confederation" stellten zwar die erste geschriebene Verfassung der USA und den ersten Schritt auf dem Weg zum kommenden Bundesstaat dar, aber die Einzelstaaten behielten ihre Souveränität und die Rechte, die von den Einzelstaaten auf die nationale Ebene verlagert wurden, erwiesen sich als zu schwach, um das Überleben der Staatengemeinschaft sicherzustellen.

Daß eine Stärkung der nationalen Ebene erfolgen mußte, war weitestgehend, aber nicht allgemein akzeptiert – doch wie weit diese Stärkung gehen sollte und mußte, und wie das künftige Regierungssystem aussehen sollte, darüber ließ sich Einigkeit nur schwer herstellen. Daß die Ablösung der „Articles of Confederation" durch eine neue Verfassung in Gang kam, war nicht unwesentlich bedingt durch die sog. „Shays' Rebellion": 1786/87 revoltierten verschuldete Farmer in Massachusetts gegen zu hohe Steuern und gegen das Übergehen ihrer Probleme durch die Entscheidungsträger. Obwohl dieser Aufstand schließlich niedergeschlagen wurde, weckte er doch Ängste bei den wohlhabenden Bevölkerungskreisen und trug zu einer Entwicklung bei, die ursprünglich zu einer Revision der „Articles of Confederation" führen sollte, letztlich aber in der Erarbeitung einer völlig neuen Verfassung der USA mit einer deutlichen Stärkung der nationalstaatlichen Ebene enden sollte.

3. Die „Philadelphia Convention" und die Verabschiedung der Verfassung

Die Philadelphia Convention, die die neue Verfassung 1787 erarbeitete und schließlich verabschiedete, ist ein herausragendes Beispiel dafür, daß Verfassungen, die ihren Namen verdienen, nicht am Reißbrett irgendwelcher Staatsphilosophen konzipiert werden, aber auch nicht als reine Interessenkompromisse verstanden werden können. Die Delegierten der Philadelphia Convention hatten zwar ihren Locke, ihren Montesquieu oder andere politische Denker gelesen, sie kannten aber auch die Interessen ihrer Heimatstaaten und derjenigen gesellschaftlichen Gruppierungen, die sie nach Philadelphia entsandt hatten – und diese konkreten Interessen haben die Ideen der politischen Philosophen nicht nur in einzelnen Punkten verändert, weiterentwickelt oder ausgeblendet. Montesquieu z.B. war das „Orakel, das zu diesem Thema (scil. der Gewaltenteilung) immer wieder befragt und zitiert wird" – wie es James Madison formulierte.[7] Seine institutionellen Vorstellungen basierten jedoch auf einer Ständegesellschaft, so daß die amerikanischen Verfassungsväter ihnen zwar Denkanstöße ent-, sie aber nicht unverändert übernehmen konnten.

Probleme der Machtbegrenzung, die auch die seit längerem andauernden Auseinandersetzungen um Repräsentation, Föderalismus, Gewaltenteilung, Gleichheit, Freiheit und Eigentum umfaßten, waren die zentralen Diskussionspunkte der Verfassungsväter in der Philadelphia Convention: Insbesondere ging es um Machtbegrenzung der nationalen Institutionen untereinander, des Zentralstaates gegenüber den Einzelstaaten und den Individuen, aber auch um Machtbegrenzung kurzfristiger Wählermehrheiten. Einig war man sich in der Notwendigkeit der Etablierung einer Republik.

Der erste Diskussionsentwurf für die spätere Verfassung wurde von Edmund Randolph vorgelegt. Dieser Entwurf – meist als Virginia-Plan bezeichnet – sah eine deutliche Stärkung der Kompetenzen des Bundes vor: U. a. sollte die Bundesebene ein Vetorecht gegen einzelstaatliche Gesetze sowie die Möglichkeit erhalten, außerhalb der Verfassung agierende Einzelstaaten mit Waffengewalt zur Räson zu bringen. Die Legislative sollte aus zwei Kammern bestehen, von denen eine direkt durch das Volk, die andere durch die Legislativen der Einzelstaaten beschickt werden sollte, wobei den Einzelstaaten jeweils die ihrem Bevölkerungsanteil entsprechende Abgeordnetenzahl zukommen sollte. Die Legislative hatte in diesem Plan u. a. die Aufgabe, die Exekutive zu wählen.

Die kleineren Staaten lehnten diesen Plan jedoch verständlicherweise ab und stellten ihm den sog. New-Jersey-Plan, der auch als Paterson-Plan bezeichnet wird, entgegen. Dieser Plan sah u. a. ein Einkammersystem vor, in dem nach Staaten abgestimmt werden sollte, und er räumte der nationalen Ebene deutlich weniger Kompetenzen ein.

Die Brücke zwischen beiden Plänen bildete schließlich der „Great Compromise" – auch „Connecticut Compromise" genannt –, der vor allem in der Beschickung der Legislative beiden Seiten entgegenkam. Was die Konstruktion des Regierungssystems im engeren Sinne betrifft – sie wird in Kapitel VIII näher zu beschreiben sein –, so wird man neben dem Konflikt zwischen den größeren und kleineren Staaten auch die Rückwirkung der damaligen Verfassungskonstruktionen der Einzelstaaten als gewichtigen Einflußfaktor zu berücksichtigen haben: „Das präsidentielle Regierungssystem entwickelte sich in Amerika nicht, wie es eine Spruchweisheit will, weil die Amerikaner einen Ersatzkönig brauchten. Den hätten sie sich durch eine exaktere Kopie des britischen Systems mit einem Premierminister, einem verantwortlichen Kabinett und einem auf Lebenszeit gewählten Staatspräsidenten schaffen können. Das präsidentielle System auf Bundesebene ergab sich vielmehr aus der Tatsache, daß die Autoren der Einzelstaatsverfassungen von der aus der Kolonialzeit gewohnten Kombination von Gouverneur – Assembly – Gerichte und der damit verbundenen rigorosen Gewaltenteilung und gegenseitigen Gewaltenkontrolle sich Stabilität und Effizienz versprachen, und daraus, daß die Architekten der Bundesverfassung 1787/88 an dem vertrauten Modell festhielten".[8]

Könnte man – ähnlich wie von der oben zitierten „Declaration of Independence" – von der Präambel der Verfassung („Wir, das Volk der Vereinigten Staaten, von der Absicht geleitet, ... die Gerechtigkeit zu verwirklichen, das allgemeine Wohl zu fördern und das Glück der Freiheit uns selbst und unseren Nachkommen zu bewahren, setzen und begründen diese Verfassung für die Vereinigten Staaten von Amerika"[9]) noch zu einer reichlich idealistischen Sicht der neuen Verfassungskonstruktion verleitet werden, so wird man relativ bald eines Besseren belehrt. Bereits in Art. I Sect. 2 stößt man auf die nur im ersten Augenblick merkwürdige Formulierung, daß für die Festlegung der Abgeordneten und die Umlegung der direkten Steuern auf die einzelnen Staaten „zur Gesamtzahl der freien Personen ... ausschließlich der nicht besteuerten Indianer, drei Fünftel der Gesamtzahl aller übrigen Personen hinzugezählt werden". Die Schwarzen, denen das Wahlrecht nicht zuerkannt war, gingen so in die Verteilungsrechnung ein; sie wurden also nicht nur von ihren Eigentümern, sondern auch von den Verfassungsvätern zur „Handels"- und „Kompromißware" herabgewürdigt.

Charles Beard hat in seiner berühmten, erstmals im Jahre 1913 erschienenen Schrift „An Economic Interpretation of the Constitution of the United States" zusätzlich betont, daß die Verfassung im wesentlichen ein Werk der urbanen Geld- und Kapitaleigner gewesen sei, die sie gemäß ihren eigenen Interessen konstruiert hätten. Selbst wenn diese These, die beileibe nicht unwidersprochen blieb,[10] richtig wäre: Die neue Verfassung erwies sich als flexibel genug, um gegensätzlichen Einflüssen relativ früh Gewicht zu verleihen. Die ethnische Schieflage hingegen, die die Verfassung geschaffen bzw. rechtlich abgesichert hatte, dauerte wesentlich länger an.

Gegen Beards These spricht zumindest partiell auch das Moment, daß die amerikanische Verfassung mit der Unterzeichnung durch 39 der 42 anwesenden Mitglieder – die restlichen 13 Mitglieder nahmen teilweise wegen ihrer ablehnenden Haltung nicht teil – am 17. 9. 1787 noch nicht in Kraft war. Sie bedurfte noch der Ratifizierung durch Staatskonvente von mindestens neun Einzelstaaten.

Der bald einsetzende Kampf um die Ratifizierung wurde auf der Seite der Verteidiger der Verfassung vor allem mit den sog. „Federalist Papers" aus der Feder von Alexander Hamilton, James Madison und John Jay argumentativ bestritten, die bis heute die wohl interessanteste Verteidigungsschrift der amerikanischen Verfassung und eine politiktheoretische Schrift ersten Ranges darstellen. Die Verfassungsgegner, die sog. Anti-Federalists, kritisierten an der Verfassung u. a. eine zu starke

Machtkonzentration zugunsten des Bundes, eine zu ineffektive Gewaltenteilung sowie mangelnde Einflußmöglichkeiten des „einfachen" Volkes und sie befürchteten – durchaus nicht zu Unrecht – eine weitere Machtausweitung des Bundes in der Folgezeit. Die Anti-Federalists verloren zwar ihren Kampf gegen die amerikanische Verfassung,[11] aber sie konnten einen gewichtigen Teilerfolg verbuchen: Die Ratifizierung der Verfassung wurde verknüpft mit ihrer ersten und bisher umfassendsten Ergänzung, der in den ersten zehn Verfassungsamendments zusammengefaßten „Bill of Rights". Dieser Grundrechtskatalog enthält u.a. die Garantie der Meinungs-, Presse- und Religionsfreiheit sowie eines ordentlichen Gerichtsverfahrens incl. des Schutzes vor willkürlicher Hausdurchsuchung bzw. Verhaftung. Das Verfassungsziel eines „limited government" wurde durch diesen Katalog nochmals eindringlich unterstrichen.

Einer Änderung dieser Verfassung haben die Verfassungsväter erhebliche Hürden entgegengestellt: Geht der Wunsch der Verfassungsänderung vom Kongreß aus, so bedarf der Vorschlag zunächst der Zweidrittelmehrheit in beiden Häusern und muß dann in drei Vierteln der Einzelstaaten entweder von den Parlamenten oder von speziellen Ratifikationskonventen gebilligt werden. Ein Verfassungszusatz kann auch durch die Parlamente von zwei Dritteln der Einzelstaaten in Gang gebracht werden; in diesem Fall wird ein Verfassungskonvent einberufen, der das Verfassungsamendment ausarbeitet. Der Vorschlag bedarf dann der einfachen Mehrheit dieser Versammlung und muß anschließend wiederum in dem beschriebenen Verfahren von den Einzelstaaten ratifiziert werden. Ein Kuriosum nebenbei: Ein von James Madison initiiertes Verfassungsamendment, das Diätenerhöhungen erst nach der nächsten Wahl in Kraft treten läßt, wurde zwar vom ersten Kongreß im Jahre 1789 mit der für Verfassungsänderungen notwendigen Zweidrittelmehrheit angenommen. Es verfehlte aber damals die ebenfalls notwendige Zustimmung von drei Vierteln der Einzelstaaten und trat erst 1992 mit 203jähriger Verzögerung in Kraft, nachdem Michigan als 38. Einzelstaat diesem 27. Amendment der US-Verfassung zugestimmt hatte.[12]

Der amerikanische Unabhängigkeitskrieg führte letztlich nicht zu einer Gesellschafts-, sondern zu einer „Verfassungsrevolution".[13] Mit einer geschriebenen republikanisch-demokratischen Verfassung, die ein gewaltenteilendes Regierungssystem festschrieb und – auch wenn sie bezüglich der Rechte der Schwarzen erhebliche Defizite aufwies – als für die damalige Zeit fortschrittlich bezeichnet werden muß; mit der verfassungsrechtlichen Absicherung der Volkssouveränität und des Föderalismus und mit der nachträglichen Festschreibung eines Grundrechtskataloges brachte die amerikanische Unabhängigkeitsbewegung wesentliche Anstöße für die spätere Entwicklung der westlichen Demokratien, die in ihrer Bedeutung die damaligen Veränderungen der amerikanischen Gesellschaft bei weitem übertrafen.

Oft habe er – so Benjamin Franklin am Tage der Unterzeichnung der Verfassung durch die Mitglieder der Philadelphia Convention – die Halbsonne am Stuhl des Präsidenten betrachtet, ohne zu wissen, ob sie auf- oder untergehe, aber nun schätze er sich glücklich zu wissen, daß es sich um eine aufgehende Sonne handele.[14] Das Problem der schwarzen Minderheit – dieser partiellen, aber lange andauernden „Sonnenfinsternis" der amerikanischen Gesellschaft – dürfte zwar in diesem Bild nicht ausreichend berücksichtigt sein, aber Franklins Begründung seiner Zustimmung zur Verfassung – „Ich stimme ... dieser Verfassung zu, weil ich keine bessere erwarte und weil ich nicht sicher bin, daß es nicht die beste ist"[15] – findet heute eine noch stärkere Unterstützung bei den Amerikanern als am Ende des 18. und während des 19. Jahrhunderts: „In einem Punkt sind sich alle Amerikaner einig – unabhängig davon, was sie politisch trennt: in ihrer geradezu religiösen Ehrfurcht vor der Verfassung".[16]

II. Land und Leute

1. Von den Urkolonien zu den Vereinigten Staaten von heute

Innerhalb der nun mehr als 200jährigen Geschichte der USA haben sich die 13 Urkolonien beträchtlich vermehrt und zu einem Land der Superlative entwickelt. Der Weg nach Westen begann bereits mit der Gründung der Vereinigten Staaten: Wie oben erwähnt, war der Siedlungsraum schon im Frieden von Versailles im Jahre 1783 bis hin zum Mississippi erweitert worden. Mit Kentucky und Tennessee im Westen und mit Vermont im Norden wurden noch im 18. Jahrhundert drei neue Bundesstaaten eingegliedert (die genauen Eingliederungsdaten sind der Karte auf S. 22 zu entnehmen, die heutige Bevölkerungszahl und die Größe der Einzelstaaten finden sich in Tabelle 1). Doch noch bevor das den 13 Gründerstaaten mit dem Frieden von Versailles zugefallene Gebiet vollständig besiedelt und mit einer funktionierenden Infrastruktur versehen war, konnten die Amerikaner ihr Staatsgebiet in etwa verdoppeln. Ausgangspunkt dieses wichtigsten Landkaufes in der amerikanischen Geschichte war der Verkauf des Louisiana-Gebietes durch Spanien an Frankreich im Jahre 1800.[1] Aus diesem Verkauf rührten Streitigkeiten zwischen Frankreich und amerikanischen Siedlern um die Benutzung der Hafenstadt New Orleans am Ende des Mississippi. Präsident Jefferson entsandte, um Eskalationen zu vermeiden, James Monroe als Sonderbeauftragten nach Frankreich. Er sollte sich um den Ankauf eines relativ kleinen Gebietes – nämlich des Mündungsgebietes des Mississippi und Westfloridas – bemühen. Noch vor dem Eintreffen Monroes in Paris bot Napoleons Außenminister Talleyrand den Amerikanern das gesamte Louisiana-Gebiet – es erstreckte sich von der Mississippi-Mündung über die heutigen Staaten Oklahoma, Missouri, Nebraska und Iowa bis Montana und North Dakota an der kanadischen Grenze und umfaßte knapp 830 000 Quadratmeilen – zum Kauf an. Monroe akzeptierte und erwarb dieses Gebiet für ca. 15 Mio. Dollar zugunsten der USA. An der Ostküste war nur noch das heutige Florida nicht im Besitz der USA. Doch auch der Kauf dieses Gebietes sollte nicht mehr lange auf sich warten lassen: Für 5 Mio. Dollar erwarben es die USA 1819 von Spanien. Das sog. Oregon-Gebiet im Nordwesten der heutigen Vereinigten Staaten wurde ab etwa demselben Zeitpunkt von Amerikanern und Briten gemeinsam verwaltet.

Doch auch das bis zu diesem Zeitpunkt erworbene Riesenterritorium war den nach Westen drängenden Siedlern noch zu klein. Im heutigen Texas z.B., das damals noch zu Mexiko gehörte, erklärten amerikanische Siedler im Jahre 1836 die Unabhängigkeit dieses Territoriums, das im Norden bis ins heutige Colorado reichte. Neun Jahre später – im Jahre 1845 – wurde dieses Gebiet dann unter Präsident Polk in die Union aufgenommen. Im darauffolgenden Jahr einigte man sich mit den Briten über die Nordgrenze des Oregon-Gebietes unter Aufgabe der weiter nach Norden reichenden Forderungen.[2] Durch diese Übereinkunft mit Großbritannien konnten sich die Amerikaner wieder nach Süden wenden und sich auf Auseinandersetzungen mit Mexiko um Kalifornien und Neu-Mexiko konzentrieren. Nach kriegerischen Konfrontationen, die 1848 erfolgreich abgeschlossen werden konnten, fielen auch diese Gebiete, die knapp 1,2 Mio. Quadratmeilen umfassen, im Frieden von Guadelupe Hidalgo für 15 Millionen Dollar an die Vereinigten Staaten.[3] Im Jahre 1853 wurde dann dieses Gebiet noch durch den sog. „Gadsden-Purchase" um ein vergleichsweise kleines Territorium nach Süden hin arrondiert.

Mit diesem Ankauf hatten die USA ihr heutiges Staatsgebiet im wesentlichen vervollständigt. Es blieben nur noch einige Erwerbungen außerhalb des geschlossenen Staatsgebietes. Die wichtigste und aus heutiger Sicht lukrativste war der Kauf Alaskas im Jahre 1867 von Rußland für 7,2 Mio. Dollar. Diesen Kauf hatte der damalige Außenminister William H. Seward initiiert; die Expansionsgelüste der Amerikaner schienen sich al-

Tabelle 1: Daten zu den Einzelstaaten der USA[4]

Bundesstaat	Aufnahme in die Union*	Größe in qkm	Einwohner (in 1000)				Pro-Kopf-Einkommen in $***				Bundeszuschüsse (in Mio. $)	
			1970	1990	2000	2005	1970	1990	2000	2005	2000	2004
Alabama	14.12.1819	135 293	3 444	4 040	4 447	4 558	2 945 (48)	15 832 (42)	23 471 (44)	27 695 (39)	4 570	6 057
Alaska	3. 1.1959	1 593 444	303	550	627	664	5 073 (1)	22 719 (6)	30 064 (15)	34 000 (16)	2 260	2 433
Arizona	14. 2.1912	295 276	1 775	3 665	5 131	5 939	3 789 (26)	17 211 (35)	25 578 (37)	28 658 (37)	4 501	7 815
Arkansas	15. 6.1836	137 742	1 923	2 351	2 673	2 779	2 827 (49)	14 509 (49)	22 257 (47)	25 814 (47)	2 657	4 124
California	9. 9.1850	411 470	19 971	29 811	33 872	36 132	4 746 (7)	21 889 (8)	32 275 (8)	35 219 (11)	33 158	47 283
Colorado	1. 8.1876	269 618	2 210	3 294	4 301	4 665	4 025 (13)	19 703 (19)	32 949 (7)	36 113 (9)	3 273	4 606
Connecticut	9. 1.1788	14 358	3 032	3 287	3 406	3 510	5 037 (2)	26 736 (1)	40 640 (1)	45 318 (1)	3 771	5 015
Delaware	7.12.1787	6 208	548	666	784	844	4 587 (8)	21 636 (9)	31 255 (12)	35 728 (10)	818	1 113
DC Columbia	–	177	757	607	572	551	5 250 (–)	26 627 (–)	37 383 (–)	51 155 (–)	2 963	3 591
Florida	3. 3.1845	155 214	6 791	12 938	15 982	17 790	3 943 (19)	19 855 (17)	28 145 (23)	31 469 (23)	11 676	18 174
Georgia	2. 1.1788	152 750	4 588	6 478	8 186	9 073	3 377 (37)	17 738 (29)	27 940 (24)	29 782 (34)	7 192	9 540
Hawaii	21. 8.1959	16 729	770	1 108	1 212	1 275	4 944 (3)	22 391 (7)	28 221 (22)	32 625 (18)	1 221	1 805
Idaho	3. 7.1890	216 456	713	1 007	1 294	1 429	3 467 (34)	15 866 (41)	24 180 (41)	26 877 (44)	1 229	1 900
Illinois	3.12.1818	150 007	11 110	11 431	12 419	12 763	4 563 (9)	20 756 (10)	32 259 (9)	34 721 (13)	11 271	14 949
Indiana	11.12.1816	94 328	5 195	5 544	6 080	6 272	3 771 (27)	17 625 (30)	27 011 (31)	30 204 (31)	5 142	6 965
Iowa	28.12.1846	145 754	2 825	2 777	2 926	2 966	3 804 (24)	17 380 (33)	26 723 (33)	31 058 (26)	2 639	3 612
Kansas	29. 1.1861	213 110	2 249	2 478	2 688	2 745	3 770 (28)	18 182 (23)	27 816 (27)	31 078 (25)	2 315	2 931
Kentucky	1. 6.1792	104 665	3 221	3 687	4 042	4 173	3 141 (43)	15 484 (44)	24 294 (40)	27 265 (42)	4 720	6 307
Louisiana	30. 4.1812	134 275	3 645	4 222	4 469	4 524	3 071 (46)	15 223 (45)	23 334 (45)	27 297 (41)	5 248	7 035
Maine	15. 3.1820	87 388	994	1 228	1 275	1 322	3 405 (36)	17 479 (31)	25 623 (36)	30 046 (32)	1 850	2 641
Maryland	28. 4.1788	31 849	3 924	4 781	5 296	5 600	4 475 (11)	23 023 (5)	33 872 (5)	39 631 (4)	5 538	6 646
Massachussetts	6. 2.1788	23 934	5 689	6 016	6 349	6 399	4 514 (10)	23 223 (4)	37 992 (2)	42 176 (2)	7 500	10 649
Michigan	26. 1.1837	250 465	8 882	9 295	9 938	10 121	4 133 (13)	19 022 (20)	29 612 (17)	32 079 (21)	9 486	12 210
Minnesota	11. 5.1858	225 182	3 806	4 376	4 919	5 133	3 995 (18)	20 011 (16)	32 101 (10)	36 184 (7)	4 599	6 331
Mississippi	10.12.1817	125 060	2 217	2 575	2 845	2 921	2 597 (50)	13 164 (50)	20 993 (50)	24 518 (49)	3 420	5 297
Missouri	10. 8.1821	180 546	4 678	5 117	5 595	5 800	3 809 (23)	17 751 (28)	27 445 (28)	30 475 (29)	5 671	7 717

Montana	8. 11. 1889	380 849	694	799	902	936	3 528 (33)	15 524 (43)	22 569 (46)	27 657 (40)	1 439	1 883
Nebraska	1. 3. 1867	200 358	1 485	1 578	1 711	1 759	3 759 (29)	18 088 (25)	27 829 (26)	32 341 (19)	1 682	2 322
Nevada	31. 10. 1864	286 367	489	1 202	1 998	2 415	4 878 (4)	20 674 (12)	30 529 (14)	33 787 (16)	1 244	2 093
New Hampshire	21. 6. 1788	24 044	738	1 109	1 236	1 310	3 890 (20)	20 713 (11)	33 332 (6)	36 616 (6)	1 116	1 508
New Jersey	18. 12. 1787	21 277	7 171	7 748	8 414	8 718	4 805 (6)	24 766 (2)	36 983 (3)	41 626 (3)	8 212	10 856
New Mexiko	6. 1. 1912	314 939	1 017	1 515	1 819	1 928	3 145 (42)	14 960 (47)	22 203 (48)	26 184 (46)	2 774	4 249
New York	26. 7. 1788	139 833	18 241	17 991	18 976	19 255	4 855 (5)	23 315 (3)	34 547 (4)	38 264 (5)	30 038	42 576
North Carolina	21. 11. 1789	136 421	5 084	6 632	8 049	8 683	3 236 (39)	17 367 (34)	27 194 (30)	29 322 (36)	7 911	11 354
North Dakota	2. 11. 1889	183 123	618	639	642	637	3 129 (44)	15 880 (40)	25 068 (38)	29 494 (35)	1 155	1 316
Ohio	1. 3. 1803	116 103	10 657	10 847	11 353	11 464	4 033 (16)	18 792 (21)	28 400 (19)	31 161 (24)	10 560	14 500
Oklahoma	16. 11. 1907	181 048	2 559	3 146	3 451	3 548	3 436 (35)	16 214 (38)	23 517 (43)	27 840 (38)	3 587	4 937
Oregon	14. 2. 1859	251 571	2 092	2 842	3 421	3 641	3 889 (21)	18 253 (22)	28 350 (20)	30 561 (28)	3 597	4 969
Pennsylvania	12. 12. 1787	119 291	11 801	11 883	12 281	12 430	4 042 (15)	19 823 (18)	29 539 (18)	33 312 (17)	12 765	18 033
Rhode Island	29. 5. 1790	3 189	950	1 003	1 048	1 076	4 050 (14)	20 194 (14)	29 685 (16)	34 207 (15)	1 526	1 981
South Carolina	23. 5. 1788	80 779	2 591	3 486	4 012	4 255	3 004 (47)	16 050 (39)	24 321 (39)	27 185 (43)	4 017	5 544
South Dakota	2. 11. 1889	199 744	666	696	755	776	3 200 (40)	16 238 (37)	26 115 (35)	30 209 (30)	1 131	1 407
Tennessee	1. 6. 1796	109 158	3 926	4 877	5 689	5 963	3 151 (41)	16 821 (36)	26 239 (34)	29 844 (33)	6 160	9 129
Texas	29. 12. 1845	692 248	11 199	16 986	20 852	22 860	3 629 (31)	17 458 (32)	27 871 (25)	30 732 (27)	17 350	25 674
Utah	4. 1. 1896	219 902	1 059	1 723	2 233	2 470	3 297 (38)	14 996 (46)	23 907 (42)	26 603 (45)	1 910	2 639
Vermont	4. 3. 1791	24 903	445	563	609	623	3 604 (32)	18 055 (26)	26 901 (32)	31 780 (22)	900	1 274
Virginia	25. 6. 1788	109 625	4 651	6 189	7 079	7 567	3 743 (30)	20 538 (13)	31 162 (13)	36 160 (8)	4 615	6 598
Washington	11. 11. 1889	182 949	3 413	4 867	5 894	6 288	4 165 (12)	20 026 (15)	31 528 (11)	35 041 (12)	5 707	7 855
West Virginia	19. 6. 1863	62 759	1 744	1 793	1 808	1 817	3 078 (45)	14 579 (48)	21 915 (49)	25 792 (48)	2 542	3 384
Wisconsin	29. 5. 1848	169 643	4 418	4 892	5 364	5 536	3 889 (21)	18 160 (24)	28 232 (21)	32 166 (20)	4 504	6 888
Wyoming	10. 7. 1890	253 349	332	454	494	509	3 797 (25)	17 996 (27)	27 230 (29)	34 279 (14)	1 014	1 583
USA insgesamt**	–	9 629 091	203 302	248 791	281 422	296 410	4 051 (–)	19 584 (–)	29 676	33 050	291 943	401 400

* Bei den dreizehn Gründerstaaten ist das jeweilige Datum der Ratifizierung der Verfassung angegeben.
** Die Differenzen zwischen Einzelsummen und Gesamtsumme ergeben sich aus den nicht aufgeführten Außengebieten (z. B. Puerto Rico).
*** Die Ziffern in den Klammern geben die Reihenfolge der Bundesstaaten an.

Quelle: Munzinger-Archiv/Int. Handbuch 19/85.

lerdings abzuschwächen: „All seine (scil. Sewards) Überredungskünste und russische Bestechungsgelder waren nötig, ehe der Kongreß das eisige ‚Walrussia', wie Kritiker es nannten, anzunehmen bereit war."[5] Am Ende des 19. Jahrhunderts wurden noch Hawaii annektiert und einige Inselgebiete im Pazifischen Ozean erworben. Sein Ende fand der Gebietserwerb der USA schließlich im Jahre 1917 mit dem Ankauf der Virginia Islands im Atlantik.

Die Anerkennung der erworbenen bzw. akquirierten Gebiete als Einzelstaaten erfolgte allerdings teilweise mit erheblichen Verzögerungen: Sieht man von dem Sonderfall West Virginia ab, so wurde die Eingliederung des ursprünglichen Staatsgebietes bis zum Mississippi erst im Jahre 1848 mit der Aufnahme von Wisconsin bzw. im Jahre 1858 mit derjenigen Minnesotas in die Union abgeschlossen; der „Louisiana Purchase" fand erst 1907 mit der Aufnahme Oklahomas seinen endgültigen Abschluß. Vom Oregon-Gebiet waren Idaho im Jahre 1890 und vom California-Erwerb Arizona im Jahre 1912 die jeweils letzten Einzelstaaten, die in die Union eingegliedert wurden. Die letzten beiden Sterne in der Flagge der USA – sie stehen für die jeweilige Zahl der Einzelstaaten, während die dreizehn Streifen die Gründerstaaten symbolisieren – kamen erst 1959 mit der Aufnahme von Hawaii und Alaska hinzu.

Mit ihrer Besiedelung des halben nordamerikanischen Kontinents hatten sich die Amerikaner nicht nur das – nach Rußland, Kanada und der Volksrepublik China – viertgrößte Staatsgebiet der Welt geschaffen; sie stellen auch das Land mit der drittgrößten Einwohnerzahl dar – nach der Volksrepublik China und Indien.

Der Ruf der USA als „Land der unbegrenzten Möglichkeiten" wird unterstrichen, wenn man dieses mit Rohstoffen und fruchtbaren Ackerbauflächen gesegnete Land mit anderen Ländern vergleicht. Auf landwirtschaftlichem Gebiet verzeichnen die USA heute z.B. die weltweit höchsten Produktionen bei Sojabohnen oder Körnermais.[6] In der Fleisch- oder in der Apfelproduktion liegen sie an zweiter Stelle hinter der Volksrepublik China. Auch bei der Produktion von Weizen oder Baumwolle befinden sich die USA – je nach Erntebedingungen – an einer der ersten Stellen der „Weltrangliste".

In der Rohstoffgewinnung nehmen die USA ebenfalls eine herausragende Position ein. Sie lagen im Jahre 1999 weltweit an zweiter Stelle bei der Steinkohleförderung, bei der Erdgas- bzw. Erdöl- und bei der Kupfergewinnung sowie derzeit z.B. bei der Rohstahlproduktion und bei der Goldförderung. Das heißt allerdings nicht, daß die USA nicht auch auf dem Rohstoffmarkt von Importen abhängig sind: „Bei 22 von 74 Mineralien (ohne Energieträger), die für lebensnotwendig gehalten werden, hängen die USA von Importen ab, u.a. bei Stahlveredlern wie Nickel, Mangan, Chrom sowie bei einem Grundstoff zur Aluminiumgewinnung, Bauxit".[7] Trotz dieser Abhängigkeit von Bauxitimporten haben die USA die bei weitem höchste Aluminiumproduktion der Welt; trotz ihrer führenden Rolle in der Erdgas- und Erdölförderung sind sie aber – zumindest partiell – auch auf diesem Gebiet von Importen abhängig.

Darüber hinaus sind die USA 1999 das Land mit der höchsten Produktion von Kunstfasern, Kunststoffen und Papier. Sie verzeichnen den höchsten Bestand an Kraftfahrzeugen und auch die zweithöchste Kfz-Produktion. Sie sind das Land mit der höchsten Energieerzeugung, aber auch mit dem höchsten Energieverbrauch, und sie führen den weltweiten Rüstungsexport an. Mit 8350 Mrd. Dollar im Jahre 1999 verfügen die USA auch über das höchste Bruttosozialprodukt der Welt; bezüglich des Bruttosozialproduktes pro Einwohner stehen sie derzeit auf Platz 6 der „Weltrangliste". Die USA sind weiterhin das führende Welthandelsland, sie verzeichnen die höchsten Ein- und Ausfuhren, 1999 aber auch das höchste Außenhandelsdefizit der Welt. Dieses Außenhandelsdefizit, das vor allem durch die mangelnde Konkurrenzfähigkeit amerikanischer Waren auf dem Weltmarkt bedingt ist, zeigt ebenso wie diverse Wirtschaftskrisen im 19. Jahrhundert und die sog. Große Depression am Ende der 20er und am Beginn der 30er Jahre dieses Jahrhunderts mit einiger Deutlichkeit, daß auch dieses reiche Land krisenanfällig ist. Seit die Wirtschaft unter Clinton das riesige Haushaltsdefizit überwunden und in einen Überschuß verwandelt wurde, schien die Krise überwunden. Für wie lange, ist allerdings derzeit unsicher.

War traditionell der Nordosten das Gebiet der Vereinigten Staaten, von dem die wirtschaftlichen Impulse ausgingen und das die wichtigsten Industrien beherbergte, so wurden seit den 60er Jahren der Süden und der Südwesten der USA wirtschaftlich immer attraktiver. Niedrigere Investitions-, Lohn- und Energiekosten machten den sog. Sonnengürtel („sunbelt") interessant für Neuansiedlungen von Industrien und Dienstleistungsbetrieben. Der Norden und Nordosten – der sog. „frostbelt" – hingegen verloren wirtschaftlich an Gewicht und wurden wegen ihrer veralteten Industrien vereinzelt bereits zum „Rostgürtel" („rustbelt") deklariert. Der Bedeutungszuwachs des Südens und Westens zeigte sich vor allem im Anstieg der Bevölkerung und der Beschäftigungszahlen.[8] Für die Entwicklung des Pro-Kopf-Einkommens galt dieser Trend allerdings nur sehr bedingt: Hier wurde der Nordosten nur zeitweise von den Pazifikstaaten überholt, der Süden hingegen blieb traditionell an letzter Stelle. Seit längerem liegt der Nordosten – vor allem die Neuengland-Staaten – wieder an der Spitze des Pro-Kopf-Einkommens vor den Pazifikstaaten (siehe Tabelle 1).

Die Diskussion um die unterschiedliche Entwicklung von sun- und rustbelt hat seit geraumer Zeit viel von ihrer Dramatik verloren. Zwar lassen sich auch heute noch deutliche Bevölkerungsbewegungen – vor allem in die Pazifikstaaten – beobachten, auch hat die Volkszählung im Jahr 2000 aus diesem Anlaß zu einer Umverteilung der Sitze im Repräsentantenhaus geführt, wobei sich die „Verlierer"-Staaten im Nordwesten und Mittleren Westen und die „Sieger"-Staaten im sunbelt konzentrieren (s. VI, 1), von einer einheitlichen Bewegung kann aber nicht mehr die Rede sein. Der Sonnengürtel hat sich in „eine Region von einzelnen ‚Sonnenflekken'"[9] verwandelt, die Rostflecken im Norden sind ebenfalls regional eingrenzbar und nicht flächendeckend. Insgesamt wird man

– die immer noch deutlich höheren Durchschnittseinkommen im Norden belegen dies ebenso wie die höhere Arbeislosenrate im Süden[10] – in dieser Entwicklung eine Abflachung – nicht eine Nivellierung – der inneramerikanischen Disparitäten und eine Herstellung gleichwertigerer Lebensverhältnisse zwischen dem Norden und dem Süden sehen können.

2. Immigration und Bevölkerungsentwicklung der USA

Im Jahre 1790 hatten die USA knapp vier Millionen Einwohner,[11] heute ist die Einwohnerzahl auf über 296 Mio. angestiegen. Rechnet man die Zeit vor der amerikanischen Revolution mit ein, so wird die Zahl der Immigranten von 1607 bis 1970 auf ca. 45 Mio. geschätzt, in der Zeit zwischen 1810 – von diesem Zeitpunkt an liegen genauere Zahlen vor – und 1970 ließen sich ca. 38 Mio. Einwanderer in den Vereinigten Staaten nieder.[12] Die Anzahl der Einwanderer war im ersten Drittel des 19. Jahrhunderts noch relativ gering, wuchs dann aber beträchtlich an und erreichte mit Ausnahme der Jahre 1931 bis 1940 jeweils über eine Million pro Dekade. Die Höhepunkte lagen zwischen 1881 und 1890 mit knapp 5 Mio., zwischen 1901 und 1910 mit 6,3 Mio. und zwischen 1960 und 1970 mit etwas über 4 Mio. Immigranten (für die Zeit nach 1970 siehe unten). Die entscheidende Ursache für diese hohe Zahl von Einwanderern war der Bedarf an Arbeitskräften in den USA, die ökonomischen, sozialen und politischen Verhältnisse in den Heimatländern der Einwanderer spielten hingegen nur eine untergeordnete Rolle: Sie erklären vor allem die unterschiedliche Herkunft der Einwanderer in den einzelnen Immigrationswellen, z.B. das Faktum, daß die Einwanderer aus Europa zunächst vor allem aus den nördlichen und nordwestlichen Ländern kamen und daß sich gegen Ende des 19. Jahrhunderts der Schwerpunkt deutlich auf die südlichen und östlichen Länder Europas verlagerte. Die wichtigsten europäischen Herkunftsländer der Immigranten waren zwischen 1821 und 1970 Deutschland mit 6,9 Mio., Italien mit 5,2 Mio., Großbritannien mit 4,8 Mio., Irland mit 4,7 Mio., Österreich-Ungarn mit 4,2 Mio., Rußland mit 3,4 Mio. und die skandinavischen Länder mit 2,5 Mio. Auswanderern in die USA.[13]

Der traditionell hohe Anteil der Europäer an den Einwanderungsraten hat sich bis in die Nachkriegszeit gehalten. Seitdem sind allerdings deutliche Verschiebungen zu verzeichnen: 1959 z.B. kamen noch knapp 61% der Immigranten aus Europa, knapp 20% aus Lateinamerika, je knapp 9% aus Kanada und Asien, aus Afrika und Ozeanien stammten zusammen 1,6% der Einwanderer. Bei den zwischen 1981 und 1998 Eingewanderten hingegen ist der Anteil der Europäer bzw. Kanadier auf 12% bzw. 1,6% gesunken; gestiegen ist hingegen der Anteil der Asiaten (35%), der lateinamerikanischen Einwanderer (47,5%) sowie der Immigranten aus Afrika, Australien und den restlichen Ländern (zusammen 3,9%).[14]

Die Anzahl der illegalen Einwanderer im Jahre 2001 wird auf 8 bis 9 Millionen Personen geschätzt. Der jährliche Zuwachs liegt bei 500 000 Personen, hauptsächlich aus Mexiko und den zentralamerikanischen Staaten. Infolge der Anschläge des 11. September kam es zu einer Änderung der US-Einwanderungspolitik. Der Schwerpunkt liegt dabei auf der Gewährleistung der inneren Sicherheit. Dadurch geriet das Legalisierungsprogramm für illegale Einwanderer sowie ein Gastarbeiterprogramm ins Stocken. Im Hinblick auf den wachsenden hispanischen Bevölkerungsanteil der USA ist ein Fortkommen in der Migrationspolitik auch ein innenpolitisch brisantes Thema im Präsidentschaftswahlkampf.[15]

Der tatsächliche Einfluß der Einwanderungsbewegungen auf die Entwicklung der amerikanischen Nation ist nur schwer abzuschätzen: In wirtschaftlicher Hinsicht haben die Immigranten beträchtlich zum Anwachsen des amerikanischen Bruttosozialproduktes und damit auch zur heutigen weltwirtschaftlichen Stellung der USA beigetragen.[16] Sie haben die bereits in der Kolonialzeit angelegte Vielfalt der religiösen Gruppierungen – heute existieren in den USA ca. 300 vorwiegend protestantische Religionsgemeinschaften[17] – prolongiert; sie stellen die Grundlage der ethnischen und kulturellen Vielfalt der heutigen USA dar; sie haben aber auch, indem sie vorwiegend Arbeiten ausführten, die für die geborenen Amerikaner unattraktiv geworden waren, die Integration der Schwarzen in die amerikanische Gesellschaft verzögert.[18] Die jüngsten Schwerpunktverlagerungen bei den Einwanderern haben des weiteren zu einer heftigen Debatte derzeit in den USA geführt, die den Kern des Selbstverständnisses der amerikanischen Gesellschaft trifft. Die in den 80er und 90er Jahren deutlich wachsende Integrationsunwilligkeit der ethnischen Minderheiten, die eine partielle Gegenreaktion auf die Integrationsbarrieren der Weißen darstellt und sich unter anderem in Auseinandersetzungen über die Einführung multikultureller Lehrpläne an den Universitäten und über die vor allem von den Hispanics geforderte Erweiterung des zweisprachigen Unterrichts niederschlug, führte ebenso wie die steigenden Spannungen zwischen den ethnischen Minderheiten zu der inzwischen wieder etwas an Bedeutung verlierenden Frage, ob die Vereinigten Staaten weiterhin ihrer traditionellen Rolle als „melting pot", in dem die Einwanderer integriert und zu einer Nation zusammengeschweißt werden, gerecht werden können oder ob sie sich zunehmend zu einer „salad bowl" wandeln, in der die ethnischen Gruppen nebeneinander leben und sich zunehmend abkapseln.[19]

3. Problemgruppen der amerikanischen Gesellschaft: die Schwarzen und die Armen

Den gesamten Facettenreichtum der amerikanischen Bevölkerung hier zu behandeln ist aus Platzgründen unmöglich. Die Beschränkung auf zwei Problemgruppen darf allerdings nicht als Schwarzmalerei mißverstanden werden. Daß die Mehrheit der amerikanischen Bevölkerung ein in wirtschaftlicher Hinsicht annähernd sorgenfreies Leben führen kann, soll keineswegs verschwiegen werden. Die Kluft zwischen Arm und Reich hat sich seit dem langandauernden wirtschaftlichen Boom der 90er Jahre aber nochmals beträchtlich vergrößert:

Im ersten Quartal 2007 hat das Nettovermögen der US-Haushalte mit 56,18 Billionen US-Dollar zwar ein neues Rekordhoch erreicht, aber bei einem Durchschnittseinkommen von 60 500 Dollar im Jahre 2004 mußten 45% aller Haushalte mit weniger als 50 000 Dollar im Jahr auskommen. Wenn man die benachteiligten Gruppierungen innerhalb der US-amerikanischen Gesellschaft berücksichtigt, zeichnet sich ein noch extremeres Bild. Bei den schwarzen Haushalten betrug das Durchschnittseinkommen zur gleichen Zeit nur knapp 40 800 Dollar, und 26,4% davon mußten mit weniger als 15 000 Dollar auskommen. Bei den Amerikanern hispanischer Abstammung ist die Differenz zum US-Durchschnitt nicht ganz so gravierend. Ihr Durchschnittseinkommen lag 2004 bei 45 800 Dollar und es mußten nur 18,5% der Haushalte von weniger als 15 000 Dollar im Jahr leben.[20]

Die leidvolle Geschichte der schwarzen Minderheit stellt noch heute den Hauptprüfstein der Integrationsfähigkeit der amerikanischen Gesellschaft dar. Die Schwarzen mußten – unterstützt nur von Teilen der weißen Bevölkerung – über die gesamte Geschichte der Vereinigten Staaten hinweg kämpfen, um sich aus ihrem Status als Handelsware über eine widerwillige Akzeptierung als Menschen minderer Qualität zu vollwertigen Bürgern dieses Landes zu emanzipieren – ein Kampf, in dem die Schwarzen zwar wichtige Erfolge erringen konnten, der aber bis heute nicht abgeschlossen ist. Die in den Verfassungsberatungen manifest gewordenen Meinungsverschiedenheiten über den Status der Schwarzen führten dazu, daß einem Teil der Schwarzen in den Nordstaaten der USA ein Zufluchtsort erwuchs, an dem sie als freie und wahlberechtigte Bürger leben konnten. Die Trennung der USA in den freien Norden und in die Sklavenhalterstaaten des Südens hatte Auswirkungen auch auf die Ausdehnung der USA nach Westen: Immer wieder kam es im Kongreß zu heftigen Auseinandersetzungen, ob in einem neu in die Union aufzunehmenden Einzelstaat Sklavenhaltung erlaubt sei oder nicht. Der Kampf um die Abschaffung bzw. Weiterführung der Sklavenhaltung tobte allerdings auch in der Öffentlichkeit der damaligen Zeit mit zunehmender Heftigkeit: Harriet Beecher Stowe, die weiße Autorin von „Onkel Toms Hütte", oder der ehemalige Sklave Frederick Douglass waren nur zwei Repräsentanten der Abolitionisten-Bewegung, die auf eine Aufhebung der Spaltung der amerikanischen Nation drang.

Doch noch vor dem Ausbruch des Bürgerkrieges trug der Supreme Court mit einem mehr als problematischen Urteil zur Emotionalisierung der Lage bei. In dem sog. Dred-Scott-Fall erklärte der Supreme Court ein Gesetz des Kongresses, das die Sklavenhaltung nur noch in bestimmten Einzelstaaten gestattete, für verfassungswidrig und entzog den Schwarzen die amerikanische Staatsbürgerschaft: Die Schwarzen hätten – ob als Freie oder als Sklaven – „keine Rechte, die der weiße Mann zu respektieren hätte".[21]

Den eigentlichen Auslöser des Bürgerkrieges bildete dann die Wahl Abraham Lincolns zum Präsidenten der Vereinigten Staaten im Jahre 1860. Lincolns ablehnende Haltung gegenüber der Sklavenhaltung war trotz seiner Zurückhaltung im Wahlkampf bekannt und veranlaßte die Südstaaten zu präventiven Maßnahmen: South Carolina entschloß sich als erster Einzelstaat zur Sezession, der Großteil der Sklavenhalterstaaten des Südens folgte und schloß sich zu den „Confederate States of America" zusammen; im Frühjahr 1861 begannen dann die kriegerischen Auseinandersetzungen zwischen dem Norden und dem Süden. Der Norden hatte von Anfang an die stärkeren personellen und wirtschaftlichen Ressourcen, die er jedoch erst langsam in eine militärische Überlegenheit umsetzen konnte. Nach wechselvollen Auseinandersetzungen kapitulierten die Truppen der Konföderierten unter General Lee im Frühjahr 1865 vor dem inzwischen übermächtigen Norden, dessen Truppen unter dem Kommando des späteren US-Präsidenten Ulysses Grant standen.

Während des Bürgerkrieges war bei den Nordstaaten der Wille gereift, das Sklavenproblem nach der Beendigung der Auseinandersetzungen endgültig zu regeln. Die sog. „Civil-War-Amendments", die zwischen 1865 und 1870 in Kraft getretenen Verfassungsänderungen, schienen dann auch die Schwarzen zu gleichberechtigten Bürgern der Vereinigten Staaten zu machen: im XIII. Amendment wurden Sklaverei und Zwangsarbeit – ausgenommen als Strafe für Verbrechen – verboten; das XIV. Amendment erkannte u.a. allen in den Vereinigten Staaten geborenen Personen die Staatsbürgerschaft zu und hob die oben (s. I, 3) erwähnte Diskriminierung der Schwarzen bei der Berechnung der einem Einzelstaat zustehenden Repräsentantenhaussitze auf; das XV. Amendment schließlich verbot die Behinderung des Wahlrechts von Personen „auf Grund der Rassenzugehörigkeit, Hautfarbe oder vormaliger Sklaverei".

Bis zur vollen Durchsetzung dieser neuen Rechte mußten die Schwarzen allerdings noch lange Zeit warten. Der Wille, die Einheit der Nation nicht nochmals zu gefährden, sowie der Vorrang der Beseitigung der Kriegsfolgelasten führten dazu, daß der Norden den Süden nicht übermäßig zur Erfüllung der Rechte der Schwarzen drängte. Der Supreme Court verlängerte dann im Jahre 1896 in dem Urteil „Plessy v. Ferguson" den Status der Schwarzen als Bürger zweiter Klasse. Mit seiner „separate but equal"-Klausel akzeptierte das Gericht getrennte Eisenbahnwagen oder Schulen für Weiße und Schwarze unter der Voraussetzung, daß die Einrichtungen gleichwertig seien. Das Gericht begründete seine Entscheidung u.a. mit der Behauptung, daß die „Gesetzgebung nicht die Macht (habe), Rasseninstinkte oder Verschiedenheiten psychischer Art zu beseitigen".[22] Zitierenswert ist aus diesem verhängnisvollen Richterspruch eigentlich nur das Minderheitenvotum des Richters Harlan, das das Problem auf den entscheidenden Punkt brachte: „Die Verfassung ist farbenblind und kennt und duldet keine Klassen unter den Bürgern. In bezug auf die Bürgerrechte sind alle Bürger vor dem Gesetz gleich. ... Es ist daher bedauerlich, daß dieser Gerichtshof ... entschieden hat, daß ein Staat berechtigt sei, den Genuß der Bürgerrechte von rassischen Gesichtspunkten abhängig zu machen. ... Was ist mehr dazu geeignet, Rassenhaß zu erregen, was kann mit größerer Gewißheit Mißtrauen zwischen den Rassen schaffen und verewigen als Staatsgesetze, die auf der Annahme beruhen, daß die schwarzen Bürger so minderwertig und entartet sind, daß man ihnen nicht erlauben kann, in von Weißen besetzten Eisenbahnwagen zu sitzen?"[23] Von der „separate but equal"-Klausel war in der Folgezeit – zumindest im Süden – die Forderung nach der Gleichwertigkeit der Einrichtungen bald vergessen, während sich der erste Teil der Klausel großer Beliebtheit unter den Weißen erfreute: Die Schwarzen „durften" schlechtere Schulen besuchen, minderwertige Restaurants und Eisenbahnwaggons waren für sie reserviert, und auch bei den Toiletten scheute man vor doppelten Investitionen nicht zurück. Die Schwarzen mußten also weiterhin auf Gleichberechtigung warten und Rassendiskriminierung ertragen. Sie „durften" im Ersten und im Zweiten Weltkrieg ihr Leben für ihr Vaterland lassen, doch erst im Jahre 1954 änderte der Supreme Court seine Rechtsprechung und erklärte in dem einstimmigen Urteil „Brown v. Board of Education of Topeka" die „separate but equal"-Klausel für hinfällig. Der Supreme Court erkannte jetzt an, daß die getrennten Schulen für die schwarze Bevölkerung ungleiche und schlechtere Konditionen bedeuteten, und er brachte seine Rechtsprechung in Übereinstimmung mit der „farbenblinden Verfassung", auf die Richter Harlan in seinem zitierten Minderheitenvotum bereits im Jahre 1896 hingewiesen hatte. Rechtlich hatten sich die Schwarzen mit diesem Urteil nun den Status als gleichberechtigte Staatsbürger erstritten, der Kampf um die gesellschaftliche Integration allerdings ging und geht weiter.

Lange war für die Schwarzen nicht klar, ob sie diesen Kampf mit friedlichen Mitteln oder mit Gewalt führen sollten. Die gemäßigteren Führer der Schwarzen – Martin Luther King wurde zu ihrem bekanntesten Vertreter – standen gegen militante Organisationen wie z.B. die Black Panthers. Die Aufstände, die von 1955 bis in die 70er Jahre hinein die amerikanische Nation nochmals in ihren Grundfesten erschütterten, waren nur bedingt von schwarzen Radikalen organisiert, meist stellten sie Reaktionen auf die sozialen Verhältnisse oder auf Provokationen weißer Extremisten dar – der berüchtigte Ku-Klux-Klan trat in dieser Zeit nochmals in Erscheinung. Allein für die Jahre 1964 bis 1968 zog eine von Präsident Johnson eingesetzte Regierungskommission die prekäre Bilanz: 239 Gruppenzusammenstöße in amerikanischen Städten mit einer Beteiligung von ca. 200 000 Personen führten zu ca. 200 Toten und 800 Verletzten sowie zu einem Schaden von mehreren hundert Millionen Dollar.[24] So paradox es klingen mag: Die Ermordung des schwarzen Bürgerrechtlers Dr. Martin Luther King im Jahre 1968 führte zwar nochmals zu vermehrten Aufständen und Protestaktionen, sie fiel aber gleichzeitig zusammen mit dem Beginn des Abflauens der Auseinandersetzungen zwischen der weißen und der schwarzen Bevölkerung der Vereinigten Staaten.

Zu diesem Rückgang der Auseinandersetzungen dürfte einerseits die Tatsache beigetragen haben, daß die Institutionen des Bundes in dieser Zeit jeweils auf der Seite der Schwarzen standen – ein entscheidender Schritt war der von Präsident Kennedy vorbereitete und von Präsident Johnson durchgesetzte „Civil Rights Act" von 1964 –, andererseits dürfte der Kerner-Report[25] der weißen Bevölkerung der Vereinigten Staaten einigermaßen eindringlich vor Augen geführt haben, daß ihre eigene Zukunft auf dem Spiel stand.

Doch auch das Abflauen der militanten Auseinandersetzungen zwischen Schwarzen und Weißen kann keineswegs dahingehend mißverstanden werden, daß nunmehr die Integration der Schwarzen in die amerikanische Bevölkerung endgültig vollzogen war. Die Schwarzen sind auch heute noch erheblichen gesellschaftlichen Diskriminierungen ausgesetzt und sie stellen zusammen mit den Hispanics die wirtschaftlich am stärksten benachteiligte Bevölkerungsgruppe der Vereinigten Staaten dar. Auch kann es nicht ausgeschlossen werden, daß die Spannungen zwischen Schwarzen und Weißen in Zukunft wieder zunehmen: Die rassistischen Untertöne im Wahlkampf 1988, die Wahl des ehemaligen Ku-Klux-Klan-Mitgliedes David Duke ins Parlament von Louisiana im Februar 1989, seine knapp 40% bei den Gouverneurswahlen im November 1991 im selben Bundesstaat oder Ende April 1992 der Freispruch von vier weißen Polizisten, die den Schwarzen Rodney King massiv verprügelt hatten, inkl. der hierdurch ausgelösten Rassenunruhen in Los Angeles, die 46 Menschen das Leben kosteten, waren vor einer Dekade ernste Warnzeichen, die auch heute nicht in Vergessenheit geraten sollten. Und sie dürften auch dazu beigetragen haben, daß in den 90er Jahren die Bereitschaft zur Desegration deutlich nachgelassen hat (s. u.).

Geht man von der richtigen, von der „Commission on Civil Rights" erneut bestätigten Beobachtung aus,[26] daß das „Rassenproblem in den USA ... weitgehend auch ein Bildungsproblem darstellt",[27] so deutet vieles darauf hin, daß die Beseitigung des Rassenproblems noch einige Zeit beanspruchen wird. Jedenfalls steht das bis heute im Zusammenhang mit der Rassenintegration aufs heftigste diskutierte und umstrittene Problem – die Verhinderung von rassisch getrennten Schulen durch den Einsatz von Schulbussen („busing") – in direktem Zusammenhang mit den Bildungschancen der Schwarzen. Betrachtet man die Wohnsitze der Schwarzen und der Weißen, so zeigt sich bis heute ein partielles Fortleben der Rassentrennung in den USA. Die Zentren der amerikanischen Großstädte wurden immer mehr zu Ballungsräumen für die Schwarzen. Diese können sich die teureren Wohnungen in den komfortableren Vorstädten nicht leisten, und die Weißen finden – trotz des verstärkten Schutzes der Schwarzen vor allem seit 1968 – immer neue Möglichkeiten, sich von den ungeliebten schwarzen Wohnnachbarn zu lösen bzw. den Schwarzen den Zuzug in bestimmte Wohngebiete zu erschweren. Diese Nichtintegration im Wohnbereich hat jedoch weitreichende Folgen: „Integrierte Nachbarschaften würden automatisch zu integrierten Schulen führen. Für die Schwarzen erschwingliche Wohnungen in den Vorstädten würden es ihnen ermöglichen, näher bei den sich ausweitenden Arbeitsmöglichkeiten in den Industrieparks, Bürogebieten und Einkaufszentren der Vorstädte zu wohnen".[28] Vorerst bedeutet dies aber vor allem eine weitere Isolation der Armen in den Innenstädten, für deren Sanierung der schwarze Bürgerrechtler Jesse Jackson nach den Rassenkrawallen in Los Angeles im April 1992 einen auf 20 Jahre angelegten „Marshall-Plan" gefordert hat.[29] Nach Los Angeles wurde auch die Rede von Präsident Johnson aus dem Jahre 1965 wieder aktuell: „Wenn wir tatenlos zusehen, wie die

Zentren unserer Städte zu Sammelbecken von Entbehrung, Kriminalität und Hoffnungslosigkeit verkommen, wenn aus uns ein Volk mit zwei Völkern wird, das eine wohlhabend in den Vorstädten, das andere urban und arm, jedes voller Mißtrauen und Furcht vor dem anderen, dann werden wir jede kommende Generation zu Krüppeln machen."[30]

Diese Situation in den Innenstädten bedeutete für die Schulen, daß trotz der rechtlichen Beseitigung der getrennten Schulen für schwarze und weiße Kinder in nicht wenigen Schulen der amerikanischen Großstädte die schwarzen Kinder unter sich waren. In den amerikanischen Klassenräumen herrschte auch 15 Jahre nach der wegweisenden Entscheidung des Supreme Court von 1954 noch annähernd die gleiche Rassentrennung wie vor dem Urteil.[31] Diesem Problem versucht man seit den 60er Jahren mit dem erwähnten „busing" zu begegnen. Die Rechtmäßigkeit des „busing", das Ende der 60er Jahre bei der weißen Elternschaft teilweise erhebliche Widerstände freisetzte, wurde vom Supreme Court 1971 bestätigt. 1974 weigerte sich der Oberste Gerichtshof dann allerdings mit der Unterscheidung der „de-jure"- und der „de-facto-segregation" auch die Vorstädte in die „busing"-Regelungen mit einzubeziehen. Seit der Präsidentschaft Reagans mehren sich wiederum die Widerstände gegen das „busing" – vor allem von weißer, interessanterweise aber auch von schwarzer Seite.[32] Paradoxerweise erscheint gerade außerhalb des amerikanischen Südens die integrierte Schule schwerer durchsetzbar zu sein als im traditionell schwarzenfeindlichen Süden selbst.[33] Der sich in den 80er Jahren ankündigende Abschwung der Desegregation im Schulbereich ist in den 90er Jahren voll zum Ausbruch gekommen. Teile der schwarzen Bevölkerung legen keinen Wert mehr auf die Integration ihrer Kinder im schulischen Bereich durch „busing". Stattdessen fordern sie bessere „Nachbarschaftsschulen" für ihre Kinder. Der Anteil der schwarzen Schulkinder in mehrheitlich von Weißen besuchten Schulen ist jedenfalls von 43,5% im Jahr 1990 auf knapp 35% im Jahr 1996 zurückgegangen. Ob dieser neue Weg die Bildungsdefizite der schwarzen Bevölkerung besser abflachen und beseitigen wird als die bisherigen Desegregationbemühungen, ist unter Experten und innerhalb der schwarzen Bevölkerung heftig umstritten.[34] Die besseren Argumente dürften aber auf der Seite der Desegregationbefürworter liegen, wobei die gesamtgesellschaftlichen Folgen dieser neuen partiellen Selbstisolierung der Schwarzen, die letztlich die zumindest teilweisen Verbesserungen der Zeit nach 1960 in Frage stellt und in eine Resegregation verwandelt, nichts Gutes erwarten lassen.

Das schwer lösbare Problem bei der Integration der schwarzen Bevölkerungsminderheit liegt letztlich in dem Faktum begründet, daß wirksame Maßnahmen – sog. „affirmative actions" – Quotenregelungen zugunsten der benachteiligten Gruppierungen erfordern und daß diese Quotenregelungen wiederum Einschränkungen für nicht benachteiligte Gruppierungen bringen können, wie das umstrittene, später vom Supreme Court selbst modifizierte Urteil „University of California Regents v. Bakke"[35] aus dem Jahre 1978 zeigt. Diese Entscheidung des Supreme Court verschaffte einem weißen Studenten, der durch eine Quotenregelung von einem Studiengang ausgeschlossen war, doch noch einen Studienplatz. Diese Bemühungen zugunsten der Gleichstellung der Schwarzen waren in den USA begleitet von einer Neugewichtung des Gleichheitsbegriffes: Die Chancengleichheit verlor an Bedeutung; das Recht, zum Ausgleich für früher erlittene Ungleichbehandlung durch Vergünstigungen entschädigt zu werden, trat in den Vordergrund,[36] was vor allem den Gerichten eine gewichtige Rolle einräumte. Die Zustimmung zu diesen „affirmative actions" ist allerdings seit geraumer Zeit deutlich abgekühlt. In der Rechtsprechung des Supreme Court zu den „affirmative action" läßt sich die zunehmend konservative Position, die dieses Gericht seit der Übernahme des Vorsitzes durch William Rehnquist einnimmt, gut belegen, denn die Hürden, die der Supreme Court den „affirmative actions" entgegenstellt, werden immer höher.[37] Aber dieser wachsende Bedeutungsverlust ist nicht nur eine Folge von Gerichtsentscheiden, sondern auch der steigenden Ablehnung durch die weiße Bevölkerung. In einer Umfrage der New York Times aus dem Dezember 1997 sprach sich die Mehrheit der Befragten zugunsten von Regierungshilfen für das „job training" von benachteiligten Minderheiten sowie für Diskriminierungsverbote im Arbeitsbereich aus, aber nur 35% der befragten Weißen votierten für eine Weiterführung der „affirmative actions"-Programme – bei den schwarzen Befragten lag die Zustimmungsquote hingegen bei 80%.[38] In dieselbe Richtung geht der Erfolg einer Volksabstimmung in Kalifornien im Jahre 1996, die die Berücksichtigung von Rasse, Geschlecht oder Ethnizität bei der staatlichen Beschäftigung, im Erziehungsbereich und bei der Vergabe öffentlicher Aufträge verbietet. Es ist zu befürchten, daß ein sinnvolles Instrument zugunsten einer Besserstellung von benachteiligten Minderheiten in Zukunft durch den zunehmenden Konservatismus der Amerikaner immer weiter an Bedeutung verlieren wird, wobei allerdings teilweise durchaus auch nach Alternativen gesucht wird.[39]

Der Übergang von der Problemgruppe der Schwarzen zu derjenigen der Armen ist in den USA fließend, denn die Schwarzen stellen auch den wesentlichen Teil der armen Bevölkerung der Vereinigten Staaten dar. Die Bestimmung der offiziellen Armutsgrenze erfolgt jährlich, sie lag 1999 z.B. bei einem Jahreseinkommen von ungefähr 15 000 Dollar für eine vierköpfige Familie, wobei Leistungen aus den staatlichen Sozialhilfeprogrammen nicht angerechnet werden.[40] Der „Krieg gegen die Armut" – so ein Programmpunkt Präsident Johnsons – hatte zwar insgesamt zu einer Verminderung dieser Bevölkerungsgruppe in den folgenden Jahren geführt, aber seit 1980 liegt der Anteil der Armen wieder höher als zwischen 1967 und 1979.[41] Wie eine Studie des amerikanischen Kongresses belegte,[42] waren die durchschnittlichen Familieneinkommen während der Amtszeit Reagans zwar gestiegen, diejenigen des ärmsten Fünftels der Bevölkerung hingegen gefallen. Der Abgeordnete Thomas J. Downey sprach in bezug auf die Ergebnisse dieser Studie von „schädlichen Tendenzen für die Gesundheit einer Demokratie". Seit Beginn der 90er Jahre hat sich allerdings die finanzielle Situation der Schwarzen etwas verbessert; bis 2004 ist der Anteil der schwarzen Familien, die über weniger als 10000 Dollar Jahreseinkommen verfügen, von 20% auf 16,6% zurückgegangen, und das Pro-Kopf-Einkommen der Schwarzen ist im Gegensatz zur Reagan-Zeit in den 90er Jahren sogar leicht überproportional angestiegen, auch wenn es im Jahre 2004 bei nur 66% des Durchschnittseinkommens der Weißen lag.[43] Zwar konnte der Anteil der Schwarzen, die unter der Armutsgrenze leben müssen, zwischen 1960 und 1970 von ca. 55 auf ca. 33% gesenkt werden.[44] Eine Zeitlang hat sich dann nicht allzu viel getan: Der Anteil schwankte in den Jahren 1971 bis 1994 zwischen 30% und 36% und fiel erst 1995 unter die 30%-Marke auf derzeit 24,7% im Jahre 2004. Dieser Rückgang ging nicht auf Kosten der Weißen, deren Anteil liegt seit 1970 mit leichten Schwankungen bei ca. 10%. Die zweite ethnische Problemgruppe, die Hispanics, teilt hingegen das Schicksal der Schwarzen: Der Anteil der Hispanics, der unterhalb der Armutsgrenze lebt, war lange Zeit etwas niedriger als derjenige der Schwarzen, seit geraumer Zeit aber befinden sich die beiden Gruppen in etwa auf dem gleichen Niveau – 2004 bei 21,9%.[45] Erschreckend hoch ist bei den US-Bürgern lateinamerikanischer Abstammung und bei den Schwarzen mit 28,6% bzw. 33,3% der Anteil der Kinder, die 1999 unterhalb der Armutsgrenze leben mußten.[46] Daß die Kinder der Hispanics und der Schwarzen bei den Analphabeten deutlich überproportional vertreten sind – die Analphabeten wurden im übrigen als wichtige Problemgruppe, über deren Größe man heftig streitet,[47] erst in den 80er Jahren entdeckt –, ist ein weiterer Beleg für die oben referierte These, daß das Rassenproblem in den USA weitgehend auch ein Bildungsproblem darstellt.

Bei aller Kritik an der Sozialpolitik der Vereinigten Staaten muß in diesem Zusammenhang aber auch darauf verwiesen werden, daß die staatliche Sozialpolitik in den USA eine – etwa im Vergleich zu Deutschland[48] – relativ junge Vergangenheit hat. Die entscheidenden Anfänge fielen erst in die Roosevelt-Ära, in der mit dem „Social Security Act" die Arbeitslosenversicherung und verschiedene Hilfsprogramme für behinderte und ältere Menschen eingeführt wurden. Wichtige Weiterentwicklungen waren der „Economic Opportunity Act" von 1964 und vor allem der „Medicare Act" von 1965, der staatliche Hilfen für die medizinische Versorgung der Alten (Medicare-Programm) und der Armen (Medicaid-Programm) brachte.[49] Bei der vergleichsweise geringen Reichweite der amerikanischen Sozialpolitik wird man darüber hinaus zu bedenken haben, daß neben die staatlichen Hilfestellungen für die Bedürftigen die private Unterstützung in einem bei uns nicht vorstellbaren Ausmaß – für 1998 wird die Summe auf insgesamt 375 Mrd. Dollar geschätzt – hinzukommt.[50] Präsident Bush knüpft mit seinem „compassionate conservatism" und seinem Versuch, bei der Reform des amerikanischen Sozialsystems den religiösen Gruppen ein größeres Gewicht zukommen zu lassen, an diese Tradition an.[51]

Auch wenn die relativ junge amerikanische Sozialpolitik in den letzten 50 Jahren beträchtliche Fortschritte gemacht hat, die selbst von ihren Rückschritten nicht überdeckt werden können: Über 37 Millionen Bürger, die im Jahre 2004 unterhalb der offiziellen Armutsgrenze leben mußten, sind für ein Land mit den finanziellen Ressourcen der USA, die darüber hinaus die höchste Kinderarmut aller Industriestaaten haben,[52] nicht nur kein Ruhmesblatt, sie stellen „die größte Gefahr für den inneren Frieden in unserem Lande" dar.[53] Vor allem sollte die Lage der Armen einen Kenner der sozialpolitischen Szene der USA daran hindern, Politiker, die sich für deren Belange einsetzen, mit dem Diktum zu belegen, es bleibe ihnen nur das „Pathos der Verantwortung für die Schwachen".[54] Der Warnung des renommierten amerikanischen Wirtschaftswissenschaftlers Paul Krugman, die Ungleichheit habe in den USA ein Niveau erreicht, das kontraproduktiv sei,[55] könnte für die Zukunft der amerikanischen Gesellschaft eine größere Bedeutung zukommen, als es George W. Bush und den Republikanern lieb sein kann.

III. Der amerikanische Föderalismus

1. Die Regelungen der Verfassung

Die Kompetenzverteilung zwischen Zentralstaat und Einzelstaaten war eines der Themen, um das die amerikanischen Verfassungsväter am leidenschaftlichsten rangen. Die Anti-Federalists beklagten – wie in Kapitel I erwähnt – die zu große Machtballung beim Zentralstaat, die der Kompromiß der „Philadelphia Convention" ihrer Ansicht nach gebracht hatte, die Federalists hingegen verteidigten den Vorschlag.

In der Verfassung waren die Rechte des Bundes einzeln aufgelistet, vor allem in Art. I Sect. 8. Im wesentlichen sind hier folgende Bundesrechte aufgeführt:
– Erhebung von Steuern, Zöllen und Abgaben zur Erhaltung der Zahlungsverpflichtungen, für die Landesverteidigung sowie für das Allgemeinwohl;
– Aufnahme von Krediten;
– Regulierung des Außenhandels sowie des Handels zwischen den Einzelstaaten;
– Schaffung eines einheitlichen Einbürgerungs- und Konkursrechtes;
– Münzwesen, Maße und Gewichte;
– Postwesen;
– Patente und Copyrightfragen;
– Schaffung von dem Obersten Bundesgericht nachgeordneten Gerichten;
– Militärwesen.
Bundeskompetenzen sind auch noch an anderer Stelle der Verfassung zu finden, so z.B. hinsichtlich der Außenpolitik oder der Schaffung eines Obersten Bundesgerichts. Die in den ersten zehn Amendments festgeschriebene „Bill of Rights" war – wie erwähnt – Teil des Verfassungskompromisses und sollte eine

Beschränkung der Kompetenzen und der Eingriffsmöglichkeiten des Bundes bringen. Das X. Amendment hielt darüber hinaus ausdrücklich fest, daß alle nicht in der Verfassung dem Bund zugeschriebenen oder den Einzelstaaten entzogenen Rechte bei den Einzelstaaten oder beim Volk verbleiben sollen. Insgesamt gesehen hatte die Verfassung den Einzelstaaten einen beträchtlichen Aktionsradius belassen. Man spricht deshalb auch nicht zu Unrecht von einer Phase der Vorherrschaft der Einzelstaaten („state-dominated federalism"[1]) am Beginn der Vereinigten Staaten.

Die bis heute verabschiedeten weiteren 17 Amendments brachten vor allem in zwei Fällen einen Machtzuwachs des Bundes: In den die Rechte der Schwarzen betreffenden, nach dem Bürgerkrieg verabschiedeten Amendments und in der 1913 geschaffenen Möglichkeit der Einführung einer Einkommensteuer des Bundes.

2. Die Föderalismus-Rechtsprechung des Supreme Court

Weit stärker als diese Verfassungsänderungen waren jedoch Gerichtsentscheidungen im Laufe der Geschichte der Vereinigten Staaten für die Stärkung des Bundes verantwortlich.

Keine einzige dem Bund von der Verfassung zugewiesene Kompetenz sei unnötig oder unsachgemäß, stellte Madison in den „Federalist Papers" fest.[2] Er spielte damit interessanterweise schon auf die sog. „necessary and proper"-Klausel an, die am Ende der in der Verfassung aufgeführten Bundesrechte steht und besagt, daß dem Bund auch das Recht zum Erlaß „aller zur Ausübung der vorstehenden Kompetenzen und aller in der Verfassung aufgeführten Kompetenzen ... notwendigen und sachgemäßen Gesetze" zufällt. Diese Klausel war letztlich einer der entscheidenden „Aufhänger", über den der Supreme Court die Kompetenzen des Bundes ausweitete.

Der Streit um die richtige Auslegung der Föderalismusregelungen der amerikanischen Verfassung begann quasi mit deren Verabschiedung. In einem Verfahren, in dem es um die Zulässigkeit der Errichtung einer Bundesbank ging, „nutzte" dann Chief Justice John Marshall in der Entscheidung „McCulloch v. Maryland" im Jahre 1819 die Auslegungsfähigkeit der genannten „necessary and proper"-Klausel voll zugunsten des Bundes. Auf dieser „Gummiformulierung" baute er seine bis heute gültige Lehre von den „implied powers" auf: Es komme nicht auf die absolute Notwendigkeit eines Gesetzes an, der Kongreß habe vielmehr ein weitgehendes Ermessen hinsichtlich der Mittel, mit denen er seine von der Verfassung garantierten Rechte durchsetzen will; jede verfassungsmäßig verankerte Bundeskompetenz umschließe auch das Recht der Anwendung sämtlicher geeigneten Mittel, „um deren ungestörtes Funktionieren zu garantieren".[3] Das Urteil war ein Schlag gegen die Einzelstaaten und eine weitere Demonstration der aktiven Rolle, die Marshall für den Supreme Court im politischen System der USA reklamierte (s. auch IX, 4).

Die Entmachtung der Einzelstaaten darf man sich allerdings nicht als einen kontinuierlichen, vom Supreme Court getragenen Prozeß vorstellen. Der bundesfreundlichen Rechtsprechung des Marshall-Courts folgte eine mehr auf die Machterhaltung der Einzelstaaten abstellende Jurisdiktion vor allem unter Chief Justice R. Taney (1836–1864), bis mit dem Bürgerkrieg die härteste Belastungsprobe des amerikanischen Föderalismus ins Haus stand.

In dieser Machtprobe zwischen dem Süden und dem Norden versuchten beide Seiten, ihre divergierenden Interessenpositionen in der Sklavenfrage durch unterschiedliche Föderalismusinterpretationen abzusichern. Der Norden benötigte keine größeren theoretischen Anstrengungen: Er folgte Lincolns geflügeltem Wort, daß eine Nation nicht zur Hälfte versklavt und zur Hälfte frei sein könne. Für den Süden hingegen schneiderte J. Calhoun, der ehemalige Kriegsminister und Vizepräsident, die passende Föderalismuskonzeption: Er forderte mit seiner Theorie der konkurrierenden Mehrheiten, daß die Mehrheitsentscheidungen des Gesamtstaates der Bestätigung durch Mehrheitsentscheidungen der betroffenen Einzelstaaten bedürften, um Gültigkeit zu erlangen.

Dieser Versuch, dem Süden eine Vetoposition in der Sklavenfrage zu konstruieren, scheiterte am Sieg des Nordens im Bürgerkrieg. Der Bund hatte sich gegen die rebellierenden Einzelstaaten durchgesetzt, und die sog. „civil war amendments", die vor allem die Rechte des schwarzen Bevölkerungsteiles durchsetzen sollten, bedeuteten gleichzeitig eine erhebliche Reduzierung des Ermessensspielraumes der Einzelstaaten. Aber der Sieg des Nordens wurde nicht zur Unterdrückung des Südens bzw. der Einzelstaaten genutzt: Die Kongreßmehrheit übte Zurückhaltung; und der Supreme Court setzte seine gegenüber den Einzelstaaten freundliche Rechtsprechung fort.

Zwar gab es auch in der Folgezeit – vor allem seit Beginn des 20. Jahrhunderts – Entwicklungen zugunsten des Bundes, auf die unten noch näher einzugehen sein wird, aber der nächste bedeutende Umschwung der Rechtsprechung des Supreme Court erfolgte erst in den 30er Jahren: Der oberste Gerichtshof gab nun seine sog. „dual federalism"-Rechtsprechung, mit der er dem Bund und den Einzelstaaten unterschiedliche Kompetenzsphären zuzuteilen versuchte, auf. Zunächst hatte das Gericht eine Anzahl von Gesetzen, die von Präsident Roosevelt initiiert worden waren, für verfassungswidrig erklärt, weil sie die Kompetenzen des Bundes auf Kosten der Einzelstaaten stärkten. Nach seiner Wiederwahl 1936 drohte Präsident Roosevelt, mit seinem sog. „court-packing"-Plan, daß er für jeden Richter des Supreme Court mit über 70 Jahren einen zusätzlichen Richter ernennen würde. Roosevelt, dem es mit diesem Plan selbstverständlich nicht um das vergleichsweise hohe Durchschnittsalter der damaligen Richter, sondern um deren konservative Rechtsprechung ging, scheiterte zwar im Kongreß, die Drohung zeigte trotzdem die gewünschte Wirkung, denn u.a. wechselte Chief Justice Charles E. Hughes die Fronten, und die annähernd gleichen Gesetze wurden in einer zweiten Runde vom Supreme Court für verfassungskonform erklärt. U.a. der Rückgriff auf die sog. „general welfare"-Klausel der Verfassung, die dem Bund die Aufgabe zuschreibt, das allgemeine Wohl zu fördern, ermöglichte es dem Supreme Court seit Ende der 30er Jahre, sozialpolitischen Gesetzen des Bundes keine verfassungsrechtlichen Stolpersteine mehr in den Weg zu legen: Von nun an stand der oberste Gerichtshof der Vereinigten Staaten wieder voll auf der Seite des Bundes.

In den 50er Jahren gab der Supreme Court dann auch seine „separate but equal"-Rechtsprechung (s. II, 3) auf und wurde selbst zum Motor der Rassenintegration. In den 60er Jahren setzte er zusätzlich einheitliche Maßstäbe in der Wahlgesetzgebung für die Einzelstaaten. Die Beispiele für die bundesfreundliche Rechtsprechung des Supreme Court ließen sich für die nächsten Jahre noch beliebig fortsetzen.

Insgesamt gesehen ist die Machtposition der Einzelstaaten im Laufe der Geschichte der Vereinigten Staaten und vor allem aber seit der Zeit der Rooseveltschen New-Deal-Gesetzgebung bis in die 80er Jahre unter wesentlicher Mitwirkung des Obersten Gerichtes bis auf einen – zumindest aus Sicht der Gründungsväter – geringfügigen Rest abgetragen worden. Den letzten Höhepunkt dieser Rechtsprechung bildete die Entscheidung „Garcia v. San Antonio Metropolitan Transit Authority" aus dem Jahre 1985, in der der Supreme Court wirtschafts- und sozialpolitische Entscheidungen des Kongresses einer richterlichen Nachprüfung enthob und den Schutz der einzelstaatlichen Autonomie in die Hände des Kongresses selbst legte. In seinem abweichenden Votum sah Richter Lewis Powell das oben zitierte X. Amendment zur „hohlen Phrase" („meaningless rhetoric") degradiert.[4] Zu diesem Zeitpunkt galt: „Kurz: die Verfassung – so wie sie gegenwärtig vom Supreme Court interpretiert wird – behandelt Bund und Einzelstaaten nicht als gleichwertige Partner. Die Bundesgesetze genießen eindeutig Priorität. Wenn der Kongreß ein Gesetz verabschiedet, das mit dem Gesetz eines Einzelstaates kollidiert, gewinnt das Gesetz des Kongresses normalerweise den Vorrang. Die gewichtigste Abgrenzung der nationalen Institutionen gegenüber den Einzelstaaten liegt in der Unmöglichkeit für Washington, die Einzelstaaten ohne deren Zustimmung abzuschaffen bzw. deren Grenzen zu ändern (Art. IV Sect. 3). Die wichtigsten Kompetenzen jedoch kann der Kongreß den Einzelstaaten nehmen."[5] Seit einiger Zeit hat der Supreme Court allerdings seine Rechtsprechung wieder zugunsten der Einzelstaaten geändert. Der Supreme Court hat also in bezug auf den Föderalismus der Vereinigten Staaten in einer reichlich wechselvollen Rechtsprechung mehrfach „Verfassungsrevisionen" vorgenommen, ohne daß Verfassungsänderungen vorlagen.[6]

3. Die Aushöhlung des Föderalismus im modernen Sozial- und Industriestaat

Es hieße allerdings, die Position des Supreme Court gewaltig überzubewerten, wollte man den Machtabbau der Einzelstaaten über die Zeit allein mit seiner Rechtsprechung erklären. Der Supreme Court war zwar manchmal der öffentlichen Meinung voraus, normalerweise stellte er jedoch eher einen verfassungsrechtlichen Reflektor gesellschaftlicher, wirtschaftlicher oder politischer Strömungen dar.

Die „Nationalisierung" der Volkswirtschaft begrenzte im Verlauf des 19. und 20. Jahrhunderts nicht nur in den Vereinigten Staaten die Bedeutung des Handels innerhalb der Einzelstaaten. Die in der US-Verfassung verankerte Bestimmung, daß die Regelung des Handels innerhalb der Einzelstaaten (intrastate commerce) auch in deren Kompetenz liegt, verlor damit an Gewicht zugunsten des Handels zwischen den Einzelstaaten (interstate commerce), für den die Gesetzgebungskompetenz gemäß der US-Verfassung beim Bund liegt. Obwohl die Entwicklung in diesem Punkt quasi automatisch zugunsten des Bundes verlief, griff auch hier der Supreme Court verstärkend ein. Ernst Fraenkel zitiert in diesem Zusammenhang ein äußerst phantasievolles Urteil dieses Gerichts aus dem Jahre 1946: Die Regelung der Arbeitsbeziehungen zwischen einer Fensterputzerfirma in Michigan und ihren Arbeitnehmern falle dann unter die sog. „interstate-commerce"-Klausel, wenn die Firma Fenster in Unternehmen reinige, die „ihrerseits Waren produzieren, die nicht nur im Bereich des Staates Michigan abgesetzt werden". Fraenkel folgert aus diesem Urteil u. a. zu Recht, „daß potentiell jede Betätigung auf wirtschafts- und sozialpolitischem Gebiet unter den Begriff ‚interstate commerce' subsumiert werden kann".[7] Weiterhin wurde der Trend zugunsten der Bundeskompetenz durch die wachsende Bedeutung der Außen- und Verteidigungspolitik sowie das zunehmende Gewicht der Bürgerrechte und der Massenkommunikationsmittel mitgetragen.

Letztlich besitzt Washington eine gewichtige Waffe, die es relativ eigenständig zur Domestizierung der Einzelstaaten einsetzen kann: seine finanziellen Ressourcen nämlich und die daraus resultierenden Zahlungen an die Einzelstaaten. Diese Zahlungen setzten während des 19. Jahrhunderts ein, wurden wesentlich verstärkt nach der Einführung der Bundeseinkommenssteuer im Jahre 1913 und explodierten dann geradezu in den 60er und 70er Jahren, bevor sich Präsident Reagan um ihre Reduzierung bemühte. Diese Bundeszuschüsse („federal grants") exemplifizieren im übrigen eine wichtige Differenz zwischen dem amerikanischen und dem deutschen Föderalismusbegriff: Föderalismus im deutschen Sinne betrifft die Beziehungen zwischen dem Bund und den Einzelstaaten, „federalism" im amerikanischen Sinne schließt zusätzlich – worauf hier leider nicht näher eingegangen werden kann – die Städte und Gemeinden ein. Darüber hinaus muß ein weiterer Bedeutungsunterschied festgehalten werden: „federal power" meint in Amerika die Macht des Bundes und nicht – wie man nach deutschem Sprachgebrauch annehmen könnte – die Machtposition der Einzelstaaten.

Die erwähnten „federal grants" unterteilen sich im wesentlichen in drei Typen:
– in die sog. „categorical grants": Diese den Einzelstaaten oder den Kommunen gewährten Zuschüsse sind an strenge Auflagen („strings") gebunden, sie werden den Empfängern zur Ausführung bestimmter Projekte gewährt und reduzieren diese im wesentlichen auf eine Vollstreckerrolle, indem sie ihnen kaum eigenen Ermessensspielraum zugestehen;
– in die sog. „block grants": Im Vergleich mit den „categorical grants" haben hier die Empfänger eine deutlich größere Entscheidungsfreiheit. Zwar sind auch die „block grants" für spe-

zielle, mehr oder weniger breit definierte Aufgabenbereiche –
z.B. Erziehung oder Gesundheitsvorsorge – bestimmt, die
schwerpunktmäßige Verwendung bleibt jedoch bei diesen Finanzhilfen den Empfängern überlassen; und schließlich
– in die sog. „revenue-sharing grants": Diese Bundeszuschüsse
wurden erst 1972 unter der Nixon-Administration eingeführt;
sie stellten eine Überweisung von Pauschalbeträgen an die Einzelstaaten und Kommunen dar, die de facto mit keinen Auflagen verbunden und somit für die Empfänger frei verfügbar waren. Nach 1980 wurden diese Zuschüsse dann nur noch an die
Kommunen vergeben, und sie sind nach 1986 de facto wieder
abgeschafft worden.[8]

Tabelle 2: Entwicklung der Bundeszuschüsse an die Einzelstaaten und Gemeinden[9]

1929	1,1 Mrd. $	1985	105,9 Mrd. $
1950	2,2 Mrd. $	1990	135,3 Mrd. $
1955	3,2 Mrd. $	1995	225,0 Mrd. $
1960	7,0 Mrd. $	1996	227,8 Mrd. $
1965	10,9 Mrd. $	1997	234,2 Mrd. $
1970	24,0 Mrd. $	1998	246,1 Mrd. $
1975	49,8 Mrd. $	1999	267,1 Mrd. $
1980	91,5 Mrd. $	2000	284,8 Mrd. $
		2004	401,4 Mrd. $

Betrachtet man die Entwicklung der Bundeszuschüsse über
die Zeit, so ist einerseits bis zum Beginn der 80er Jahre eine
immer stärkere Ausweitung dieser Zahlungen zu beobachten,
wie Tabelle 2 zeigt. Nach 1980 allerdings traten entweder Kürzungen in Kraft, oder der Anstieg der Zuschüsse wurde verlangsamt bzw. durch die höhere Inflationsrate neutralisiert.[10]
Andererseits riefen vor allem die Vielzahl von Bedingungen –
z.B. vom Diskriminierungsverbot über arbeitsrechtliche Regelungen bis hin zu Auflagen im Umweltschutz –, die mit den
„categorical grants" über bestimmte Programmauflagen hinaus
verbunden waren, sowie die immense Komplizierung und
Bürokratisierung, die diese Programme mit sich brachten,
immer mehr Kritiker auf den Plan.

4. Reagans „New Federalism" und der jüngste Kompetenzgewinn der Einzelstaaten

Noch unter der Präsidentschaft des Demokraten Lyndon B. Johnson, in dessen Amtszeit allerdings auch die massivsten Gängelungsmaßnahmen gegenüber den Einzelstaaten und Kommunen fielen, setzt dann ein erster Versuch ein, durch eine verstärkte Gewährung von „block grants" die Knebel für die Empfänger zu lockern. Der Republikaner Nixon verstärkte diese Tendenz mit der erwähnten Einführung der „revenue-sharing grants", bevor sie von Präsident Reagan zu seinem „New Federalism"-Programm erweitert wurde, das man als den Beginn einer Trendwende des amerikanischen Föderalismus bezeichnen kann.

Die eine Seite dieses „New Federalism" kommt bereits im Wahlprogramm der Republikaner von 1976 zum Ausdruck: „Die Schönheit des ursprünglichen Herrschaftsmodells Amerikas beruhte auf seiner Vielfalt und dem Glauben, daß verschiedenartige Leistungen am besten durch Regierungen auf unterschiedlichen Ebenen erbracht werden können. Zu unseren Lebzeiten haben von der Demokratischen Partei beherrschte Kongresse dieses Modell entstellt und übernationalisiert. So wie die Machtbefugnisse nach Washington geflossen sind, ist in unseren Kommunen und Staaten die Chance vertrocknet, den anstehenden Problemen selbst zu begegnen. Dieser Trend muß umgekehrt werden. Lokale Selbstregierung entspricht viel besser den Bedürfnissen der Menschen, und Bürger in Ländern und Gemeinden sind vollkommen fähig, Entscheidungen zu treffen. Wir bekräftigen deshalb den traditionellen Grundsatz der Republikanischen Partei, daß die beste Regierung diejenige sei, die dem Volk am nächsten ist."[11] Doch Reagans „New Federalism" hatte neben diesem, auf traditionelle Föderalismustheorien zurückgehenden Aspekt noch andere, wesentlich problematischere und gewichtigere Komponenten: Die von Reagan intendierte Kürzung der Bundeszuschüsse und die beabsichtigte Aufgabenumverteilung zwischen Bund und Einzelstaaten ging in erster

Linie auf Kosten einer aktiven Sozialpolitik des Bundes und traf damit vor allem die ärmeren Bevölkerungsschichten. Sie zielte des weiteren auf eine verstärkte Deregulierung bestimmter Politikbereiche – z. B. des Umweltschutzes[12] – ab, woraus vor allem der Industrie Erleichterungen erwachsen sollten.

Reagan konnte sich allerdings mit diesem Programm gegenüber dem Kongreß und den Einzelstaaten nur bedingt durchsetzen.[13] Es ist ihm allerdings – wie erwähnt – gelungen, bei Berücksichtigung der Inflationsrate eine Kürzung der Bundeszuschüsse zu erreichen, die von ihm ursprünglich intendierte Absenkung der „federal grants" auf knapp 74 Mrd. Dollar in den Jahren 1984 und 1985 hat er hingegen deutlich verfehlt.[14] Sein Vorhaben, weite Bereiche der Innen- und vor allem der Sozialpolitik einerseits und bestimmte Steuereinnahmen des Bundes andererseits – in festgelegten Übergangsfristen – an die Einzelstaaten zurückzuübertragen, ist insgesamt gescheitert: „Die Ergebnisse der Reaganschen Deregulierungspolitik waren somit enttäuschend, zumal die Bundesregierung von ihrem Konzept abwich, wenn dies für die Realisierung ihres vorrangigen politischen Zieles – den Abbau des Wohlfahrtsstaates – erforderlich erschien. So wurden zum Beispiel bei einzelnen bundespolitischen Programmen die Auflagen und Kontrollen eher noch verschärft".[15] Aber ein erster Anfang war gemacht, an den die Republikaner Mitte der 90er Jahre anknüpfen konnten. Die Löcher, die die Reagansche Steuerpolitik in den Bundeshaushalt gerissen hatte, machten eine weitere großzügige Subventionierung der Einzelstaaten unmöglich, und die Republikaner kündigten mit dem „Contract with America" im Wahlkampf 1994 eine Rückverlagerung von Kompetenzen in die Einzelstaaten an. Nachdem sie in beiden Häusern des Kongresses die Mehrheit erhalten hatten, setzten ihr Versprechen zumindest partiell auch um. Nach heftigen Auseinandersetzungen mit Präsident Clinton, der zweimal sein Vetorecht geltend machte, verabschiedete der Kongreß die Reform der Sozialhilfe für einkommensschwache Familien mit Kindern. Sie wurde von einer vom Bund finanzierten Sozialhilfe umgewandelt in ein System von „block grants", das u. a. eine zeitliche Begrenzung der Zahlungen festlegt. Dieses Gesetz ist von deutlich größerer Bedeutung für die Sozialpolitik als für die Beziehungen zwischen Bund und Einzelstaaten. Da aber die „block grants" den Einzelstaaten mehr Flexibilität und Experimentiermöglichkeiten einräumen, wird die Zukunft zumindest für die Sozialhilfeempfänger eine zunehmende Uneinheitlichkeit der Lebensverhältnisse bringen.[16]

Auch der 1995 verabschiedete „Unfunded Mandates Reform Act" ist gegen die Zentralisierungstendenzen gerichtet, indem er die Regulierungsauflagen des Bundes an die Einzelstaaten und Gemeinden erschwert, solange ihre Finanzierung nicht ausreichend gesichert ist. Aber in diesem Gesetz sind wiederum genügend Schlupflöcher enthalten, die dem Kongreß auch in der Zukunft bedeutsame Auflagen für die Einzelstaaten und Gemeinden ermöglichen. Die Republikaner blieben so auch in den 90er Jahren dem Reaganschen Rezept treu: Wo sie glaubten, daß sie ihre politischen Ziele eher mit zentralistischen Vorgaben erfüllen konnten, mußte die Kompetenzverlagerung zugunsten der Einzelstaaten zurücktreten. Devolution ist offensichtlich auch für die Republikaner kein Wert an sich. Wie nicht anders zu erwarten, zeigte der verstärkte Einfluß der Republikaner auf die Zusammensetzung des Supreme Court auch in diesem Zusammenhang Wirkung: Seine Rechtsprechung wurde – wie erwähnt – wieder deutlich „bundesfeindlicher"; ob sich hier – wie von manchen behauptet – eine erneute Kehrtwendung der Föderalismus-Rechtsprechung des Supreme Court anbahnt, wird man aber vorerst noch abwarten müssen.[17]

5. Zusammenfassung

Entgegen der von der Verfassung vorgesehenen Kompetenzzuweisung bestimmter Politikfelder entweder an den Bund oder an die Einzelstaaten herrscht heute für die meisten Bereiche eine „Mischverantwortung" vor. Zwar liegt in der Verteidigungs-, Außen- oder Raumfahrtpolitik heute eine klare Bundeszuständigkeit vor. Auch haben sich die Einzelstaaten – deutlicher als beispielsweise in der Bundesrepublik – eigene Reservatrechte erhalten. Aber in den kostenintensiven Bereichen gibt es letztlich auch in den USA nur zwei Zuständigkeiten: Entweder die alleinige des Bundes oder eine geteilte Verantwortung zwischen Bund und Einzelstaaten. Denn cum grano salis gilt auch weiterhin: „In den letzten Jahren hat sich in der sozialwissenschaftlichen Analyse des amerikanischen Föderalismus die Ansicht durchgesetzt, daß der formalrechtliche Begriff des Föderalismus bedeutungslos geworden ist. ... Zwar wird durchaus anerkannt, daß das politische System der USA von föderalen Strukturen geprägt ist, doch wird es als sinnlos angesehen, Föderalismus als saubere Zuordnung von Kompetenzen und hierarchischen Abstufungen zu verstehen."[18] Oder wie es der von Morton Grodzins stammende, in der amerikanischen Literatur immer wieder zitierte, treffende Vergleich zusammenfaßt: Der amerikanische Föderalismus hat sich im Laufe der Zeit von einem Schichten- in einen Marmorkuchen verwandelt.[19]

Die im Laufe der Geschichte der Vereinigten Staaten erfolgten Kompetenzverlagerungen in Richtung Washington dürfen jedoch nicht über verbleibende Einflußmöglichkeiten der Bundesstaaten hinwegtäuschen: Trotz aller Zuschüsse und Auflagen ist der Bund hinsichtlich der Ausführung seiner Programme auf die Einzelstaaten und Kommunen angewiesen, denn sie stellen das Personal, dessen Ermessensspielraum man gerade wegen der komplexen Kompetenzstrukturen im amerikanischen Föderalismus nicht unterschätzen sollte. Würde man die Entwicklung der Bediensteten beim Bund und bei den Einzelstaaten bzw. bei den Kommunen als alleinigen Maßstab für die Machtverteilung zwischen diesen beiden Ebenen betrachten, man müßte notgedrungen zu dem umgekehrten, aber falschen Fazit gelangen, daß sich die Einzelstaaten auf Kosten des Bundes hätten profilieren können. Während die Zahl der Beschäftigten auf Bundesebene – sie betrug 1952 knapp 2,6 Mio. und 2004 ca. 2,7 Mio. – in der Nachkriegszeit nur geringen Schwankungen unterworfen war, steigerten die Einzelstaaten und Gemeinden ihren Personalbestand beträchtlich – und zwar von etwas über 4,1 Mio. im Jahre 1952 auf 16,8 Mio. im Jahre 2006.[20]

Auf beiden Ebenen kann man jedoch feststellen, daß seit Anfang der 90er Jahre die Anzahl der Beschäftigten kontinuierlich abnimmt. Ein weiteres bedeutsames Gegengewicht gegenüber den Zentralisierungstendenzen, denen der amerikanische Föderalismus im Laufe seiner Geschichte ausgesetzt war, stellt das stark regional gebundene Abstimmungsverhalten der Abgeordneten im Kongreß dar, auf das in Kapitel VIII näher eingegangen wird. Auch fehlt dem amerikanischen Föderalismus die zentralisierende Wirkung nationaler Parteien: Während es sich bei uns die SPD – und zum geringeren Maße auch die CDU/CSU – nicht leisten können, in Baden-Württemberg eine andere Programmatik zu vertreten als in Schleswig-Holstein, sind solche regional unterschiedlichen Programmaussagen der Parteien in den USA alles andere als aufsehenerregend (s. V, 3).

Der politische Spielraum der Einzelstaaten ist seit der Reagan-Ära unbestreitbar gewachsen, ob man jedoch gleich von einem „dramatischen Wiedererstarken" der einzelstaatlichen Regierungen sprechen muß,[21] darüber wird man streiten können. Vorerst ist die künftige Entwicklung des Föderalismus in den Vereinigten Staaten nur schwer abzuschätzen. Die Wahrscheinlichkeit, daß die Einzelstaaten noch für eine geraume Zeit vom derzeitigen Devolutionstrend profitieren werden, ist zwar groß, aber keineswegs sicher. Ob die jüngste Entwicklung und eine eventuelle Kompetenzumverteilung allerdings mehr als einen retardierenden Einfluß auf die beschriebenen Zentralisierungstendenzen haben werden, ob sie die Dominanz des Bundes ablösen und eine Phase der „equal partnership" oder gar der „state government domination"[22] einleiten können, hier sind – zumindest auf längere Sicht – Zweifel angebracht. Den zentralisierenden Wirkungen der modernen Volkswirtschaft, des Sozialstaates, der Internationalisierung der Politik sowie der modernen Massenmedien kann ein politisches System nur partiell gegensteuern. Daß aber der moderne Staat nicht automatisch einer zentralisierenden Tendenz unterliegt, zeigen neuerdings Blicke z.B. nach Belgien, Frankreich oder Spanien. Daß die USA – zusammen mit der Schweiz

– auch heute dasjenige föderalistische System der westlichen Welt darstellen, das den Einzelstaaten die größten Freiräume zugesteht, hängt wesentlich von der Haltung der amerikanischen Bürger zu ihrem System und nicht von ideologischen Positionen der Entscheidungsträger ab. Die Antipathie vieler Amerikaner gegen Washington und gegen eine zu weitgehende Zentralisierung beruht auf einer gewissen Staatsferne: Man setzt vor allem auf Eigeninitiative und weniger auf staatliche Garantien, man ist eher als z.B. in der Bundesrepublik bereit, Disparitäten in einem gewissen Maß in Kauf zu nehmen, ohne gleich nach dem Staat zu rufen. Diese Zustimmung der Amerikaner zum „smaller government" wird aber durch den Wunsch abgemildert, daß die Regierung zwar kleiner, aber in verschiedenen Bereich trotzdem leistungsfähiger sein soll.[23] Für die benachteiligten Minderheiten, die sich eine solche Haltung am wenigsten leisten können, hat diese partielle Staatsferne des amerikanischen Mittelstandes allerdings meist fatale Konsequenzen.

IV. Die amerikanischen Interessenverbände

1. Die amerikanische Pluralismustheorie

Bis vor einiger Zeit hatten amerikanische und deutsche Pluralismustheoretiker erhebliche Verständigungsschwierigkeiten. In den USA glaubten die Pluralisten – und meist haben sie diesen Glauben bis heute nicht aufgegeben –, eine möglichst unregulierte Mitwirkung von Interessenverbänden am politischen Willensbildungsprozeß werde zu einer Ausbalancierung der Interessen und zu einem Gleichgewicht der gesellschaftlichen Gruppierungen durch gegenseitige Kontrolle führen. Ein solcher optimistischer Pluralismusbegriff hat sich in der Bundesrepublik – u.a. wegen des Fortlebens der tradierten Vorbehalte gegen Interessenverbände – nicht durchsetzen können. Wenn heute in der Bundesrepublik von Pluralismus die Rede ist, dann ist der Einfluß des Neopluralisten Ernst Fraenkel nicht aus dieser Diskussion wegzudenken. Fraenkels Pluralismustheorie hat einerseits eine antitotalitäre und demokratiebegründende Funktion, andererseits aber ist sie weit von einer Verbandsvergötterung entfernt und reduziert den Staat nicht auf eine vermeintlich neutrale Schiedsrichterrolle gegenüber den Interessenverbänden, sondern weist ihm regulierende und reformierende, nicht konservierende Aufgaben zu.[1] Während in der Bundesrepublik das Hauptproblem von frei waltenden Interessenverbänden – die Asymmetrie der Artikulierungs- und Durchsetzungsfähigkeit von allgemeinen und speziellen Interessen nämlich – selten geleugnet wurde, hat man dieses Problem in den USA zwar auch erkannt,[2] aber nicht ausreichend verarbeitet. Die Pluralismustheoretiker der USA waren nur schwer von ihrem Glauben an die „Selbstheilungskräfte" der Interessenverbände abzubringen. Wer diesen Optimismus nicht teilen wollte, mußte in den USA zum Pluralismuskritiker werden, konnte aber in der Bundesrepublik Neopluralist im Fraenkelschen Sinne bleiben.[3] Die neuere Diskussion in den USA könnte dazu beitragen, diese Sprachverwirrung zu beseitigen. Mit William Alton Kelso ist ein Autor auf die amerikanische Bühne getreten, der den in den USA gängigen Pluralismusbegriff modifizierte und dabei nicht zum Pluralismuskritiker wurde.[4] Sowohl die amerikanischen Pluralismusoptimisten als auch die Pluralismuskritiker dürfte Kelso mit seinem Begriff des „public pluralism" irritieren, weshalb er bisher nicht auf große Resonanz stieß. Dieser „public pluralism", den Kelso den älteren Pluralismusbegriffen entgegensetzt, zeigt nämlich eine deutliche Verwandtschaft zum Fraenkelschen Neopluralismus: Er hebt vor allem ab auf die mangelnde Organisierbarkeit und Durchsetzungsfähigkeit von Minderheiten- und allgemeinen Interessen und fordert eine stärker ausgleichende und regulierende Rolle der Regierung, vor allem des Präsidenten. Obwohl die meisten Präsidenten in der Nachfolge Franklin D. Roosevelts der hier geforderten Ausgleichsfunktion zugunsten der Minderheiten und benachteiligten Interessen in mehr oder minder starkem Maße nachkamen und nur R. Reagan ein deutliches Desinteresse zeigte, dürfte die Kelsosche Pluralismustheorie nicht unbeträchtlich von einer Umstrukturierung des amerikanischen Verbandssystems durch das verstärkte Agieren der sog. „public interest groups" seit den 60er Jahren beeinflußt sein. Bevor jedoch diese neuere Entwicklung des stark verzweigten amerikanischen Interessenverbandssystems – die „Encyclopedia of Associations" von 1999 zählt immerhin über 23 000 auf nationaler Ebene agierende Organisationen[5] – aufgezeigt wird, sollen hier zunächst die traditionellen Interessenverbände der USA dargestellt werden.

2. Die traditionellen Interessengruppen

Hinsichtlich der partikularen wirtschaftlichen Interessenverbände unterscheidet man in den USA gewöhnlich vier Gruppen:

– die sog. „business groups": Neben einer großen Anzahl von Interessenvertretungen einzelner Industriezweige sind für diese Gruppe vor allem drei Spitzenverbände wichtig. Zum einen die „National Association of Manufacturers" (NAM), die die Interessen der Großindustrie vertritt, zum zweiten die „United States Chamber of Commerce", die ebenso wie die NAM von der Großindustrie dominiert wird, aber gleichzeitig eine Vertretung der lokalen Handelskammern und auch kleinerer Firmen darstellt, und schließlich drittens die „National Federation of Independent Business" (NFIB), die als wichtigste Interessenvertretung der mittleren und kleineren Unternehmer fungiert. Die meisten Industriegiganten der USA vertreten ihre Interessen gegenüber den politischen Institutionen in Washington allerdings – unabhängig von den Spitzenverbänden – durch eigene Stäbe bzw. durch beauftragte Anwaltsbüros. Darüber hinaus gibt es Koordinationsgremien wie „Business Roundtable" oder die „Carlton Group", die in erster Linie dem Informationsaustausch und der Vorbereitung verbandsübergreifender Strategien der Wirtschaftsinteressen dienen.

– die Gewerkschaften: Die Dachorganisation von derzeit knapp 100 der insgesamt ca. 250 Einzelgewerkschaften[6] der USA bildet die „American Federation of Labor – Congress of Industrial Organizations" (AFL-CIO). Ca. 14% der amerikanischen Arbeiter sind in den Gewerkschaften organisiert.[7] Daß der politische Einfluß der Gewerkschaften in Amerika seit geraumer Zeit im Sinken begriffen ist, wird nur selten bestritten. Zum einen geht die Mitgliedschaft zurück, zum anderen haben sich die Gewerkschaften nicht rechtzeitig auf den verstärkten Wettbewerb in der amerikanischen Wirtschaft eingestellt und sich durch die hohen Lohndifferenzen zwischen organisierten und nicht organisierten Arbeitern selbst Konkurrenz in der Arbeiterschaft geschaffen. Letztlich sind auch die politischen Präferenzen der Arbeiterschaft – aber auch der einzelnen Gewerkschaften – für eine geschlossene Interessenvertretung zu heterogen. Die größere Nähe der Gewerkschaftsführungen zur Demokratischen Partei beeindruckt die Republikaner deshalb nur unwesentlich.

– den Agrarbereich: hier sind die beiden großen Organisationen die „American Farm Bureau Federation" (AFBF) und die „National Farmers' Union" (NFU). Die konservative, marktorientierte AFBF vertritt vor allem die Interessen der Großfarmer aus dem Süden und dem Mittleren Westen; die NFU als wichtigste Vertreterin der Weizenfarmer setzt sich hingegen vor allem für die Erhaltung staatlicher Subventionen zugunsten ihrer Mitglieder, die sich eher aus den Reihen der Kleinfarmer rekrutieren, ein. Auch im landwirtschaftlichen Bereich gibt es selbstverständlich eine größere Anzahl weiterer Verbände, die sich in erster Linie für die Belange einzelner landwirtschaftlicher Produktionszweige einsetzen.

– sowie die Berufsorganisationen: Annähernd alle gehobenen Berufe haben in den USA eigenständige Berufsvertretungen, die vor allem darüber wachen, daß die Status- und Standesinteressen der jeweiligen Berufsgruppe nicht gemindert werden. Die „American Medical Association" (AMA), die „American Bar Association" (ABA) und die „National Education Association" sind diejenigen Gruppierungen, die in der Öffentlichkeit am häufigsten von sich reden machen.

Daß mit diesen vier Gruppen die traditionellen Interessenverbände der USA nicht vollständig erfaßt sind, ist offensichtlich. Erwähnt werden müssen z.B. noch die ethnischen Interessenvertretungen – die bekannteste ist hier die „National Association for the Advancement of Colored People" (NAACP), die 1909 gegründet wurde und die wichtigste Interessenvertretung der schwarzen Bevölkerung darstellt –, die mächtigen Kriegsteilnehmervereinigungen, die Interessengemeinschaften der Einzelstaaten und der Städte – sie werden durch die „National Conference of State Legislatures", die „National Governors' Conference", die „National League of Cities" und die „U.S. Conference of Mayors" vertreten – oder gewisse Gruppierungen, die für bestimmte Einzelinteressen stehen – wie z.B. die „National Rifle Association" (NRA), die vor allem gegen eine Kontrolle des Besitzes von Schußwaffen kämpft. Die Zahl und die Aktionsbereiche sog. „single-purpose-movements" oder „single-issue groups" haben sich in den letzten 20 Jahren beträchtlich vermehrt.

3. Die „public interest groups"

Die sog. „public interest groups", die seit den 60er Jahren neben den traditionellen Interessenverbänden verstärkt auf den politischen Willensbildungs- und Entscheidungsprozeß einzuwirken versuchen, sind Organisationen, die als „latent bezeichnete Interessen vertreten und sich dadurch von der Vertretung partikularer, in der Regel ökonomischer Interessen unterscheiden".[8] Diese „public interest groups" sind allerdings keine Erfindung der jüngsten amerikanischen Geschichte, sie haben gewichtige Vorläufer z.B. in der „Anti-Slavery Society" (gegründet 1833), in der „American Civil Liberties Union" (gegründet 1920) oder in der Naturschutz- und späteren Umweltschutzorganisation „Sierra Club" (gegründet 1892). Neu an diesen „public interest groups" waren größtenteils nicht ihre Ziele, neu war ihr verstärktes Auftreten, ihre vergrößerte Mitgliedschaft, ihre deutlich verbesserten finanziellen Ressourcen sowie ihre beträchtlich erhöhte politische Effizienz.

Eine der wichtigsten dieser neueren „public interest groups" ist „Common Cause". Sie wurde im Jahre 1970 gegründet, hat derzeit mehr als 250 000 Mitglieder[9] und kämpfte mit nicht geringem Erfolg z.B. für eine Veränderung der Wählerregistrierung und der Wahlkampffinanzierung (s. VI, 3), für eine Abschaffung der „seniority rule" (s. VIII, 2) sowie für die Beendigung des Vietnamkrieges. „Jeder Staat hat inzwischen irgendein Reformgesetz verabschiedet, das von ‚Common Cause' befürwortet wurde (Reform der Verwaltung etc.). ... Insgesamt stehen die Erfolge auf einzelstaatlicher Ebene auch bei ‚Common Cause' denen auf der Bundesebene nicht nach."[10]

Die Umweltschutzorganisationen – die bekanntesten sind hier der bereits erwähnte „Sierra Club" und die deutlich aggressiveren Gruppen „Green Peace" oder „Environmental

Action" – hatten ihre spektakulärsten Erfolge in der Durchsetzung einer größeren Anzahl von Umweltgesetzen in der ersten Hälfte der 70er Jahre – z.B. ging der „Clean Air Act" von 1970 wesentlich auf ihre Initiative zurück. Während Reagans Amtszeit hatten diese Organisationen mit einem heftigen Gegenwind von seiten der Exekutive zu kämpfen. Die totale Vernachlässigung der Umweltpolitik durch die Reagan-Administration brachte den Umweltorganisationen aber auch einen beträchtlichen Anstieg der Mitgliedschaft und eine verstärkte Unterstützung durch die Öffentlichkeit, die sich dann in den 90er Jahren wieder abschwächte.[11] Das nicht überraschende erneute Umschwenken in der Umweltpolitik durch Präsident Bush jun. hat der Umweltbewegung der Vereinigten Staaten wieder größere Unterstützung durch die Bevölkerung gebracht.

Wichtige Anstöße zum Verbraucherschutz gingen vor allem von Ralph Nader aus, der sich in den 60er Jahren in einer Auseinandersetzung mit General Motors über die Sicherheit der Fahrzeuge dieser Firma einen Namen gemacht hatte und der – teils aus eigenen Geldern, teils aus den Beiträgen seiner Vereinigung „The Public Interest", teils aus Spenden – eine Organisation aufbauen konnte, die sich mit großem Erfolg dem Verbraucherschutz widmet, aber auch in anderen Bereichen tätig ist.

Einen Großteil dieser neuen „public interest groups" könnte man etwas widersprüchlich als „Bürgerinitiativen ohne Bürgermitwirkung" bezeichnen. „Common Cause" z.B. kennt weder auf lokaler, einzelstaatlicher oder nationaler Ebene Mitgliederversammlungen.[12] Und Jeffrey M. Berry kam in seiner Untersuchung von 83 „public interest groups" zu dem Ergebnis, daß diese Gruppen in ihrer Mehrheit oligarchisch strukturiert sind und ihren Mitgliedern keine Mitwirkungsrechte einräumen.[13]

Trotz dieser Elitendominanz haben die „public interest groups", indem sie die Interessen von breiten Bevölkerungskreisen, aber auch von bisher unterprivilegierten Interessen mit Erfolg vertreten, seit ihrem Aufschwung in den 60er Jahren dafür gesorgt, daß die immense Übermacht der partikularen Interessenverbände in den USA zumindest teilweise ein Gegengewicht erhielt.

4. Die Einflußstrategien der amerikanischen Interessenverbände

Mit welchen Mitteln versuchen nun die Interessenverbände der Vereinigten Staaten ihre jeweiligen Positionen in den politischen Willensbildungs- und Entscheidungsprozeß einzubringen? Wenn auch mit unterschiedlichen Gewichtungen spielen vor allem die im folgenden genannten Techniken eine wichtige Rolle:

– Einfluß auf die Entscheidungsträger durch Wahlkampfspenden: Dieses Mittel, das in der jüngsten Zeit immer mehr an Bedeutung gewinnt, wird in Kapitel VI ausführlicher zu untersuchen sein.

– „grass roots lobbying": Diese spezifisch amerikanische Technik trägt der Atomisierung der Willensbildung im amerikanischen Kongreß und der starken Sensibilität der Abgeordneten für die Stimmung in ihrem Wahlkreis Rechnung. Man konfrontiert die Abgeordneten in ihren jeweiligen Wahlkreisen mit den eigenen Verbandsforderungen oder man bringt ihnen über mehr oder weniger vorgefertigte Briefe von Einzelpersonen ihres Wahlkreises die jeweiligen Gruppenziele nahe.

– direkte Kontakte mit den Entscheidungsträgern in Washington: Ca. 14 000 Organisationen sind in Washington entweder durch eigene Büros oder durch Berater vertreten.[14] Die Hauptaufgabe dieser in Washington tätigen Verbandsvertreter liegt darin, diejenigen Politiker und Bürokraten, die mit für den jeweiligen Verband interessanten Entscheidungen befaßt sind, mit möglichst detaillierten Informationen zu versorgen und sie zur Unterstützung der Verbandswünsche zu bewegen. Massiver Druck und Bestechung spielen in dieser Hinsicht ebenfalls eine Rolle (s. auch VIII, 2). Die wichtigsten Einflußinstrumente auf die Entscheidungsträger in Washington sind jedoch die „iron triangles", die „issue networks" und die Kontrolle des Abstimmungsverhaltens der Abgeordneten. Die „iron triangles" bzw. „subgovernments" zeichnen sich durch eine enge informelle Zusammenarbeit von gleichgesinnten Ministerialbeamten, Abgeordneten und Verbandsvertretern aus (s. VIII, 3). Die „issue networks"[15] bauen meist auf einer Koalition unterschiedlicher Interessengruppen auf, die ihre Einflußnahme aus Ersparnisgründen koordinieren. Diese „networks" sind wesentlich offener und partizipationsfreundlicher als die „subgovernments" und sie gewinnen immer mehr an Bedeutung. Sie tragen auch der zunehmenden Verkomplizierung der Politik Rechnung und räumen den Spezialisten neben den Entscheidungsträgern und Verbandsvertretern einen gewichtigen Raum ein, wobei sie – wiederum entgegen den Intentionen der „iron triangles" – gegensätzliche Interessen zu verarbeiten suchen. Die Kontrolle des Verhaltens der Abgeordneten in bestimmten relevanten Abstimmungen ist eine Folge der geringen Fraktionskohäsion in den Vereinigten Staaten und soll die „Tragbarkeit" der einzelnen Abgeordneten für die Interessenverbände eruieren (s. VIII, 2).

– Anrufung von Gerichten:[16] Die Klage vor Gericht ist in den Vereinigten Staaten eine beliebte und verbreitete Methode zur Durchsetzung von Verbandsinteressen. Die „National Association for the Advancement of Colored People" z.B. setzte häufig auf Gerichtsentscheidungen und konnte mit dem von ihr unterstützten Verfahren „Brown v. Board of Education of Topeka" ihren wohl größten Erfolg erringen (s. ausführlicher II, 3).

– Öffentlichkeitsarbeit: Die Aktivitäten, mit denen die Interessenverbände der Öffentlichkeit ihre Verbandsziele nahezubringen versuchen, variieren je nach den finanziellen Ressourcen der einzelnen Verbände von einfachen Bürgerkontakten bis hin zu Medienkampagnen. Solange Sachaussagen im Mittelpunkt stehen, geht es im wesentlichen um eine indirekte Beeinflussung der Entscheidungsträger, in den Wahlkämpfen werden jedoch auch teilweise massive Kampagnen für oder gegen einzelne Kandidaten gestartet (s. auch VI, 3 und VII, 3).

– Demonstrationen: Protest- und Demonstrationsveranstaltungen haben seit den 60er Jahren stark an Bedeutung gewonnen. In der Nachfolge der Civil-Rights- und Anti-Vietnamkriegs-Demonstrationen hat dieses Mittel, seinen eigenen politischen Standpunkt und seine Interessen zu unterstreichen, in den USA eine relativ weite Verbreitung gefunden.[17]

Der Abbau der „Verbandsprüderie" (E. Fraenkel) in der Bundesrepublik und des Verbandsoptimismus in den USA hat die Interessenverbandsdiskussion in beiden Ländern einander angenähert und die eingangs beschriebenen Verständigungsschwierigkeiten abgebaut. Trotz des Aufkommens der „public interest groups" in den USA und der Bürgerinitiativen in der Bundesrepublik bleibt das vielzitierte Diktum Schattschneiders – „Der Defekt im pluralistischen Himmel liegt darin, daß der Himmelschor mit einem starken Oberklassenakzent singt"[18] – allerdings bis heute in beiden Ländern unwiderlegt. Der bekannte amerikanische Verbandsforscher Kay L. Schlozmann vertritt sogar die These, daß sich dieses Ungleichgewicht trotz des Aufkommens der „public interest groups" noch verstärkt habe, weil die traditionellen Interessengruppen, vor allem die „business groups", ihre Aktivitäten in Washington überproportional gesteigert hätten.[19]

Eines der Hauptprobleme des politischen Systems der Vereinigten Staaten konnte allerdings auch das Aufkommen der „public interest groups" nicht beheben: Den relativ starken Interessenverbänden stehen in den USA – im Gegensatz zur Bundesrepublik Deutschland – keine entsprechend starken Parteien gegenüber. Etwas überpointiert formulierte Brinkmann die Konsequenz schon vor einiger Zeit: „Mit dem Anstieg der Wiederwahlchancen der Repräsentanten und der weiteren Schwächung der Parteien verloren die Wahlen ihren politikbestimmenden Einfluß – dieser wird weitgehend von den aktiven Minderheiten ausgeübt. Die Verantwortlichkeit der Repräsentanten reduziert sich im Endeffekt auf die Beurteilung der ‚constituency services', inwieweit also der Politiker private Probleme einzelner Wähler und politische Wünsche aktiver Minderheiten beachtet. Programmatische Vorstellungen weiter Teile der Bevölkerung bleiben im Kongreß ohne Vertretung, die öffentliche Meinung findet dort nur noch rhetorischen Widerhall."[20] In Anbetracht der Veränderungen der Willensbildung im Kongreß der 90er Jahre (s. VIII, 2) wird man diese Behauptung allerdings nicht mehr in voller Schärfe aufrechterhalten können.

V. Die amerikanischen Parteien

1. Zur historischen Entwicklung der amerikanischen Parteien

Von Parteien wollten die Schöpfer der amerikanischen Verfassung nichts wissen. Trotzdem schufen sie eine Verfassung, die das Entstehen von Parteien – zumindest dann, wenn die Entscheidungen über den Präsidenten und über die Kongreßabgeordneten in Volkswahlen fallen – unentbehrlich machte.
Die Gründung der ersten amerikanischen Parteien und – sieht man von den rein parlamentsintern agierenden englischen Parteien ab – damit der ersten Parteien im modernen Sinne überhaupt erfolgte noch während der Amtszeit George Washingtons – allerdings in einer sehr lockeren und dezentralen Form, wobei die Gruppierungen im Kongreß von entscheidender Bedeutung waren. Dieses erste von bisher fünf amerikanischen Parteiensystemen[1] basiert auf einer Auseinandersetzung zwischen Alexander Hamilton und Thomas Jefferson, die sich zunächst vor allem um einen innen- und einen außenpolitischen Problemkreis rankten: Jeffersons „Republikaner" – sie waren die Nachfolger der Anti-Federalists, firmierten auch unter dem Namen Democratic Republican Party und stellten wohlgemerkt die Vorläufer der heutigen Demokratischen Partei dar – traten für die Rechte der Einzelstaaten ein, während die „Föderalisten" um Hamilton das zentralistische Element bevorzugten. Jeffersons Anhänger standen außenpolitisch eher auf der Seite der Franzosen, während die Parteigänger Hamiltons die Beziehungen zum britischen Heimatland nicht überstrapazieren wollten. Diese inhaltlichen Divergenzen führten dann auch zum Kampf um die Nachfolge George Washingtons. Die Wahl von John Adams konnte Jefferson im Jahre 1796 noch nicht verhindern, aber mit der Gründung von Organisationen in den Einzelstaaten, die die

Wahl von Jefferson-freundlichen Wahlmännern bzw. Abgeordneten zum Ziel hatten und die auf der Gegenseite mit einer gewissen zeitlichen Verzögerung von ähnlichen Entwicklungen begleitet waren, kam er schließlich im Jahre 1800 ans Ziel. Die Wahl Jeffersons zum Präsidenten der Vereinigten Staaten brachte eine erneute, für die westlichen Demokratien gewichtige Premiere: „Zum ersten Mal besiegte der Kandidat einer Oppositionspartei das amtierende Staatsoberhaupt und übernahm ohne Aufstände und Morde die Zügel der Regierung. Dieser friedliche Wechsel politischer Führung durch Volkswahlen – ein Prozeß, den wir heute als Routine betrachten – war zur damaligen Zeit eine bedeutende Innovation und er stellte einen Präzedenzfall für die Zukunft Amerikas dar".[2] Jeffersons „Republikaner", die als Partei der kleinen Leute fungierten, beherrschten für die nächste Zeit das Land. Ein Punkt, in dem sich die „Republikaner" ebenfalls deutlich von ihren Gegnern, den „Föderalisten", unterschieden, war ihre Forderung nach einer verstärkten politischen Mitwirkung der Bürger am politischen Willensbildungsprozeß.

Die Ausdehnung der politischen Partizipationsrechte der Bevölkerung ist denn auch kennzeichnend für die nächste Phase des amerikanischen Parteiensystems, deren Anfang gemeinhin als „Jacksonian Revolution" bezeichnet wird. Andrew Jackson setzte in diesem zweiten amerikanischen Parteiensystem durch, daß in den 20er und 30er Jahren des 19. Jahrhunderts die Präsidentschaftswahlen demokratisiert wurden: Die Bestellung der Wahlmänner für die Präsidentenwahl durch die Parlamente der Einzelstaaten wurde suspendiert und in die Hände des Volkes gelegt. Die Aufstellung der Präsidentschaftskandidaten wurde den Kongreßabgeordneten entzogen, sie fiel in die Kompetenz der „party conventions", der Parteitage, und trug so zu verstärkten Mitwirkungsrechten der Parteimitglieder bei. Weiterhin wurde das Wahlrecht erweitert. In den 40er Jahren des vorigen Jahrhunderts entstanden dann die ersten dauerhaften nationalen Parteiorganisationen. Unter Andrew Jackson bildete sich aber auch das sog. Beutesystem (spoils system) heraus, das dem jeweiligen Wahlsieger die Neubesetzung fast aller relevanten administrativen Ämter ermöglichte und in der Folgezeit bis zum Ende des 19. Jahrhunderts – vor allem in den größeren Städten und in den Einzelstaaten – für nicht wenige Skandale sorgte.[3] Die Parteien änderten in den 30er Jahren ihre Namen: Jacksons Democratic Republican Party nannte sich nun „Demokraten", die „Whigs" traten programmatisch in die Fußstapfen der „Föderalisten", die als Bundespartei schon bei der Präsidentenwahl 1816 bedeutungslos geworden waren, und nach einer Parteispaltung in den 50er Jahren des 19. Jahrhunderts wurden die heutigen „Republikaner" ihre Nachfolger. Die Abgrenzungen in den Zielen der beiden Parteien jedoch blieben. Ein Streitpunkt konnte allerdings von den Parteien nicht in friedlichem Wettbewerb gelöst werden: das Problem der Sklaverei. Als die Demokraten in den 50er Jahren des 19. Jahrhunderts in diesem Punkt von den früheren Kompromissen abrückten und die Sklaverei auch im Norden der USA legalisieren wollten, legten sie die Lunte für den Bürgerkrieg (s. II, 3).

Die Spaltung zwischen Nord und Süd spiegelte sich auch nach dem Bürgerkrieg im dritten amerikanischen Parteiensystem wider. Die Republikaner beherrschten den Norden, die Demokraten den Süden. Auf nationaler Ebene waren die Republikaner die tonangebende Partei, die auch die meisten Wahlen gewann.

Die Vorherrschaft der Republikaner verstärkte sich in der folgenden Entwicklungsphase des amerikanischen Parteiensystems. Eine wirtschaftliche Krise am Beginn der 90er Jahre des vorletzten Jahrhunderts wirkte zugunsten der Republikaner; und die Demokraten verloren 1896 durch die Aufstellung des dem agrarischen Flügel der Partei angehörenden William J. Bryan nochmals Wähler insbesondere im Norden und in den Städten. Sie konnten zwischen 1896 und 1928 insgesamt nur zwei Präsidentenwahlen gewinnen, während die Republikaner aus sieben Präsidentenwahlen als Sieger hervorgingen.

Die Trennung des Landes in einen republikanischen Norden und einen demokratischen Süden hatte die meisten Einzelstaaten zu Einparteienstaaten gemacht, sie hatte auch die Parteien innerhalb der Einzelstaaten erheblich gestärkt. Die Gefahr des Amtsmißbrauches und der Korruption war beträchtlich gewachsen, da die Kontrolle durch den politischen Gegner entweder gänzlich fehlte oder aber ohne Erfolg blieb. Die Macht der Parteien sah sich deshalb am Ende des dritten und am Beginn des vierten Parteiensystems verstärkten Angriffen der politisch interessierten Bevölkerung – angeführt von der „People's Party" und später dem „Progressive Movement"[4] – ausgesetzt. Diese Attacken zeitigten schließlich einige Erfolge, die die traditionellen Parteiorganisationen schwächten. Die ersten Vorwahlgesetze, die die Verbreiterung der Mitwirkungsmöglichkeiten an den Kandidatenaufstellungen über die eigentlichen Parteiorganisationen hinaus brachten, wurden kurz nach der Jahrhundertwende in Florida, Minnesota und Mississippi für die Wahlen innerhalb dieser Einzelstaaten – auf lokaler und regionaler Ebene wurden solche Regelung bereits im 19. Jahrhundert praktiziert – eingeführt; sie wurden später dann auch in einigen Staaten auf die Wahlen für die Delegierten zu den „National Conventions" ausgedehnt. Das „spoils system" wurde auf allen staatlichen Ebenen weitgehend außer Kraft gesetzt; die Registrierung der Wähler wurde verstärkt gegen Manipulationen abgesichert; verschiedene Einzelstaaten führten Volksentscheide ein. All diese Maßnahmen trugen dazu bei, daß die amerikanischen Parteien bis heute nicht zu ihren Machtpositionen, die sie am Ende des 19. Jahrhunderts innehatten, zurückfinden konnten.

Am Ende der 20er Jahre des letzten Jahrhunderts war dann die wirtschaftliche Depression die entscheidende Ursache dafür, daß die Demokraten aus ihrer Rolle als „dauernder Minderheitenpartei" der Vereinigten Staaten heraustreten konnten. Die Republikaner standen der Wirtschaftskrise hilflos gegenüber, während der demokratische Präsidentschaftskandidat Franklin Delano Roosevelt die Neuankurbelung der Wirtschaft und ein Arbeitsbeschaffungsprogramm verkündete. Die Demokraten plädierten für eine aktivere Rolle des Staates in der Wirtschaft und zogen so vor allem die Industriearbeiter auf ihre Seite. Weiterhin konnte Roosevelt mit seinem „New

Deal"-Programm die Schwarzen, die verständlicherweise bis zu diesem Zeitpunkt traditionell die Republikaner wählten, und die Katholiken – diese u. a. auch deshalb, weil seine Partei im Jahre 1928 mit Alfred (Al) E. Smith erstmals in der amerikanischen Geschichte einen Katholiken zum Präsidentschaftskandidaten gekürt hatte – auf seine Seite ziehen. Zusammen mit den traditionellen Wählern der Demokraten aus dem Süden führte dieser Zugewinn aus dem Wählerreservoir der Republikaner bei den Präsidentschaftswahlen des Jahres 1932 zu einem recht komfortablen Sieg ihres Kandidaten Roosevelt. Er erreichte 57,3 % der Stimmen, während der amtierende Präsident Herbert Hoover nur knapp 40 % der Stimmen für sich verbuchen konnte. Roosevelt war es damit gelungen, das Wahlergebnis von 1928 umzukehren: Herbert Hoover hatte in dieser Wahl 58,2 % der Stimmen auf sich vereinigen können, während Al Smith nur auf etwas mehr als 40 % kam. Diese für das fünfte Parteiensystem charakteristische, durch den New Deal geschaffene Wählerkonstellation erwies sich als einigermaßen dauerhaft: Roosevelt wurde zweimal wiedergewählt, und auch sein Nachfolger Harry S. Truman war Demokrat. Erst im Jahre 1952 gelang es mit Dwight D. Eisenhower wieder einem Republikaner, ins Weiße Haus einzuziehen. Aber auch dann, wenn die Präsidentschaft an die Republikaner fiel, blieb die Wählerunterstützung der Demokraten bei den Kongreßwahlen relativ stark: Sie konnten in der Nachkriegszeit meist beide, mindestens aber ein Haus des Kongresses – mit Ausnahme der Wahlen von 1946, 1952 und 1994 bis 2006 – unter ihrer Führung behalten.

Die republikanische Vorherrschaft im Kongreß (1994–2006) wurde durch die letzte Kongreßwahl vom 7. 11. 2006 beendet. „Die New Deal-Koalition", die sich zur Bekämpfung der Weltwirtschaftskrise in den 30er Jahren formiert hat, scheint durch eine „Anti-War-Koalition" abgelöst worden zu sein, die versucht, den schwierigen Weg aus dem Irak-Debakel zu beschreiten.

2. Die schwierige Abgrenzung

Wo liegen heute die Unterschiede in den Zielen der beiden Parteien? Gibt es überhaupt solche Unterschiede? George Wallace, der erzkonservative unabhängige Präsidentschaftskandidat des Jahres 1968, äußerte die vielzitierte Behauptung, daß nicht die geringste Differenz zwischen beiden Parteien bestünde („there isn't a dime's worth difference"[5]) – eine These, die bekanntlich auch für die großen Parteien in der Bundesrepublik vor allem in den 60er und frühen 70er Jahren nicht selten vorgetragen wurde, wenn allerdings auch meist von der entgegengesetzten Seite des politischen Spektrums. Die amerikanischen Parteien stellen alles andere als geschlossene Einheiten dar: Es gibt konservative Politiker bei den Demokraten und liberale – auch wenn das Wort inzwischen in den USA einen negativen Beigeschmack erhalten hat – Politiker bei den Republikanern; die Abstimmungen im Kongreß verlaufen in keinem Politikbereich entlang der Parteilinien (s. VIII, 2). Und dennoch bestehen deutliche Kontraste, wenn man die Mehrheitsmeinungen der beiden Parteien einander gegenüberstellt. In der Wirtschaftspolitik haben die Demokraten die „New Deal"-Linie des in der Wirtschaft relativ stark engagierten Staates bis heute nicht gänzlich aufgegeben, auch wenn sie deutlich nach rechts gerückt sind, die Republikaner hingegen plädieren hier für eine deutlich größere Zurückhaltung des Staates. Auch in der Sozial- und Bildungspolitik lassen sich Divergenzen nachweisen: Die Demokraten treten eher für die Benachteiligten ein, während die Republikaner stärker geneigt sind, diese ihrem Schicksal zu überlassen. Jedoch scheinen sich die Parteifronten bezüglich des wichtigsten außenpolitischen Themas, des Bürgerkriegs im Irak, aufzuweichen. Eine immer größere Anzahl von republikanischen Senatoren und Präsidentschaftsanwärtern geht auf Distanz zur Irak-Politik von Präsident George W. Bush.

Akzeptiert man die etwas vage Unterscheidung zwischen liberalen und konservativen Positionen, so machen z.B. die Berechnungen des „National Journal" zum Abstimmungsverhalten der Kongreßabgeordneten deutlich, daß den amerikanischen Wählern durchaus Entscheidungsalternativen geboten werden: Im Jahre 2000 gehörten die 20 konservativsten Senatoren bzw. die 25 konservativsten Mitglieder des Repräsentantenhauses ausschließlich der republikanischen Partei an, während die 20 Senatoren und die 25 Mitglieder des Repräsentantenhauses mit dem liberalsten Abstimmungsverhalten alle Demokraten waren (s. ausführlicher VIII, 2).[6] Auch die Untersuchungen von New York Times/CBS zum politischen Standpunkt der Parteitagsdelegierten deuten jeweils in diese Richtung: 1996 z.B. bezeichneten sich 43% der Delegierten der Demokraten, aber kein Delegierter der Republikaner als liberal; bei den Wählern war der Abstand deutlich geringer: 26% der demokratischen und 7% der republikanischen Wähler ordneten sich in diese Kategorie ein. Auf der rechten Seite ist die „Polarisierung" noch deutlicher: Die Wähler der Demokraten und Republikaner rechnen sich mit 19% bzw. 50% dem konservativen Lager zu; die Delegierten der beiden Parteien hoben sich in diesem Punkt wesentlich deutlicher voneinander ab: 5% auf der demokratischen Seite standen gegen 70% bei den Republikanern. Diese Selbsteinschätzung wird auch durch die Antworten zu den Sachfragen eindrucksvoll unterstützt. Um dies hier nur an einem aussagekräftigen Problem zu belegen: Zugunsten der Fortführung der „affirmative actions"-Programme sprechen sich 81% der demokratischen Parteitagsdelegierten und 59% der Wähler dieser Partei aus, bei den Republikanern votierten nur 28% der Wähler und 9% der Delegierten für diese umstrittenen Maßnahmen zugunsten von benachteiligten Minderheiten.[7]

3. Zur Organisation der amerikanischen Parteien

Allein die Tatsache, daß sich kleinere Parteien trotz mehrfacher Beteiligung an den Präsidentschafts- und Kongreßwahlen nie dauerhaft etablieren konnten, spricht trotz der Hindernisse, die solchen Parteien durch das relative Mehrheitswahlsystem der

Vereinigten Staaten entgegenstehen, für die Vermutung, daß die Wähler die Alternativen, die ihnen durch die Parteien bzw. durch die einzelnen Kandidaten in ihren Wahlkreisen geboten werden, als ausreichend betrachten. Letztlich ist dies aber nur möglich, weil sich die Untereinheiten der Parteien nicht in vorgegebene Programm- und Zielschemata einpassen müssen. Die einzelstaatlichen, regionalen und lokalen Parteiorganisationen genießen in den USA vielmehr eine erhebliche Autonomie, und sie können sich somit den Bedürfnissen der Bevölkerung ihrer Umgebung weitestgehend anpassen. Das Zweiparteiensystem der USA blieb letztlich nur wegen der Selbständigkeit der unteren Parteieinheiten erhalten. Autoren, denen die Namen der Parteien als sekundär erscheinen, sprechen denn auch von „four-party politics in America" – so der Untertitel des 1963 erschienenen Buches von James MacGregor Burns „The Deadlock of Democracy" – oder sie gehen noch weiter, wie z.B. Prewitt, Verba und Salisbury: „De facto gibt es 51 separate und weitgehend von einander unabhängige republikanische und 51 demokratische Parteien, je eine in den Einzelstaaten und im District of Columbia. Es gibt sogar noch mehr Parteiorganisationen, wenn man die starken und annähernd unabhängigen Organisationen auf regionaler und lokaler Ebene mitberücksichtigt. Diese einzelstaatlichen und lokalen Parteiorganisationen werden durch die nationalen Parteiorganisationen locker verbunden".[8] Welche Zählweise man auch akzeptiert, diese Eigenständigkeit der Unterorganisationen hat wesentlich dazu beigetragen, daß die amerikanischen Parteien nicht zu Unrecht als die „vielleicht ... atypischsten aller vorhandenen Parteiorganisationen"[9] oder als „notorisch nicht-ideologische Wahlkreisorganisationen, deren innere Vereinheitlichung relativ gering ist",[10] bezeichnet wurden.

Diese Eigenständigkeit hat weiter zur Folge, daß die Parteien auf den untersten Ebenen keine einheitlichen Organisationen herausgebildet haben: Man kann auch in den amerikanischen Parteien relativ geschlossene Untereinheiten finden, die auf Effektivität, Pflege der Mitgliedschaft und Einhaltung der programmatischen Ziele Wert legen und eine hierarchische Form der innerparteilichen Willensbildung entwickelt haben. Doch solche mit den europäischen Parteien zumindest ansatzweise vergleichbaren Organisationsformen stellen die Ausnahme dar. Normalerweise sind die amerikanischen Parteien auch auf der untersten Ebene relativ locker organisiert, wobei diese Basisorganisationen durch die fernsehorientierten Wahlkämpfe immer mehr an Bedeutung verlieren. Dateien der Parteimitglieder oder gar Zahlung regelmäßiger Mitgliedsbeiträge sind so gut wie unbekannt. Obwohl Verallgemeinerungen hier problematisch sind: Im Normalfall fehlen klare Verantwortlichkeiten sowohl auf der lokalen als auch auf der Ebene der Einzelstaaten, die jeweiligen Parteivorsitzenden müssen sich mit einem relativ eingeschränkten Aktionsradius zufriedengeben. Die wichtigsten Organisationseinheiten der amerikanischen Parteien sind auf der Ebene der „districts" und der „counties" angesiedelt, wo die Entscheidungen über die Mandate fallen. Hier verfügen auch die Parteivorsitzenden und -vorstände teilweise über ein nicht geringes Machtpotential.[11]

Diese „,Balkanisierung' der Machtbeziehungen"[12] auf den unteren Ebenen wirft ihren Schatten auch auf die nationalen Organisationen der amerikanischen Parteien. Auf dieser Ebene haben die amerikanischen Parteien – läßt man die Kongreßfraktionen außer acht – drei wichtige Kristallisationspunkte: den Parteivorsitzenden, die Parteivorstände (National Executive Committees) und vor allem die Parteitage.

Die „National Executive Committees" – dasjenige der Republikaner umfaßt mehr als 150, das der Demokraten mehr als 400 Mitglieder – sind in ihrer Zusammensetzung äußerst heterogen, da sie Delegierte aus allen Einzelstaaten umfassen. Ihre Aufgabe liegt im wesentlichen in der Vorbereitung der Parteitage und in der Pflege des Erscheinungsbildes der Partei zwischen den Wahlen. Wichtige Entscheidungen gehen von ihnen nur selten aus.

Die Alltagsarbeit der nationalen Parteiorganisationen wird von den Parteivorsitzenden und ihren Stäben erledigt. Die amerikanischen Parteivorsitzenden waren lange Zeit außerhalb der USA kaum bekannt, und man konnte ihre Rolle nicht mit der europäischer Parteivorsitzender vergleichen. Die derzeitige Parteivorsitzende der Demokraten und Speaker of the House, Nancy Pelosi, erregt dagegen internationales Aufsehen. Sowohl im In- wie Ausland wird sie als Gegenpol zur „Imperial Presidency" Bushs gesehen. Fraglich ist nur, ob dieses öffentliche Interesse an der demokratischen Parteivorsitzenden der Persönlichkeit Pelosis, der Anti-Bush-Haltung vieler US-Amerikaner oder der bislang noch fehlenden demokratischen Zentralfigur im Präsidentschaftswahlkampf geschuldet ist. Von ihren Kompetenzen und von ihrer Autorität her stellen die Parteivorsitzenden aus europäischer Sicht eher Parteigeschäftsführer als -vorsitzende dar. Koordinierung der Parteiarbeit, Kontakte mit den Parteiminderheiten, Pflege der Medien, Vorbereitung der Wahlen inklusive des Auftreibens von Wahlkampfgeldern sind die wichtigsten Aufgaben der amerikanischen Parteivorsitzenden, die entweder vom Präsidenten oder von den „National Executive Committees" bestellt werden. Ihnen stehen derzeit Stäbe mit ca. 300 Mitarbeitern in beiden Parteien zur Verfügung.[13]

4. Die „National Conventions"

Der größten Aufmerksamkeit von Öffentlichkeit und Medien erfreuen sich die im Abstand von vier Jahren stattfindenden „National Conventions". Diese normalerweise als Medienshows inszenierten Parteitage haben im wesentlichen zwei Aufgaben zu erfüllen: Die Kürung des Präsidentschaftskandidaten der jeweiligen Partei und die Verabschiedung der „Party Platform", des Wahlprogrammes des jeweiligen Präsidentschaftskandidaten. 1978 hatten die Demokraten zusätzlich sog. „midterm conventions" eingeführt, auf denen zwischen den eigentlichen Parteitagen vor allem Satzungs-, aber auch Programmfragen erörtert werden sollten. Da diese Miniparteitage ihre eigentliche Funktion im wesentlichen nicht erfüllten, sondern vor allem innerparteiliche Differenzen vor der Öffentlichkeit ausbreiteten, wurden sie seit 1986 nicht wieder einberufen.[14]

Allein schon wegen der Zahl der Delegierten ist eine geregelte Sacharbeit auf den amerikanischen Conventions so gut wie unmöglich: Im Jahre 2000 bevölkerten bei den Republikanern 2066, bei den Demokraten 4368 offizielle Delegierte die Parteitage. Doch diese Delegiertenzahlen scheinen die Amerikaner nicht zu schrecken, da sie sie ansonsten nicht über lange Zeit quasi von Parteitag zu Parteitag erhöht hätten.

Nachdem die Unterrepräsentation innerparteilicher Minderheiten – vor allem der Frauen und der Schwarzen – bei den Delegierten der „National Conventions" im Laufe der 70er Jahre abgebaut und inzwischen gänzlich beseitigt werden konnte, werden heute vor allem zwei eng miteinander verwobene Probleme heftig diskutiert: Die Art der Rekrutierung der Delegierten und deren Bindung an bestimmte Kandidaten. Wie oben erwähnt, wurden nach der Jahrhundertwende in den USA die sog. Vorwahlen eingeführt, wobei man heute insbesondere zwei Formen unterscheiden muß: Bei der sog. „closed primary" müssen die Bürger offenlegen, welche Partei sie bevorzugen, bei der „open primary" hingegen können sie ohne weitere Vorbedingungen an der Kandidatenaufstellung einer der beiden Parteien teilnehmen. Leon D. Epstein unterscheidet hinsichtlich der Ausweitung der Vorwahlen bei den Präsidentschaftswahlen drei Phasen:[15] Nach der ersten Phase von 1832 bis 1908, in der die Präsidentschaftskandidaten ohne Einfluß von außen durch die „party conventions" gekürt wurden, folgte eine zweite Phase von 1912 bis 1968, in der die Aufstellung der Präsidentschaftskandidaten zwar keine reine Parteiangelegenheit mehr war, weil den Wählern selbst über die Vorwahlen Mitwirkungsmöglichkeiten eingeräumt worden waren. Der Einfluß der Vorwahlergebnisse allerdings blieb in dieser zweiten Phase begrenzt: Noch konnte kein Kandidat gegen den Willen der Mehrheit der Parteiführungen gekürt werden. Das änderte sich in der dritten Phase nach 1968. Die Parteien konnten nun, weil die Anzahl der Vorwahlen in der Folgezeit deutlich anstieg, das Ergebnis dieser Vorwahlen nicht mehr abändern, ein „‚plebiszitäres' System"[16] der Auswahl der Präsidentschaftskandidaten war entstanden, und die Parteitage waren zu Vollzugsorganen anderswo gefallener Entscheidungen degradiert. Diese Statistenrolle der Parteitage resultierte vor allem daraus, daß man schlecht öffentliche Vorwahlen durchführen kann, ohne daß die Delegierten auf einen bestimmten Kandidaten festgelegt sind, ohne daß sie also zumindest im ersten Wahlgang ein „imperatives Mandat" haben. Die Zeiten, zu denen der siegreiche Kandidat in Verhandlungen hinter den Kulissen des Parteitages ermittelt wurde, sind ebenso vorbei wie diejenigen Parteitage, auf denen unzählige Wahlgänge zur Nominierung des Präsidentschaftskandidaten nötig waren – im Jahre 1924 stellten die Demokraten mit insgesamt 103 Wahlgängen den Rekord auf.

Diese dritte Phase nach 1968 war von einer großen Anzahl von Veränderungen und Experimenten begleitet, die in erster Linie von den Demokraten initiiert, aber häufig von den Republikanern nachvollzogen wurden. Es muß hier genügen, die Veränderungen der 80er Jahre etwas näher zu beleuchten. Die „The Winner Takes All"-Vorwahlen, in denen der Kandidat mit den relativ meisten Stimmen alle Delegiertenstimmen des betreffenden Bundesstaates erhielt, waren bei den Demokraten zwar bereits 1972 abgeschafft worden, aber ein von allen akzeptiertes Wahlsystem ist bis heute nicht gefunden. Wurden die Vorwahlen für 1988 noch nach unterschiedlichen Systemen abgehalten, so wurden seit 1992 vor allem auf Drängen des in den Vorwahlen gegen Michael Dukakis unterlegenen Jesse Jackson neue Regelungen vereinbart:[17] Seitdem ist nur noch eine dem Stimmenanteil der jeweiligen Kandidaten proportionale Zuteilung der Delegierten möglich, wobei allerdings bestimmte Quoten für die parteiinternen Minderheiten festgeschrieben sind. In den Staaten, in denen keine pimaries stattfinden, werden die Delegierten in den Mitgliederversammlungen (party caucuses) bestimmt. Auf höherer Ebene wählen diese Delegierten dann die Abordnung für die National Conventions – wiederum unter Beachtung der Proportionalität und des Minderheitenschutzes. Die Republikaner sind den Demokraten in dieser Proportionalisierung der Vorwahlen nur teilweise gefolgt, sie praktizieren noch in vielen Staaten das „winner takes all"-Prinzip.

Die zunehmende Außensteuerung der Parteitage – 1980 waren z.B. nur 3,5% der 3 331 Delegierten der „National Convention" der Demokraten nicht auf einen bestimmten Kandidaten festgelegt[18] – führte zu wachsender Unzufriedenheit, die von der sog. Hunt-Kommission der Demokraten 1982 in aller Deutlichkeit formuliert wurde: „Die Ausweitung der Vorwahlen hat den Parteiausschüssen und Parteitagen die Entscheidungskompetenz weitgehend entzogen. Unser nationaler Parteitag gerät in Gefahr, zu einem ‚rubber stamp electoral college' – wie es ein Kritiker genannt hat – zu werden. Die Amtsträger unserer Partei konnten in einem alarmierenden Ausmaß nicht an unseren letzten nationalen Parteitagen teilnehmen und sie fühlen deshalb nur eine begrenzte Verantwortung für die getroffenen Entscheidungen".[19] Hieraus resultierte die Einrichtung der ungebundenen „superdelegates" – auf dem Parteitag 2000 waren es 799 solcher unabhängiger Delegierter, die sich u.a. aus den demokratischen Mitgliedern des Kongresses, dem Democratic National Committee und verdienten Parteimitgliedern rekrutierten.[20] Da die Kandidatenfrage in der Demokratischen Partei aber de facto jeweils in den Vorwahlen entschieden ist, kommt den „superdelegates" auf den Parteitagen keine überragende Rolle zu.

Die noch 1984 mögliche Vermutung, daß die Vorwahlen an Bedeutung verlieren würden, hat sich inzwischen als falsch erwiesen: War die Anzahl der Vorwahlen im Jahre 1984 gegenüber 1980 bei den Demokraten von 34 auf 30 und bei den Republikanern von 34 auf 24 abgesunken,[21] so werden derzeit die Delegierten für die National Conventions beider Parteien in ca. 4/5 der Einzelstaaten in Vorwahlen bestimmt.[22] Ein Ende des stetigen Wechsels zwischen einer stärkeren Außensteuerung der amerikanischen Parteien und einer stärkeren Gewichtung der innerparteilichen Mitwirkungsmöglichkeiten ist vorerst nicht abzusehen. Zumindest bis heute aber hat sich die Vermutung Epsteins bestätigt, daß die amerikanischen Parteien ihrer plebiszitären Öffnung nicht mehr entkommen können.[23]

5. Die Schwäche der amerikanischen nationalen Parteien

Noch deutlicher als in der beschriebenen Außensteuerung kommt die Schwäche der amerikanischen nationalen Parteien in den Abstimmungen im Kongreß zum Ausdruck. Abstimmungen, bei denen die Demokraten geschlossen gegen die Republikaner stehen, kommen de facto nur bei Personalentscheidungen vor; bei Sachentscheidungen verlaufen die Fronten – von Ausnahmen abgesehen – quer durch die Fronten der Fraktionen mit dem Ergebnis, daß die Wähler die Haltung der Parteien und damit die Verantwortung für die getroffenen Entscheidungen nur schwer lokalisieren können (s. ausführlicher VIII, 2). Spätestens seit der berühmten Denkschrift der American Political Science Association aus dem Jahre 1950 mit dem bezeichnenden Titel „Toward a More Responsible Two-Party-System" ist dieses Problem in der Diskussion, ohne daß gravierende Veränderungen zugunsten der nationalen Parteiorganisationen vorgenommen worden wären. Einer solchen Stärkung stehen allerdings auch erhebliche Probleme entgegen:
– Zunächst die beschriebene Dezentralisierung der amerikanischen Parteien selbst. Die einzelstaatlichen, regionalen und lokalen Parteiorganisationen sind nur bedingt bereit, auf bisherige Kompetenzen zugunsten einer Stärkung der nationalen Parteiorganisationen zu verzichten.
– Watergate und Vietnam haben in den 70er Jahren zu einem deutlichen Vertrauensverlust der amerikanischen Parteien geführt. Die Anzahl der Bürger, die sich zu keiner Partei bekennen wollten, ist damals beträchtlich gestiegen. Man orientierte sich bei der Wahlentscheidung an bestimmten Sachthemen oder an den zur Wahl stehenden Kandidaten. Die Zahlen der „party identifiers" schwanken seit dieser Zeit leicht, aber den Einbruch der 70er Jahre hat insbesondere die Demokratische Partei bisher noch nicht überwinden können.
– Weiterhin ist die Institution der Vorwahlen zu nennen, die die Parteien zumindest teilweise einer ihrer zentralen Aufgaben – der Kandidatenaufstellung nämlich – berauben und sie Partei-

anhängern – und damit de facto ihren Wählern – überantworten.
– Auch wirkt der zunehmende Einfluß der Medien im amerikanischen Wahlkampf – anders als vorerst in Europa – eher zugunsten der einzelnen Kandidaten als zugunsten der Parteiorganisationen.
– Paradoxerweise muß das amerikanische Zweiparteiensystem in diesem Zusammenhang selbst erwähnt werden. Das relative Mehrheitswahlsystem hat entscheidend dazu beigetragen, daß die Vereinigten Staaten von ihren Anfängen bis heute im wesentlichen mit nur zwei Parteien – wenn auch mit wechselnden Benennungen und Zielsetzungen – ausgekommen sind. In dieser religiös und ethnisch heterogenen Gesellschaft hätte sich jedoch auch unter dem bestehenden Wahlsystem das Zweiparteiensystem auflösen müssen, wenn sich nicht – durch eine erzwungene innerparteiliche Toleranz – ein „innerparteiliches Mehrparteiensystem" hätte herausbilden können.
– Letztlich entscheidend für die Schwäche der nationalen amerikanischen Parteien ist jedoch – wie Leon D. Epstein in einem interessanten Vergleich der amerikanischen und der kanadischen Parteien hervorhob[24] – das präsidentielle Regierungssystem. Der Präsident der USA bedarf – im Gegensatz zu einem Regierungschef in einem parlamentarischen Regierungssystem – nicht der dauerhaften Unterstützung seiner Partei im Kongreß: Sie hat ihn nicht gewählt, sie kann ihn nicht entlassen. Geschlossene Parteifronten könnten im Gegenteil zu einer Gefahr für das präsidentielle Regierungssystem werden, wenn der Präsident einerseits und die Mehrheit eines oder beider Häuser des Kongresses andererseits von verschiedenen Parteien gestellt würden. Starre Parteifronten und mangelnde Kompromißbereitschaft führten dann zu einem „gridlock" oder „deadlock" (J. MacGregor Burns), zu einem Stillstand und zur Unregierbarkeit des Systems.

„Satzungsänderungen selbst können keine geschlossenen Parteien herstellen"[25] – diese richtige Feststellung gewichtiger amerikanischer Politikwissenschaftler bedarf einer Ergänzung: schon gar nicht in einem präsidentiellen Regierungssystem und in einer so heterogenen Gesellschaft wie der amerikanischen.

Seit einiger Zeit wird in den USA die Frage diskutiert, ob nicht wieder ein Prozeß der Stärkung der nationalen Parteiorganisationen in Gang gekommen sei. Für diese These können ihre Vertreter zwar einige überzeugende Argumente – so z. B. den durch das „soft money" (s. VI, 3) etwas gewachsenen Einfluß – vorbringen,[26] doch ändern diese Anzeichen letztlich wenig an der diagnostizierten Schwäche der amerikanischen Parteien: Gegenüber den annähernd völlig darniederliegenden nationalen Parteiorganisationen der 70er Jahre bedeutet diese nicht sonderlich weitgehende Stärkung vorerst nur wenig. Aus europäischer Perspektive bleiben auch die gestärkten nationalen Parteien vergleichsweise schwache Organisationen – zumindest solange sie nicht in der Lage sind, ein relativ konsistentes Programm zu erarbeiten und vor allem ihre Kongreßfraktionen einigermaßen geschlossen an dieses Programm zu binden. In Anbetracht der zunehmenden Personalisierung und Individualisierung der amerikanischen Wahlkämpfe sind Erwartungen in diese Richtung jedoch vorerst Illusion: Das immens zunehmende Gewicht der „political consultants"[27] für die Wahlkämpfe der einzelnen Kandidaten macht den durch das „soft money" etwas gewachsenen Aktionsradius der Parteiorganisationen mehr als wett.

Eher stellt sich die Frage, ob nicht vergleichbare Entwicklungen auf die europäischen Parteien zukommen. Der Italiener Angelo Panebianco hat mit beachtenswerten Argumenten die These vertreten, daß sich die Massenparteien in einem Auflösungsprozeß befänden.[28] Als eine Entwicklungsmöglichkeit zeigt er auf: „Die Parteien verlieren ihre Identität als Organisationen völlig und erscheinen nur noch als praktische Etiketten für unabhängige politische Unternehmer. In den USA ist dies nach Meinung vieler Autoren bereits eingetreten".[29] Man kann nur hoffen, daß Panebianco mit seiner Vermutung recht behält, daß eine solche Entwicklung zumindest in ihrer extremen Form nicht in Ländern zu erwarten ist, in denen die Parteien als gefestigte Organisationen existieren.

VI. Die amerikanischen Wahlen

1. Formale Bestimmungen

Viele Bestimmungen über die Wahl des Präsidenten und der Kongreßabgeordneten sind in der amerikanischen Verfassung nicht zu finden. Die Verfassung enthält die Festlegung bestimmter Mindesterfordernisse für die Kandidaten – genauer für die Amtsinhaber bzw. Mandatsträger: Wer ins Repräsentantenhaus gewählt werden will, muß bei Amtsantritt mindestens 25 Jahre alt, seit sieben Jahren Bürger der Vereinigten Staaten sein und seinen Wohnsitz in dem Bundesstaat haben, in dem er gewählt wird. Letzteres gilt auch für einen Senator, der jedoch mindestens 30 Jahre alt und seit neun Jahren Bürger der Vereinigten Staaten sein muß. Für den Präsidenten gelten die schärfsten Bedingungen: Er muß mindestens 35 Jahre alt und gebürtiger Amerikaner sein sowie seit 14 Jahren in den Vereinigten Staaten leben. Weiterhin schreibt die Verfassung die Amts- bzw. Mandatszeiten vor: Zwei Jahre für die Mitglieder des Repräsentantenhauses, vier Jahre beim Präsidenten – er kann nach dem XXII. Verfassungsamendment von 1951 nur einmal wiedergewählt werden – und sechs Jahre bei den Senatoren, wobei alle zwei Jahre ein Drittel der Senatoren neu zu wählen ist. Darüber hinaus legt die US-Verfassung die Zahl der Senatoren (zwei pro Bundesstaat), die Verteilung der Repräsentantenhausmitglieder auf die Einzelstaaten (Anteil entsprechend ihrem Einwohneranteil, mindestens aber ein Abgeordneter) und die Zahl der Wahlmänner für die Präsidentschaftswahlen (Zahl der Kongreßabgeordneten insgesamt plus 3 Wahlmänner für den District of Columbia) fest. Wichtige Bestimmungen – vor allem das Wahlsystem – beließ die Verfassung jedoch in der Kompetenz der Einzelstaaten, wenn auch dem Kongreß das Recht eingeräumt wurde, die gesetzlichen Regelungen selbst zu erlassen.

Angesichts dieser relativ vagen Bestimmungen der ursprünglichen Verfassung kann es nicht überraschen, daß eine nicht unbeträchtliche Anzahl von Verfassungsamendments neue Festlegungen verschiedener Wahlrechtsbestimmungen brachte: Das XII. Amendment – 1804 in Kraft getreten –, das XX. Amendment (1935), das XXII. Amendment (1951) und das XXV. Amendment (1967) präzisieren die Bestimmungen über die Wahl des amerikanischen Präsidenten; das XIV. Amendment (1868) regelt die Aufteilung der Repräsentantenhausmitglieder auf die Einzelstaaten neu; das XVII. Amendment (1913) schreibt die Volkswahl der Senatoren fest; das XV. (1870) und das XXIV. (1964) Amendment zielen darauf ab, die Wahlbehinderungen vor allem der schwarzen Bevölkerung zu minimalisieren; das XIX. Amendment (1920) bringt das allgemeine Frauenwahlrecht und das XXIII. Amendment (1961) das Wahlrecht für die Einwohner des District of Columbia – der Regierungssitz unterliegt gemäß Art. I Sect. 8 der US-Verfassung der direkten Gesetzgebung des Kongresses und ist nicht Teil eines Bundesstaates – bei den Präsidentenwahlen; das XXVI. Amendment (1971) schließlich setzt das Wahlalter für das aktive Wahlrecht auf 18 Jahre herab.

Sieht man von den Vorwahlen ab, so wird heute in den USA nach dem relativen Mehrheitswahlsystem gewählt. Bei den Präsidentschaftswahlen gilt dieses Prinzip für die gesamte Anzahl der Wahlmänner in den Einzelstaaten: Bei der jüngsten äußerst knappen und umstrittenen Präsidentschaftswahl hätte auch eine Mehrheit von nur einer Stimme in Florida für den Sieg ausgereicht, denn diese eine Stimme hätte über die 25 Wahlmänner bzw. -frauen Floridas entschieden, die beiden Kandidaten eine Mehrheit unter den Elektoren gebracht hätten. Dieses „The winner takes all"-Prinzip ist nur in den Bundesstaaten Maine und Nebraska, die seit 1969 bzw. 1992 je zwei ihrer jeweils vier Wahlmänner in den Repräsentantenhauswahlkreisen und je zwei Wahlmänner auf der Ebene des Bundesstaates wählen lassen,[1] leicht modifiziert, und es führt teilweise zu einem erheblichen Auseinanderklaffen der Stimmenanteile, die für die einzelnen Bewerber insgesamt abgegeben werden, und ihrem Anteil an den Wahlmännern bzw. -frauen: 1984 z.B. konnte Ronald Reagan 59% der abgegebenen Stimmen auf sich vereinigen – auf seinen Gegenkandidaten Walter Mondale entfielen 41% –, er hatte jedoch in allen Einzelstaaten – mit Ausnahme von Minnesota und des District of Columbia – die relative Stimmenmehrheit erreicht und konnte sich auf insgesamt 525 (= 97,6%) der Elektoren stützen. Die jüngsten Wahlen zeigten – zum dritten Mal seit der Einführung der Volkswahl der Elektoren in der Ära Jackson[2] – eine insbesondere für die Anhänger der Verhältniswahl bedenkliche, aber eben mögliche Folge dieses Wahlsystems: Al Gore hatte landesweit die Mehrheit der Wählerstimmen erreicht; die günstigere Verteilung der Stimmen für George W. Bush führte jedoch dazu, daß dieser die Mehrheit der Wahlmänner und -frauen für sich verbuchen konnte.

Obwohl man davon ausgehen kann, daß die Elektoren auch für diejenigen Kandidaten stimmen, auf die sie durch den Wahlausgang in ihrem Bundesstaat verpflichtet sind, ist ihnen jedoch heute nur in ca. der Hälfte der Einzelstaaten ein imperatives Mandat zugunsten des entsprechenden Kandidaten auferlegt. So ist es denn auch in mehreren Wahlen nach dem Zweiten Weltkrieg vorgekommen, daß einzelne Wahlmänner und -frauen ihre Stimmen für „falsche" Kandidaten abgaben. Bei der Wahl von 1988 z.B. stimmte eine Wahlfrau aus Protest gegen das antiquierte und umstrittene Verfahren statt für M. Dukakis für dessen Vizepräsidentschaftskandidaten L. Bentsen.[3] Da sich aber hierdurch bis heute keine wahlentscheidenden Verzerrungen ergeben haben, kann man festhalten, daß die amerikanischen Präsidenten, die am Anfang der Vereinigten Staaten in indirekten Wahlen bestimmt wurden, heute in quasi-direkten Wahlen gewählt werden, bei denen es allerdings nicht auf die Mehrzahl der Wählerstimmen, sondern auf die absolute Anzahl der Elektorenstimmen ankommt. Die Abgabe der Stimmen der Wahlmänner und -frauen in den Hauptstädten der Einzelstaaten Mitte Dezember – die eigentlichen Wahlen finden Anfang November statt – und die Auszählung der Stimmen in einer gemeinsamen Sitzung von Senat und Repräsentantenhaus Anfang Januar des folgenden Jahres galten bis zur jüngsten Wahl als symbolische Akte. Der Wahlsieger steht – so glaubte man – in der Wahlnacht fest.

Der fatale Nachgeschmack der jüngsten Präsidentschaftswahl, die erst nach einem fünf Wochen andauernden Tauziehen entschieden wurde, läßt sich nicht auf einen einzelnen Faktor zurückführen: Daß die Mehrheiten der Wählerstimmen und der Elektoren nicht übereinstimmten, wäre wohl hingenommen worden. Daß aber die Mehrheit der Wahlfrauen und -männer für Bush auf eine fragwürdige und äußerst knappe Stimmenmehrheit in Florida zurückgeht, die zudem auf zu Mißverständnissen verleitenden und möglicherweise falsch ausgezählten Stimmzetteln sowie auf einem partiellen Wahlausschluß der schwarzen Bevölkerung beruht, läßt die Interpretation zu, daß der falsche Kandidat zum Sieger erklärt worden ist. Daß dann die angerufenen Gerichte ihre Entscheidungen entsprechend ihrer politischen „Vorprägungen" – im Bund zugunsten von Bush, in Florida zugunsten von Gore – fällten, drängte zumindest die Anhänger des unterlegenen Kandidaten zu der Vermutung, daß die Präsidentschaftswahl des Jahres 2000 vom Supreme Court und nicht vom Volk entschieden wurde. Die Diskussion über eine Änderung des Wahlsystem für die amerikanischen Präsidentenwahlen wird die politische Bühne nicht nur in Washington, sondern im gesamten Land für einige Zeit beherrschen. Ob sie zu einer Direktwahl des Präsidenten durch das Volk führen wird, ist derzeit nicht absehbar, obwohl die amerikanische Bevölkerung nach dieser Präsidentschaftswahl mit einer deutlichen Mehrheit für die Abschaffung des Elektorensystems eintritt.[4] Dann hätte man wieder die Sicherheit, daß das Wahlergebnis am Tag der Wahl feststeht, aber nicht nur die kleineren Staaten, die durch eine solche Änderung gegenüber dem status quo benachteiligt würden, wenden sich gegen eine entsprechende Reform. Auf jeden Fall müßte man die völlig veraltete Technik in den Wahllokalen des Südens auf den neuesten Stand bringen. Aber man hat es offensichtlich nicht sonderlich eilig, die nötigen Veränderungen durchzusetzen und damit den Vorwurf zu entkräften, daß man aus diesem für die amerikanische Demokratie unwürdigen Debakel überhaupt nichts gelernt habe.[5]

Erreicht kein Kandidat die absolute Mehrheit der Elektorenstimmen, so fällt dem Repräsentantenhaus gemäß der Verfassung die Aufgabe der Präsidentenwahl zu. Es hat zwischen den drei Kandidaten mit den meisten Stimmen zu entscheiden und es stimmt in diesem Fall nach Staaten ab: Für die Wahl zum Präsidenten sind die Stimmen der absoluten Mehrheit der Einzelstaaten – heute also 26 – nötig. Die Wahl des Vizepräsidenten erfolgt in einem solchen Fall durch den Senat, er hat sich zwischen den beiden Kandidaten mit den meisten Stimmen zu entscheiden. Dieses Verfahren stellt jedoch die absolute Ausnahme dar: Es kam bisher erst zweimal – nämlich 1801 und 1825 – zur Anwendung.

Bei den Wahlen zum Senat und zum Repräsentantenhaus wird wiederum nach dem relativen Mehrheitswahlsystem in Einzelwahlkreisen gewählt – mit Ausnahme Georgias, wo das absolute Mehrheitswahlrecht zur Anwendung kommt. Bei den zweijährigen Repräsentantenhauswahlen ist der jeweilige Einzelstaat in so viele Wahlkreise unterteilt, wie Abgeordnete in diesem Staat zu wählen sind. Bei den sieben bevölkerungsärmsten Staaten Alaska, Delaware, Montana, North Dakota, South Dakota, Vermont und Wyoming, die nur einen Abgeordneten zu wählen haben, entfällt diese Unterteilung, und als Abgeordneter ist gewählt, wer die relativ meisten Stimmen in dem jeweiligen Staat auf sich vereinigen kann. Die letztere Regelung gilt auch für die Senatswahlen, da infolge der Drittelerneuerung des Senates alle zwei Jahre nur in Ausnahmesituationen – z.B. fand in Kalifornien 1992 zusammen mit der fälligen Neuwahl eine Nachwahl statt – zwei Senatoren gleichzeitig in einem Bundesstaat zur Wahl stehen.

Während die Disproportionalitäten bei den Senatswahlen – Wyoming stellt mit 509 000 Einwohnern ebenso zwei Senatoren wie Kalifornien mit 36 132 000 Einwohnern – von der US-Verfassung zum Schutze der kleineren Staaten gewollt sind, läßt sich auch bei den Wahlen zum Repräsentantenhaus keine vollkommene Wahlrechtsgleichheit herstellen, da die Wahlkreise an

den Grenzen der Bundesstaaten enden und auch den kleinsten Staaten mindestens ein Sitz im Repräsentantenhaus garantiert ist. Bei der Wahl zum Repräsentantenhaus wird der genaue Einwohnerdurchschnitt am ehesten in den großen Staaten erreicht, während die Staaten, die nur einen oder zwei Sitze innehaben, am stärksten vom nationalen Durchschnitt abweichen. Darüber hinaus können bei den Repräsentantenhauswahlen in denjenigen 43 Staaten, die derzeit mehrere Sitze zu vergeben haben, zwei problematische Folgen des Mehrheitswahlrechts auftreten:
– Zum einen das Problem der Wahlkreisgrößen innerhalb der Einzelstaaten: Hier zeigte der Supreme Court zunächst lange Zeit große Zurückhaltung, er bezeichnete das Problem der Wahlkreisgrößen als „political question" (s. ausführlicher IX, 4) und entzog es so der juristischen Klärung. Am Beginn der 60er Jahre rückte der Supreme Court von seiner früheren Haltung ab. In den Entscheidungen „Baker v. Carr" (1962) und „Wesberry v. Sanders" (1964) gab der Supreme Court die „political question"-Doktrin in diesem Punkt auf und verlangte annähernd gleiche Wahlkreisgrößen. In der Folgezeit hat der Supreme Court dann äußerst rigide Kriterien entwickelt und den früheren Manipulationsmöglichkeiten ein Ende gesetzt.[6]
– Zum anderen die Ziehung der Wahlkreisgrenzen: Da es beim relativen Mehrheitswahlsystem nur auf die Stimmenverteilung im einzelnen Wahlkreis ankommt, ist der Verlauf der Wahlkreisgrenzen von immenser Bedeutung für den Wahlausgang. Kennt man die Parteihochburgen bzw. die zwischen den Parteien relativ stark umstrittenen Gebiete, kann man die Wahlkreise so schneiden, daß die Wahlergebnisse zugunsten der einen oder der anderen Partei erheblich verzerrt werden. Die „Kunst", solche teilweise bizarren Wahlkreise zu konstruieren, ist in den USA untrennbar verbunden mit dem Namen des ehemaligen Gouverneurs von Massachusetts Elbridge Gerry, der 1812 im Nordosten des Staates einen solch phantasievoll geschnittenen Wahlkreis einrichtete. Mit wenigen Zusätzen versehen glich er einem Salamander – seitdem ist „gerrymander(ing)" das amerikanische Wort für Wahlkreisgeometrie.

Diese Form des Wahlbetruges – oder feiner: der Wahlmanipulation – ist bis heute in den USA nicht verschwunden, so daß sich der Supreme Court im Jahre 1986 gezwungen sah, denjenigen Parteien und Kandidaten, die durch solche Manipulationen benachteiligt werden, ein Klagerecht bei den Bundesgerichten einzuräumen.

Die Sitze im Repräsentantenhaus sind seit 1913 festgeschrieben. Allerdings werden die 435 Mandate nach den alle zehn Jahre stattfindenden Volkszählungen neu auf die einzelnen Staaten verteilt. Die Volkszählung von 1990 führte zu einer Umverteilung von 19 Repräsentantenhaussitzen vornehmlich von Staaten des Nordens in solche des Südens. 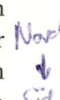 Bei den Wahlen zum Repräsentantenhaus im Jahr 2002 wurden weitere zwölf Mandate zwischen den Staaten verschoben. Über die Zeit führt diese Umverteilung zu erheblichen Größenverschiebungen in den Mandatsanteilen der Einzelstaaten: New York verfügt im Jahre 2007 nur noch über 29 seiner 45 House-Sitze von 1950; der Verlust für Pennsylvania fällt im selben Zeitraum noch dramatischer aus, es behält nur 19 seiner 33 Mandate aus dem Jahre 1950.[7] Die Neueinteilung der Wahlkreise 1992 enthielt zusätzlichen Sprengstoff durch die 1982 beschlossenen Ergänzungen des Voting Right Act von 1965 sowie durch diverse spätere Gerichtsurteile – u.a. die Entscheidung Thornburg v. Gingles des Supreme Court aus dem Jahre 1986[8] –, die auf die Einrichtung von sog. „majority minority districts" hinausliefen und die den Schwarzen, den Hispanics sowie den anderen Minderheiten eine bessere Vertretung im Kongreß garantieren sollen. Die Einrichtung dieser bei Repräsentantenhauswahlen neuen Wahlkreisart führte zu harten Auseinandersetzungen, zu diversen Gerichtsentscheidungen und zu teilweise äußerst bizarren Wahlkreisen nach bester „gerrymander"-Art.[9] In North Carolina z.B. wurde ein „majority-black-district" errichtet, der sich serpentinenartig durch zehn Verwaltungsbezirke schlängelte und annähernd den ganzen Bundesstaat in eine Nord- und eine Südhälfte teilte. Normalerweise würden die Kandidaten die Wünsche ihrer Wähler zu eruieren versuchen, in diesem Wahlkreis allerdings – so Charles Mahtesian –

hätten sie Schwierigkeiten, die Wähler überhaupt zu finden. Inzwischen hat der Supreme Court in einem Urteil aus dem Jahre 1993 allerdings diesen und andere Wahlkreise für verfassungswidrig erklärt und ändern lassen.[10] Diese Neuerung in der Wahlkreiseinteilung hat u.a. in der Folgezeit zu einem deutlichem Anstieg der farbigen Minderheiten im Repräsentantenhaus geführt.[11] Aber für die ethnischen Minderheiten ist diese Neuerung ein zweischneidiges Schwert: Sie gewinnen zwar leichter Mandate für ihre eigenen Repräsentanten, sie verlieren aber deutlich an Einfluß- und Druckpotential in den angrenzenden Wahlkreisen.

Zu den Präsidenten- und Kongreßwahlen kommen auf einzelstaatlicher und lokaler Ebene noch eine Vielzahl von Wahlen und Volksabstimmungen hinzu. Auf diesen unteren Ebenen werden nicht nur die Landes- und Stadtparlamente sowie Gouverneure und Bürgermeister, sondern häufig auch wichtige Posten in der Administration und bei den Gerichten durch Volkswahl besetzt. 2000 z.B. fanden parallel zu den Wahlen 204 Volksabstimmungen in 42 Einzelstaaten statt, wobei u.a. in Alabama ein allerdings nur noch auf dem Papier stehendes Gesetz aufgehoben wurde, das Ehen zwischen Schwarzen und Weißen verbot. Im Jahre 2002 lehnten die Bürger Oregons z.B. eine Krankenversicherung für alle Bürger ab.[12]

2. Die amerikanischen Parteien und ihre Wähler

Bereits im vorangegangenen Kapitel wurde darauf verwiesen, daß die Bedeutung der amerikanischen Parteien zumindest bis in die 70er Jahre – im Vergleich mit den 50er Jahren – zurückgegangen ist. Allein die Wahlbeteiligung deutet in diese Richtung: Gingen zwischen 1952 und 1968 bei jeder Präsidentschaftswahl immerhin noch ca. 60% der Wahlberechtigten zu den Urnen, so waren es seitdem nur noch zwischen 49 und 55% – bei den Wahlen im Jahre 2000 lag die Beteiligung bei 51,2%. Nochmals deutlich niedriger fällt die Wahlbeteiligung bei den sogenannten „mid-term-elections" aus, bei denen nur die Mitglieder des Repräsentantenhauses und ein Drittel der Senatoren gewählt werden: Während zwischen 1954 und 1970 zwischen 40% und 49% der Wahlberechtigten an diesen Wahlen teilnahmen, sank der Anteil inzwischen auf 36% bis 40%.[13] Die Ursachen für die geringe Wahlbeteiligung in den Vereinigten Staaten sind sowohl in individuellen als auch in institutionellen Faktoren zu suchen: Ältere, gebildete, wohlhabende, weiße und mit dem politischen System zufriedene Bürger gehen überdurchschnittlich häufig zur Wahl; die individuelle Registrierungspflicht, das Wahlsystem selbst und damit verbunden die Annahme, daß vielfach die Wahl bereits entschieden ist, oder die abnehmende Mobilisierung der Wähler durch Kandidaten und Parteien wirken u.a. in die gegensätzliche Richtung.[14] Mit den letzten beiden Wahlen allerdings, der Präsidentschaftswahl 2004 und den „mid-term-elections" 2006, scheint der stetige Rückgang der Wahlbeteiligung in den letzten Jahren fürs Erste gestoppt zu sein: Die Wahlbeteiligung bei der Präsidentschaftswahl 2004 lag mit 64% wieder deutlich über der von 2000, die Wahlbeteiligung bei den „mid-term-elections" 2006 lag mit 40,2% im Durchschnitt der letzten Jahre.

Auch das Konzept der „party identification" deutet in die Richtung einer Bedeutungsminderung der Parteien. Die oben bereits angesprochene, vom Survey Research Center der Universität Michigan entwickelte Theorie[15] sieht die Wahlentscheidung des Einzelwählers vor allem als Resultante dreier Komponenten: Die Wähler identifizieren sich in unterschiedlich starkem Maß mit den einzelnen Parteien (party identification), sie orientieren sich weiterhin an bestimmten Sachthemen sowie an den von den Parteien bzw. Kandidaten angebotenen Lösungsvorschlägen (issue orientation), und sie lassen sich von ihrer „candidate orientation" leiten, wobei vor allem die persönlichen Attribute des einzelnen Kandidaten eine Rolle spielen.

Betrachtet man den Einfluß dieser Faktoren auf die Wahlentscheidung der einzelnen Wähler, so fällt auf, daß die „party identification" zumindest bis in die 70er Jahre an Bedeutung verliert und daß die einzelnen Sachfragen in diesem Zeitraum deutlich an Gewicht gewinnen.[16] Seit dem Ende der 70er Jahre hat sich das Niveau der „party identification" – trotz einiger Schwankungen – nicht wesentlich verändert.[17]

Nach dem ersten Wahlsieg Reagans – besonders aber nach seinem exzellenten Wahlergebnis von 1984 – wurde die Frage der Auflösung der sog. „New-Deal-Koalition" (s. V,1) in den USA immer heftiger und immer kontroverser diskutiert. In der Tat sprachen einige Daten zugunsten der Auflösungsthese: z.B. hatte Reagan 1984 im katholischen Lager, das traditionell auf seiten der Demokraten stand, 59% der Stimmen gewonnen und damit auch in dieser Wählergruppe einen exakt seinem Gesamtergebnis entsprechenden Wähleranteil für sich verbuchen können. Reagan gewann auch die Mehrheit der Arbeiterstimmen, während sein Gegenkandidat Mondale bei den Wählern, die über ein Familieneinkommen von weniger als 10 000 Dollar verfügten, auf einen Wähleranteil von 55% kam. Von den Gruppierungen der „New-Deal-Koalition" blieben damals nur die Schwarzen auf der Seite der Demokraten – sie stimmten mit 89% für Mondale. Ansonsten war der Sieg Reagans – z.B. in allen Altersgruppen und in allen Regionen der USA – annähernd total.[18] Doch dies war eher ein Verdienst Reagans als der Republikaner. Die These jedoch, daß die Republikaner zur Mehrheitspartei geworden seien,[19] war aus dieser Entwicklung u.a. deshalb nicht ableitbar, weil als Belege annähernd ausschließlich die Präsidentschaftswahlen angeführt wurden, bei denen die Persönlichkeit der einzelnen Kandidaten sowie die politischen Leistungen der Amtsträger bzw. die Glaubwürdigkeit des politischen Programmes des(r) Herausforderer(s) neben die Anziehungskraft der Parteien treten und diese teilweise deutlich dominieren, da die „party identifier" der Demokraten immer diejenigen der Republikaner übertrafen und da eine konservative Mehrheit in den USA noch lange keine republikanische Mehrheit bedeutet. Die Vorhersage des ehemaligen Vorsitzenden der Demokraten Paul G. Kirk von Anfang 1986 – „Realignment ist ein Mythos, und das Jahr 1986 wird ihn begraben"[20] – war durch die Wahlen 1986, bei denen die Demokraten die Mehrheit im Senat zurückgewannen, sowie durch die folgenden Kongreß- und Präsidentenwahlen bestätigt worden. Die Amerikaner sind zwar deutlich konservativer geworden, aber die Demokraten haben sich diesem Trend umgehend angepaßt. Der institutionenübergreifende Sieg Clintons und der Demokraten 1992, der gewichtige Erfolg umgekehrt Republikaner in den „midterm"-Wahlen 1994, das „divided government" auch nach den Wahlen von 1996 sowie der äußerst knappe Wahlausgang im Jahr 2000 – all dies spricht nicht für ein „realignment" der amerikanischen Wählerschaft zugunsten der Republikaner. Auch hat sich die „New-Deal-coalition" nicht gänzlich aufgelöst: Die Katholiken, die ärmeren Bevölkerungskreise und insbesondere die Schwarzen wählen weiterhin überproportional die Demokraten.[21] Allerdings – auch das macht die Entwicklung der letzten Jahrzehnte deutlich – stehen diese Gruppierungen mit Ausnahme der Schwarzen nicht mehr so treu zu „ihrer" Partei. Die Bereitschaft zum Wechsel der Fronten ist gewachsen, die Wähler sind unberechenbarer geworden.

Von einem wirklichen „realignment" aber kann man eigentlich nur hinsichtlich der konservativen weißen Südstaatler sprechen: Sie waren bis in die 60er Jahre treue Anhänger der Demokraten, sind aber in den 70er und 80er Jahren zu den Republikanern gewechselt.[22] Ebensowenig wie sich die Prognose, daß die Republikaner die neue Mehrheitspartei darstellen, erfüllt hat, ebensowenig behielten diejenigen Recht, die kurz nach der Wahl von 1992 nicht mehr über die „Reagan Democrats", sondern über die „Clinton Republicans"[23] bzw. über den Beginn einer neuen Ära der Demokraten spekulierten.[24] Ob und wann ein neues „realignment" kommen wird, ist derzeit nicht absehbar. Besonders deutlich wird die Rolle der „issue orientation" bei den „mid-term-elections" 2006, bei denen Themen wie Korruption, Terrorismus, Wirtschaft und der Irakkrieg eine wichtige Rolle spielten. Entgegen der ansonsten gültigen Maxime, daß vor allem regionale und lokale Themen im Vordergrund stehen, gaben bei dieser Wahl 62% der Wähler an, daß sie sich hauptsächlich an nationalen Themen orientiert haben. Auch die bereits oben angeführte Feststellung, daß die Wähler in Bezug auf die „party identification" unberechenbarer geworden sind, trifft auf diese Wahl zu. Auffällig ist, daß vor allem moderate Republikaner aus dem Nord-Osten (Pennsylvania, Connecticut, Ohio) bzw. Mittleren Westen (Minnesota, Indiana) durch konservative Demokraten besiegt bzw. ersetzt wurden. Ein „realignment" kann man allerdings auch bei dieser Wahl nicht beobachten. Auch wenn die Unterstützung der Republikaner im Vergleich zu 2004 bei den weißen, protestantischen Wählern um 8% auf 78% und bei den „Hispanics" von 44% auf 29% zurückging, ist dies vor allem auf aktuelle Themen wie die Korruptions- und Sexskandale sowie die von den Republikanern geforderte Anti-Immigrations-Politik (z.B. Bau eines Zaunes zu Mexiko)zurückzuführen und stellt noch keinen dauerhaften Trend dar.[25] Manche Wahlprognostiker sollten sich deshalb eine größere Zurückhaltung auferlegen und sich besser auf Mark Twains Bonmot besinnen: „Voraussagen soll man unbedingt vermeiden, besonders solche über die Zukunft".

3. Die Wahlkampffinanzierung

Ähnlich umstritten wie in den 80er Jahren die Frage, ob sich die Mehrheit der Demokraten nur aufgelöst oder ob die Republikaner eine neue Mehrheit erlangt haben, ist in den USA seit langem das Problem des Einflusses finanzstarker Interessenverbände auf Politiker und Parteien über die Wahlkampffinanzierung. In den 70er Jahren unternahm der Kongreß hier den Versuch, zumindest teilweise Schranken zu setzen und Mißbrauchsmöglichkeiten einzuschränken.

Nach heftigen Kontroversen – auch in diesem Punkt wirkten Watergate und verschiedene Korruptionsaffären aus dem Nixon-Wahlkampf nach – verabschiedete der Kongreß 1974 die „Federal Election Campaign Act Amendments", die die Regelungen, auf die man sich bereits im Jahre 1971 geeinigt hatte, teilweise beträchtlich verfeinerten und verschärften.[26] Aber auch hier wurde wieder einmal deutlich, daß der Gesetzgebung des Kongresses nicht selten vom Supreme Court Grenzen gesetzt werden. Entscheidende Passagen der Reformgesetzgebung des Kongresses jedenfalls wurden vom obersten Gericht des Landes erheblich verwässert. Der Kongreß wollte z.B. die Eigenbeiträge der Kandidaten zu den Wahlkämpfen beschränken, der Supreme Court jedoch akzeptierte die Begrenzung der Eigenleistungen in seinem Urteil „Buckley v. Valeo" aus dem Jahre 1976 nur für diejenigen Kandidaten, deren Wahlkampf aus öffentlichen Geldern mitfinanziert wird, was derzeit ausschließlich beim Präsidentenwahlkampf möglich ist. Mit dem Hinweis auf das I. Amendment der Verfassung und das darin garantierte Recht der freien Rede kappte das Gericht auch die vorgesehenen Obergrenzen der Wahlkampfausgaben bei nicht aus öffentlichen Geldern finanzierten Wahlkämpfen. Wichtig ist darüber hinaus, daß der Supreme Court sich bisher – wiederum unter Hinweis auf das I. Amendment – standhaft geweigert hat, eine Begrenzung des sog. „independent spending" zu akzeptieren. Individuen oder Gruppen können z.B. für Anzeigenkampagnen für oder gegen einen Kandidaten soviel Geld ausgeben, wie sie wollen – vorausgesetzt, die Kampagne ist nicht mit dem betroffenen Kandidaten abgesprochen. Einer der beiden Richter, die die Entscheidung zum Problem des „independent spending" aus dem Jahre 1985 nicht mittrugen, wurde in seinem abweichenden Votum denn auch deutlich: Mit dieser Entscheidung habe der Supreme Court – so Byron R. White – seine „Zersplitterung der Bemühungen des Kongresses, die Wahlkampffinanzierung zu regeln" fortgesetzt; wiederum habe das Gericht „ein schlüssiges Regelungsschema in ein unsinniges, mit Schlupflöchern versehenes Flickwerk (nonsensical loophole-ridden patchwork)"[27] verwandelt. 1996 hob dann der Supreme Court sämtliche Begrenzungen für die Ausgaben der Parteiorganisationen auf und trug damit auch bei zu der erneuten explosionsartigen Verteuerung des jüngsten Wahlkampfes bei.[28]

Trotz dieser äußerst problematischen Rechtsprechung des Supreme Court, die den Versuch des Kongresses, die Wahlkampfkosten und den Einfluß finanzstarker Gruppen auf die

Parteien zu begrenzen, weitestgehend zunichte machte, hatte die Reformgesetzgebung doch wichtige Auswirkungen:
– Die Präsidentenwahlkämpfe werden in der Regel aus öffentlichen Geldern mitfinanziert, wobei die Kandidaten eine Höchstbegrenzung ihrer Wahlkampfausgaben akzeptieren müssen. 1980 lag diese Begrenzung bei knapp 15 Mio. Dollar bei den Vorwahlen und bei ca. 30 Mio. Dollar bei den Hauptwahlen pro Kandidat, im Jahre 2000 bei 30 bzw. 65 Millionen Dollar.[29] Kandidaten, die bei den Präsidentschaftswahlen eine öffentliche Bezuschussung – wie Ross Perot 1992 und 1996 und George W. Bush bei den Vorwahlen 2000 – ablehnen, brauchen sich gemäß der Rechtsprechung des Supreme Court an diese Begrenzung nicht zu halten.
– Die direkte Bezuschussung der Kandidaten durch Individuen, Gruppen oder durch ihre Partei ist bei allen nationalen Wahlen begrenzt. So kann ein Bürger pro Wahl bzw. pro Vorwahl 1 000 Dollar an einen bestimmten Kandidaten zahlen; darüber hinaus kann er 20 000 Dollar pro Jahr an die nationalen Parteiorganisationen spenden. Insgesamt darf der Betrag der direkten Spenden beim einzelnen Bürger die Summe von 25 000 Dollar pro Jahr nicht überschreiten. Er kann aber – wie erwähnt – einen unbegrenzten Betrag für einen „privaten" Wahlkampf ausgeben.
– Die Reform der Wahlkampffinanzierung führte in den USA zu einer erheblichen Ausweitung der sog. „Political Action Committees" (PACs).[30] Solche PACs gab es zwar bereits früher, aber die gesetzlichen Präzisierungen und Regulierungen der Wahlkampfspenden führten zu einer explosionsartigen Ausweitung dieser Organisationen. Direkte Zahlungen von Wahlkampfgeldern an Kandidaten durch Aktiengesellschaften oder Gewerkschaften sind in den USA verboten. Über die PACs können diese Organisationen und andere Interessengruppen aber den Kandidaten indirekt bis zu 5 000 Dollar pro Vor- und pro Hauptwahl sowie den nationalen Parteiorganisationen bis zu 15 000 Dollar pro Jahr zukommen lassen. Als „Political Action Committees" werden Gruppierungen anerkannt, die Gelder von wenigstens 50 freiwilligen Spendern

eintreiben und sie an mindestens 5 Kandidaten verteilen.[31] Teilweise werben die PACs in den eigenen Organisationen um Wahlkampfgelder, teilweise dienen sie auch der Umwegfinanzierung. Existierten im Jahre 1974 ca. 600 solcher PACs, so sind es seit den frühen 80er ca. 4000.[32] Noch deutlicher sind die Ausgaben dieser Organisationen für die Kandidaten in den Kongreßwahlen gestiegen, und zwar von 12,5 im Jahr 1974 auf ca. 200 Millionen Dollar im Jahr 1996.[33] Die PACs wirken in zweifacher Hinsicht konservativ: Zum einen flossen ihre Gelder – zumindest bis heute – eher an republikanische Kandidaten; zum anderen gilt ihre Unterstützung in erster Linie den Mandatsträgern, deutlich weniger den Herausforderern. Obwohl es auch eine größere Anzahl unabhängiger PACs gibt, die entscheidende Rolle spielen die PACs der großen Interessengruppen und der Industrie, während andere Gruppierungen sich eine solche Interessenvertretung nicht leisten können: „Es gibt keine PACs, die sich für die Armen, für Nahrungsmittel- und Ernährungsprogramme oder für die medizinische Versorgung der Armen einsetzen" – so der frühere republikanische Präsidentschaftskandidat Robert Dole.[34]
– Das bis heute wichtigste Ergebnis der Reformgesetze ist die äußerst akribische Informationspflicht in bezug auf eingehende Spenden, die den Kandidaten auferlegt wurde. Jede Spende über 10 Dollar muß der „Federal Election Commission" angezeigt werden, Spenden von über 200 Dollar müssen darüber hinaus Namen, Adresse und Beruf des Spenders ausweisen. Außerdem müssen die Kandidaten der Federal Election Commission sämtliche Wahlkampfausgaben offenlegen.

Aber diese Regelungen für die Individuen und die „Political Action Committees" sind von sinkender Bedeutung seit Beginn der 90er Jahre: Das neue „Zauberwort" in der amerikanischen Wahlkampffinanzierung heißt „soft money". Im Gegensatz zum „hard money", das der Kontrolle der Federal Election Commission nach den beschriebenen Regeln unterliegt, besteht das „soft money" aus Spenden von „corporations", Branchenverbänden, Gewerkschaften und Individuen direkt an die Parteien und unterlag bisher keiner Höchstbegrenzung. Theoretisch dürfen diese Gelder zwar nicht für die Wahlkämpfe der einzelnen Kandidaten, sondern „nur" für die Stärkung der Parteiorganisationen, Programmwerbung u.ä.m. verwendet werden, aber die amerikanischen Parteien haben ausreichend Phantasie entwickelt, um diese Gelder wahlkampfbegleitend einzusetzen.[35] Da weder die Federal Election Commission noch diverse Bundesgerichte den Parteien hierbei Steine in den Weg gelegt haben, werden die Wahlkämpfe zunehmend mit „soft money" finanziert und damit die gesetzlichen Bestimmungen immer stärker unterlaufen: Während in den zwei Jahren vor der Wahl 1996 „soft money" in der Höhe von 262 Millionen Dollar gesammelt wurde, waren es im entsprechenden Zeitraum vor der letzten Präsidentschaftswahl 450 Millionen[36] (zur jüngsten Entwicklung s. u.).

Ihr eigentliches Ziel allerdings – die Begrenzung der Wahlkampfkosten – haben die Reformgesetze nicht erreicht. Während im Jahre 1978 knapp 200 Mio. Dollar für die Kongreßwahlen ausgegeben wurden, kosteten sie 1996 bereits 800 Millionen.[37] Die Gesamtkosten der Kongreß- und Präsidentenwahlen, die 1996 auf 2,1 Milliarden Dollar geschätzt wurden, haben sich im Jahr 2000 auf vermutlich ca. 2,5 Milliarden erhöht.[38] Streitpunkte zwischen den Parteien waren bzw. sind u.a. die künftige Rolle der PACs, die Einführung einer öffentlichen Finanzierung auch der Kongreßwahlen, die Begrenzung der Wahlkampfausgaben, eine Einschränkung des „independent spending", das „soft money", die Eingrenzung der Bündelung von Wahlkampfspenden, mit der die Spendenhöchstgrenzen umgangen werden, sowie eine Verbilligung der Sendezeiten für Werbespots.[39] Die Einsicht in die Notwendigkeit einer Reform der Wahlkampffinanzierung ist bei den amerikanischen Parteien – bei den Demokraten mehr, bei den Republikanern weniger – gewachsen, ohne daß dies bis vor kurzem zu konkreten Ergebnissen geführt hat. Reformgesetze wurden zwar immer wieder vorgelegt, aber sie sind ebenso regelmäßig gescheitert an der Angst einer der beiden Parteien, man könnte stärkere Einbußen erleiden als der politische Gegner. Nach heftigen und langwierigen Diskussionen, die seit 1995 hauptsächlich durch die Initiative der Senatoren John McCain und Russell Feingold vorangetrieben wurden, verabschiedete der Kongreß nach mehrmaligem Scheitern 2002 ein neues Gesetz zur Wahlkampffinanzierung, den so genannten „Bipartisan Campaign Reform Act". Trotz seiner Ankündigung, gegen dieses Gesetz ein Veto einzulegen, unterzeichnete Präsident Bush es am 27. März 2002. Das am 1. Januar 2003 in Kraft getretene Gesetz[40] beinhaltet folgende Neuregelungen: Nationalen Parteiorganisationen ist die Annahme von „soft money" generell untersagt, den Parteiorganisationen auf einzelstaatlicher und lokaler Ebene bleiben diese Mittel allerdings erhalten. Im Gegenzug wurden die Obergrenzen für „hard money" deutlich erhöht. So dürfen Einzelpersonen nun maximal 2 000 Dollar direkt an Kandidaten bzw. innerhalb eines zweijährigen Wahlkampfzyklus auf nationaler Ebene eine Gesamtsumme von bis zu 95 000 Dollar an Kandidaten, Parteien oder PACs spenden. Ebenso sind Themen- und Anzeigenkampagnen, bisher „issue ads", nun als „electioneering communications" bezeichnet, im Vorfeld der Wahlen untersagt, es sei denn, sie werden mit reguliertem „hard money" oder von PACs finanziert.[41] Die Nachhutgefechte gegen dieses Gesetz, die fast augenblicklich mit seiner Verkündung begannen, sind mittlerweile durch das Urteil des Supreme Court im Fall „McConnell vs. Federal Election Commission" beendet. Mit Ausnahme einiger Aspekte hat der Supreme Court das Gesetz in seinen oben aufgeführten Kernpunkten am 10. Dezember 2003 bestätigt.[42] Ob mit diesem Gesetz allerdings das spitze und bis dahin nicht wesentlich übertreibende Diktum eines amerikanischen Parteifunktionärs – „Solange man aufpaßt, kann man fast alles machen"[43] – an Bedeutung verliert, bleibt abzuwarten. Zumindest was die Begrenzung der Wahlkampfkosten anbelangt, scheint das Gesetz wenig Wirkung zu entfalten. Die Wahlkampfkosten für die Präsidentschafts- und Kongreßwahlen beliefen sich 2004 auf schätzungsweise annähernd 4 Mrd. Dollar.[44] Es ist also ein deutlicher Anstieg gegenüber dem Jahr 2000 festzustellen.

VII. Die amerikanischen Massenmedien

1. Daten zur Medienstatistik

Auf den ersten Blick bietet das amerikanische Mediensystem dem europäischen Betrachter ein Bild verwirrender Vielfalt. Dies gilt jedoch nicht für den relativ übersichtlichen Zeitungsmarkt. Hier existieren 2007 in den USA 1470 regionale und überregionale Tageszeitungen mit einer seit den 70er Jahren nur geringfügig sinkenden Auflage von 55 Mio. Exemplaren; hinzu kommen ca. 8200 wöchentlich bzw. halbwöchentlich erscheinende Zeitungen und ca. 13 000 Illustrierte und Periodika.[1] Ein Blick in die Bundesrepublik zeigt – wenn man die unterschiedlichen Einwohnerzahlen der beiden Länder und die divergierende Zählweise in Rechnung stellt – eine höhere Zeitungsdichte, aber kein dramatisch abweichendes Bild: 1999 erschienen in der Bundesrepublik 394 Hauptausgaben von Tageszeitungen mit einer Gesamtauflage von 29 Mio. Exemplaren und über 9000 Zeitschriften.[2] Die angesprochene Verschiedenartigkeit zeigt sich vor allem bei den elektronischen Medien: Im Bereich des Hörfunks existieren neben den 14 846 (März 2006) kommerziellen, lokalen und überregionalen Sendern, die sich zum Teil im Besitz der großen Medienkonzerne befinden, auch öffentliche Rundfunksender (Verbund National Public Radio NPR) mit rund 750 Stationen sowie weitere 2 200 Radiostationen mit nichtkommerziellen Programmangeboten. Aufgrund der immer länger werdenden täglichen Fahrt zum Arbeitsplatz, gewinnt das Radio vor allem in städtischen Räumen an Bedeutung. Allerdings entwickelt sich auch die Webseite einer Radioanstalt immer mehr zur (mit-)tragenden Säule des Angebots. Darüber hinaus gibt es im Jahre 2007 1793 Fernsehstationen, von denen drei Viertel auf kommerzieller Basis arbeiten, sowie ca. 11 100 Kabelsysteme.[3]

Die Annahme jedoch, daß zwischen diesen Medien keine Verbindungen bestünden, erweist sich in mehrfacher Hinsicht als falsch. Zunächst muß hier aber darauf verwiesen werden, daß es nur sehr wenige wirklich nationale Zeitungen und Fernsehnetze gibt: Das amerikanische Fernsehen wird in erster Linie von den drei kommerziellen Stationen ABC („American Broadcasting Company"), CBS („Columbia Broadcasting System") und NBC („National Broadcasting Company") sowie von der kleineren Fox TV, die von Robert Murdoch in den 80er und 90er Jahren aufgebaut wurde, beherrscht. Hinzu kommt das nicht-kommerzielle, staatlich unterstützte und auf Bildungssendungen spezialisierte PBS („Public Broadcasting System"). Auch die für das gesamte Land relevanten Tageszeitungen sind relativ rar gesät: „Wall Street Journal", „USA Today", die „New York Times", die „Los Angeles Times" und die „Washington Post" sind die einzigen Zeitungen, die man mit einigem Recht als nationale Tageszeitungen bezeichnen kann. Die Magazine „Time", „Newsweek" und „US News and World Report" ergänzen als gewichtige nationale Wochenmagazine das Bild.

Mag die Rechnung, daß nur überregionale Verbreitung auch überregionalen Einfluß bedeutet, für die USA nicht ganz stimmen, in ihrer Tendenz wird man sie schwer bezweifeln können. Die wirkliche Zentralisierung der amerikanischen Medien wird jedoch nicht deutlich, wenn man die auf nationaler Ebene relevanten Medien heraushebt und damit indirekt den Eindruck erweckt, die restlichen Medien seien im lokalen oder regionalen Bereich tätig und von den überregionalen Medienkonzernen unabhängig. Letzteres ist – bei den Fernsehstationen lassen dies bereits die hohen Produktionskosten erwarten – nicht der Fall. Drei wesentliche Verknüpfungspunkte sind nicht zu übersehen:

– Zum einen besteht insbesondere beim Fernsehen eine Abhängigkeit der lokalen Sender von den nationalen Medienkonzernen im Programmbereich: Sie produzieren nur in beschränktem Maße lokal relevante Sendungen und übernehmen ansonsten im wesentlichen Produktionen der drei bzw. vier großen Fernsehanstalten und Kinofilme auf dem Weg von Ankäufen. Lokale, von den Anbietern selbst angefertigte Live-Sendungen stellen nur einen geringen Anteil am Programm. In diesem Zusammenhang darf auch die unitarisierende Wirkung der einflußreichsten Nachrichtenagentur „Associated Press" sowie der Werbewirtschaft und der Public-Relations-Industrie[4] nicht übersehen werden.

– Zum anderen besteht eine unternehmerische Vernetzung großen Ausmaßes, die vor allem in den einträglichen Ballungszentren wirklich unabhängigen Unternehmern im Medienbereich nur periphere Chancen beläßt: „Im Ergebnis wurden zwar in den letzten Jahren wegen technischer Neuerungen laufend neue Übertragungskanäle geschaffen, diese stehen aber tendenziell unter der Kontrolle von immer weniger und immer größer werdenden Medienunternehmen"[5] (zu den Beschränkungen s. nächster Abschnitt). Ebenso ist bei den Kabelsystemen, die ihren Zuschauerkreis immens ausweiten konnten, ein starker Konzentrationsprozeß zu verzeichnen. Und ca. 80% der Tageszeitungen sind in der Hand von Konzernen, wobei die Thompson-Gruppe mit der Kontrolle von 110 Tageszeitungen die Spitzenstellung einnimmt und die Gannett-Kette z.B. derzeit mit der „USA Today" nicht nur eine große nationale Tageszeitung, sondern insgesamt etwa 90 Tageszeitungen besitzt.[6] Dieser Konzentrationsprozeß hat auch dazu geführt, daß heute in 98% der amerikanischen Städte nur noch eine Zeitung existiert und daß nur noch in 36 Städten ein konkurrierender Zeitungsmarkt besteht.[7]

– Indem der Telecommunications Act von 1996 die Konzentrationshindernisse erheblich lockerte, verhalf er einer neuen Qualität der Medienkonzentration zum Durchbruch: „Vorbild für die vertikale Integration bleibt ... der Gigant Time Warner, der größte Medienkonzern der Welt, der von der Produktion (Warner Studios) über die Verteilung (Kabelnetze) und Inhaltenanbieter (sic!) (wie der PayKanal Home Box Office) alle Stufen unter einem Dach vereint."[8] Hinzu kommen auch zunehmend branchenübergreifende Konzentrationen. Und die kommerzielle Konzentration wird verstärkt durch die dem privaten Fernsehen innewohnende Anpassungstendenz an den Zuschauergeschmack: Eine gut ankommende Sendung beim einen Sender animiert das andere Network zu einem ähnlichen Angebot. Der Rezipient erhält schließlich kumulativ das Programm, das er sich wünscht und das er letztlich auch verdient: „Der Druck gegen Abweichungen ist beträchtlich."[9] Die Minderheiten haben das Nachsehen und müssen für ein akzeptables Programm (relativ teuer) bezahlen.

2. Rechtliche Regelungen

Das I. Amendment der amerikanischen Verfassung (s. I, 3) schreibt den Schutz der Pressefreiheit fest: „Der Kongreß darf kein Gesetz erlassen, das ... die Rede- und Pressefreiheit ... einschränkt". Im Laufe der Zeit entstand allerdings ein weitergehender Regulierungsbedarf, insbesondere in den folgenden Problembereichen:
– Zum einen kollidiert eine uneingeschränkte Pressefreiheit mit verschiedenen individuellen Rechten. Der Schutz vor verleumderischen Presseberichten ist für Personen, die nicht im Licht der Öffentlichkeit stehen, in den USA relativ gut gesichert. Für Politiker und Amtsinhaber gilt dies in deutlich geringerem Maße: 1964 hatte der Supreme Court den Fall „New York Times v. Sullivan" zu entscheiden, der sich um ein Inserat drehte, in dem der Polizei und Behördenleitern von Montgomery verschiedene Ungesetzlichkeiten gegenüber schwarzen Bürgerrechtlern und ihren Sympathisanten vorgeworfen wurden, wobei diese Anschuldigungen teilweise nicht korrekt waren. Der Supreme Court verpflichtete in diesem Verfahren die attackierten Amtspersonen, daß sie der beschuldigten Zeitung eine wirkliche Böswilligkeit („actual malice") nachweisen müßten. Eine verleumderische Meldung liegt nach der Definition des Gerichts dann vor, wenn sie „mit Wissen von ihrer Unrichtigkeit oder mit leichtfertiger Nichtberücksichtigung der Frage, ob die Meldung falsch war oder nicht", erfolgt ist.[10]

– Fragen des Zuganges zu geheimen Informationen, des Schutzes von Informanten und der Veröffentlichung geheimer Materialien erwiesen sich ebenfalls als normierungsbedürftig. Der Versuch der Nixon-Administration, die Veröffentlichung der sog. „Pentagon-Papers", die geheime Regierungsinformationen über den Vietnamkrieg enthielten, durch die „Washington Post" und die „New York Times" zu unterbinden, scheiterte in dem Verfahren „New York Times v. United States" im Jahre 1971 vor dem Supreme Court. Das Gericht ließ allerdings die Fragen offen, ob eine Verhinderung von ähnlichen Veröffentlichungen in Fällen der Gefährdung nationaler Sicherheit und ein Verfahren gegen die Zeitungen *nach* der Veröffentlichung der Pentagon-Papers möglich sei. Für die beiden anderen Fragen legte der Supreme Court seine derzeitige Haltung vor allem in dem kontroversen Verfahren „Branzburg v. Hayes" im Jahre 1972 fest: Er verneinte journalistische Privilegien weitgehend, verpflichtete den Reporter, der Berichte über die Drogenszene veröffentlicht hatte, zur Aufdeckung seiner Informanten und stellte fest: „Es ist bisher allgemein festgehalten worden, daß das Erste Amendment der Presse kein verfassungsmäßig abgesichertes Recht auf Zugang zu Informationen garantiert, die für die allgemeine Öffentlichkeit nicht erreichbar sind".[11]

– Auch bedurfte die Frage, wie die Verteilung der – im Gegensatz zum zumindest theoretisch völlig offenen Zeitungsmarkt – nur begrenzt vorhandenen Sendefrequenzen anfangs für die Radio- und später für die Fernsehstationen geregelt werden solle, einer politischen Entscheidung. Man wählte schließlich ein Lizenzierungssystem, bei dem eine „Independent Regulatory Commission" (s. hierzu VIII, 3) – die 1934 gegründete „Federal Communications Commission" (FCC) – die entscheidende Instanz darstellt. Die FCC vergibt die acht Jahre gültigen Sendelizenzen nach folgenden Grundsätzen:[12] 1) Die Vereinigten Staaten sind unterteilt in annähernd 300 sog. Radiomärkte („radio markets") mit unterschiedlicher Größe, wobei ein Besitzer nicht mehr als 35% des Publikums dieser Märkte erreichen darf. In einem Markt von z.B. 45 oder mehr

Stationen besteht eine Höchstbegrenzung von insgesamt acht Mittelwellen- und UKW-Stationen pro Eigner. Bei den Fernsehstationen liegt die Höchstbegrenzung bei zwölf Stationen pro Markt und Eigner. Seit 1996 können die Radioeigner auch Kabelstationen betreiben, frühere Restriktionen sind aufgehoben worden. 2) Weiterhin müssen Rundfunk und Fernsehen nach dem Federal Communications Act von 1934 und jetzt nach dem Telecommunications Act von 1996 öffentlichem Interesse und Bedarf dienen, doch die Überprüfung dieser Kriterien wird von der FCC ebenso lax gehandhabt wie die Einhaltung der Klauseln, mit denen ein Minimum an Nichtunterhaltungsprogrammen sichergestellt werden soll. 3) Außerdem sind einige wenige Regeln einzuhalten, die die faire Behandlung von Gruppierungen mit unterschiedlichen Interessen und Meinungen garantieren sollen; z.B. müssen die Sendeanstalten, wenn sie Sendezeiten an einen bestimmten Bewerber für öffentliche Ämter verkaufen, auch dessen Konkurrenten auf Wunsch und gegen Bezahlung dieselbe Zeit einräumen, und sie mußten lange Zeit bei umstrittenen öffentlichen Kontroversen die Positionen beider Seiten darstellen. Jedoch ist auch diese sog. „Fairness Doctrine" 1987 von der FCC in einem eigenmächtigen Entschluß außer Kraft gesetzt worden; Versuche des Kongresses, sie per Gesetz wieder zu beleben, scheiterten am Veto Präsident Reagans, aber der Kongreß hat seine Wiederbelebungsversuche bis heute noch nicht aufgegeben.

Nicht nur europäische, auch amerikanische Beobachter zeigen Zurückhaltung in der Beurteilung des amerikanischen Mediensystems: „Das entscheidende politische Problem im privaten Sektor liegt in der Konzentration der Eigentümer der Medien und in der geballten Kontrolle über Nachrichten und Unterhaltungssendungen. Da ein Großteil des Medienoutputs von großen Konzernen kontrolliert wird und da die Zeitungskonkurrenz in den meisten Städten begrenzt ist, herrscht große Besorgnis, daß die amerikanische Öffentlichkeit schlecht versorgt ist. Vergleichsweise wenige, möglicherweise einseitig ausgerichtete Köpfe kontrollieren das Nachrichten- und Unterhaltungsangebot, das die öffentliche Wahrnehmung von politischen Problemen prägt".¹³ Dies führt direkt zu dem wohl schwierigsten Problem, das sich im Zusammenhang mit den Medien in jedem politischen System stellt: der Frage nach ihren Wirkungen.

3. Zum Einfluß der Massenmedien im amerikanischen System

Die Frage nach der Stellung der Massenmedien in einem politischen System ist in ihrem Kern letztlich immer die Frage nach ihren Wirkungen und nach ihren direkten und indirekten Einflüssen. Seit dem Beginn der empirischen Wirkungsforschung in den 30er Jahren sind in ihrer Mehrzahl viele Erklärungsversuche vorgelegt worden,¹⁴ die lange nur zwei Nachteile hatten: entweder erwiesen sie sich als unzureichend oder auch schlicht als falsch. Letzteres gilt vor allem für diejenigen Theorien, die den Massenmedien entweder gar keinen Einfluß einräumen oder sie umgekehrt zum alleinigen Erklärungsfaktor des Verhaltens der Bürger in einem politischen System hochstilisieren wollten. Für die Falsifikation solcher Theorien sind letztlich keine groß angelegten empirischen Studien notwendig, es genügen common-sense-Argumente: Warum soll den relativ ungelenkten Massenmedien in einer Demokratie ein größerer Einfluß zukommen als den streng kontrollierten und zentralisierten eines totalitären Systems, die die in sie gesetzten Hoffnungen der Machtträger nur unzureichend erfüllten?¹⁵ Und umgekehrt: Glaubt man im Ernst, daß ein Bürger, der seine politisch relevanten Informationen heute – direkt oder indirekt – annähernd ausschließlich aus den Massenmedien bezieht, sich deren Einfluß gänzlich entziehen kann? Die entscheidende Frage lautet heute in bezug auf den Einfluß der Medien nicht „ja oder nein", sondern: wie und in welchem Ausmaß. Und diese Frage erlaubt keine einfachen Antworten, da sie von einer großen Anzahl unterschiedlicher Faktoren, deren jeweiliges Gewicht nur schwer zu messen ist, abhängig ist, da insbesondere die langfristigen Einflüsse der Massenmedien die Wirkungsforschung vor schwer lösbare Probleme stellen und da einmal gewonnene Ergebnisse deshalb nur partiell verallgemeinerbar sind.

Die obige Feststellung, daß sich ein Teil der Wirkungstheorien als unzureichend erwiesen habe, ist letztlich nicht als Kritik an der bisherigen Forschung zu verstehen, sondern als Aufforderung zu der Einsicht, daß man noch eine geraume Zeit auf „die" allgemein akzeptierte und umfassende Theorie des Einflusses der Massenmedien auf ein politisches System wird warten müssen;[16] mehr als Trendantworten sind vorerst nicht möglich. Geht man dieses Problem an, so darf man keine Einbahnstraßen konstruieren und nicht allein, wie dies bei den frühen Theorien im allgemeinen der Fall war, nach den Wirkungen der Medien auf die Bürger, auf die Rezipienten fragen. Man muß ebenso versuchen, die Rückwirkungen der Medien auf die Entscheidungsträger und deren Verhalten zu eruieren, und man darf ebenfalls nicht die wichtige Frage übergehen, in welchem Ausmaß die Haltungen der Bürger auf Medien und Politiker zurückwirken. Um im Bilde zu bleiben: Die Aufgaben und Aufgabenwahrnehmung der Presse – Thematisierung wichtiger Probleme, Information der Bürger, Vertretung von Bürgerinteressen, Kommunikation zwischen Bürgern und Politikern, Kontrolle der Politiker, gesellschaftliche Konsensbildung – stellen keine Einbahnstraße dar – weder vom Politiker zum Bürger, noch weniger vom Bürger zum Politiker –, sondern eher einen Kreisverkehr; einfache Kausalitätsbeziehungen lassen sich nicht konstruieren.

Im Bereich der Beziehungen zwischen Medien und Rezipienten ist heute allgemein akzeptiert, daß man zwischen der Frage nach einer Beeinflussung durch Informationen und den Wirkungen von Berichten und Kommentaren auf die politische Haltung und Meinung der Bürger unterscheiden muß. Die Abhängigkeit der Bürger von den Informationen der Massenmedien ist – wie erwähnt – offensichtlich, doch wie sie auf diese wirken, ist einerseits abhängig von ihrer Reichweite, andererseits vom Vertrauen, das die Bürger den verschiedenen Medien entgegenbringen. Und hier haben sich in den USA seit den 60er Jahren nicht unbeträchtliche Veränderungen ergeben. Zum einen entscheiden sich immer mehr Bürger bei der Frage, aus welchem Medium sie ihre meisten Informationen über die Vorgänge in der Welt beziehen, für das Fernsehen: In den fünfziger Jahren stellten die Zeitungen noch die Hauptinformationsquelle dar und wurden von knapp 60% der Bürger genannt; in den frühen 60er Jahren überholte dann das Fernsehen die Tageszeitungen und drängte sie als Informationslieferanten immer mehr in den Hintergrund. Mitte der 90er Jahre entschieden sich über 70% zugunsten des Fernsehens als dem wichtigsten Nachrichtenlieferanten, während nur knapp 40% die Tagespresse nannten. Dieser relativ geradlinig verlaufende Trend wird nicht nur von der veränderten Mediennutzung insgesamt, sondern in einem beträchtlichem Maße auch von der wachsenden Glaubwürdigkeit bedingt, die die Bürger den Fernsehnachrichten im Vergleich mit den Zeitungen zubilligen.[17] Und der Trend ist – die Gallup-Umfragen belegen es[18] – bis heute ungebrochen.

Glaubwürdigkeit bedeutet zwar sicherlich erhöhte Möglichkeit der Beeinflussung verschiedener Bürger auch in ihrer Meinung zu bestimmten Ereignissen, doch dies ist nur schwer meßbar, und man sollte sich vor allzu schnellen Schlüssen hüten. Interessante Umfragen in den USA zeigen hier deutlich die Grenzen allzu einfacher Erklärungen. So hat z.B. die „Los Angeles Times" 1985 in einer Repräsentativumfrage knapp 3000 Bürger der USA zu politischen Problemen befragt – u.a. auch danach, welche Zeitung sie lesen.[19] Anschließend wurden ca. 2700 führenden Journalisten der 621 erwähnten Zeitungen und knapp 600 Herausgebern dieser Zeitungen dieselben Fragen vorgelegt. Die Journalisten zeigten in annähernd allen Fragen eine deutlich liberalere Haltung als die befragten Bürger. In einer weiteren Frage macht sich allerdings ein nur geringer Unterschied bemerkbar: Die Bürger wurden gebeten, die von ihnen gelesene Zeitung als liberal oder konservativ einzustufen – 25% entschieden sich für die erste, 24% für die zweite Antwort, 26% räumten ihrer Zeitung eine Mittelstellung ein und die restlichen Befragten konnten sich nicht entscheiden. Auch „die Journalisten insgesamt glauben nicht, daß die Zeitungen, für die sie arbeiten, ihre Meinungen widerspiegeln. Sie beschreiben ihre Blätter als überwiegend konservativ ...".[20] Zu den angebotenen Erklärungen, daß die liberalen Journalisten von den konservativeren Herausgebern gebremst werden bzw. daß das Publikum etwaige Einseitigkeiten nicht bemerkt, dürfte eine weitere hinzukommen –, daß nämlich die Journalisten sich durchaus der Folgen bewußt sind, wenn sie ihre Leser durch allzu einseitige Indoktrinationen verärgern. Solch deutliche Unterschiede zwischen der Haltung der Journalisten, der veröffentlichten Meinung ihrer Medien und deren Aufnahme durch die Bürger dürften ausreichen, um vor der allzu einfachen Gleichung „Meinung der Mehrheit der Journalisten = Meinung des entsprechenden Mediums = Meinung der jeweiligen Rezipienten" zu warnen.

Darüber hinaus muß auch die Rückwirkung der Medien auf die politischen Eliten und deren Verhalten berücksichtigt werden. Die nationalen Medien werden von den Politikern aufmerksam studiert. Die politisch relevanten Themen werden somit nicht von den Politikern allein, sondern in einem wesentlichen Maße von der Presse mitbestimmt. Dieser „Thematisierungs- und Themenstrukturierungsfunktion" (M. Kaase) der Presse hat die amerikanische Forschung seit Beginn der 70er Jahre unter dem Stichwort „agenda setting" große Aufmerksamkeit gewidmet:[21] Daß die Massenmedien durch Themenauswahl, -präsentation und -bewertung nicht nur die Rezipienten, sondern auch die politischen Entscheidungsträger beeinflussen, wird kaum mehr bezweifelt. Für Wahlkampf und Wahlergebnis sind vor allem die sog. Priming-Effekte von Bedeutung: Die Medien greifen nicht nur bestimmte Themen auf, sie beeinflussen die Wähler in ihrer Entscheidung auch durch eine unterschiedliche Zuweisung der Problemlösungskompetenzen zugunsten der einen oder anderen Partei bzw. zugunsten des einen oder anderen Kandidaten.[22] Die Rückwirkung der Medien auf Parteien und Wahlkämpfe ist denn auch nicht zu übersehen:[23] Daß die nationalen Parteitage heute im wesentlichen zu Medienveranstaltungen umfunktioniert worden sind, belegt diese Behauptung ebenso wie die Unsummen, die von amerikanischen Politikern in die Wahlwerbung – vor allem im Fernsehen – investiert werden (siehe ausführlicher hierzu VI, 3). Insbesondere seit dem Wahlkampf von 1988 zeigte sich verstärkt eine problematische Nebenwirkung dieser fernsehdominierten Wahlkämpfe: Erkenntnisse aus früheren Wahlkämpfen, daß positive Eigenwerbung der Kandidaten bei den Fernsehzuschauern weniger Eindruck hinterläßt als Angriffe auf den politischen Gegner, daß letztere also schneller „ankommen" und damit weniger Geld kosten, haben die amerikanischen Wahlkämpfe seither noch aggressiver gemacht.

Wie das Beispiel der verstärkten Negativwerbung in den amerikanischen Wahlkämpfen zeigt, ist auch eine Rückwirkung der Sehgewohnheiten der Zuschauer auf die Politiker nachweisbar. Die Tatsache, daß political consultants und Umfragespezialisten (s. V, 5) in den Teams der einzelnen Kandidaten eine immer größere Rolle spielen, stellt ebenfalls einen Beleg für diese These dar. Die Schwierigkeiten, mit denen sich der ehemalige amerikanische Präsident George Bush sen. noch vor seinem Amtsantritt auseinanderzusetzen hatte, zeigen darüber hinaus die bedenklichen Nebenwirkungen: Bush hatte, um möglichst keine potentiellen Wähler zu verlieren, in seinem Wahlkampf Steuererhöhungen stets ausgeschlossen, obwohl ihm offensichtlich klar war, daß er in Anbetracht des riesigen Defizits des amerikanischen Bundeshaushaltes um solche Erhöhungen nicht herumkommen werde. Nach dem Wahlsieg von Bush mußte sein Stab dann nach Begriffen suchen, mit denen notwendige Maßnahmen möglichst gut kaschiert werden konnten, und im Juni 1990 mußte Bush sein Versprechen schließlich widerrufen, was ihm in der Folgezeit bis zum Wahlkampf 1992 immer wieder vorgehalten wurde und seine Glaubwürdigkeit erheblich belastete. Auch Präsident Clinton blieb es nicht erspart, noch vor seinem Amtsantritt einige Wahlversprechen zurücknehmen zu müssen, und auch der jetzige Präsident macht in dieser Hinsicht keine Ausnahme.[24]

Die enorm gestiegenen Kosten für die Fernsehwerbung haben in den USA dazu geführt, daß die Zuschauer der einzelnen

Programme durch Marktforschungsunternehmen sehr genau durchleuchtet werden, damit die Werbespots auch ihre entscheidenden Zielgruppen erreichen. Die Fernsehunternehmen müssen auf einen möglichst großen Zuschauerkreis bedacht sein, um hohe Einnahmen aus den Werbeeinblendungen zu erreichen.[25] Die Größe des Zuschauermarktes bestimmt damit die Auswahl der Sendeinhalte. Daß dies die Qualität der Sendungen fördere, ist selten behauptet worden. Ausgeblendet bleiben im kommerziellen Fernsehen die Interessen der Minderheiten, die dann von den zwar zahlenmäßig durchaus zu Buche schlagenden, aber keinen nennenswerten Anteil der Zuschauer erreichenden öffentlich unterstützten Fernsehsendern[26] und von den Kabelsystemen befriedigt werden müssen. Besser als solche Beispiele belegt allerdings die teilweise Umorientierung der Massenkommunikationsforschung seit den 60er Jahren, die mit dem sog. „uses and gratification"-Ansatz den Rezipienten und seine Auswahlkriterien wieder stärker in den Mittelpunkt rückt, die These, daß auch von den Rezipienten beträchtliche Rückwirkungen auf die Medien ausgehen.[27]

Bereits Anfang der 60er Jahre ist der Pole Marek Sobolewski der These entgegengetreten, daß die Wahlen im Westen eine Manipulation der Interessen der Wähler durch die politischen Eliten darstellen, er hat aber auch die entgegengesetzte Vorstellung verworfen, daß die politischen Eliten einem imperativen Mandat der Wähler unterliegen, und zu Recht die Ähnlichkeit der Haltungen der beiden Seiten betont: „Demnach sind die Substanz der von den Regierten vertretenen Meinungen und die Substanz der politischen Entscheidungen einander nicht diametral entgegengesetzt, sondern sie überschneiden sich: sie stellen nicht zwei grundsätzlich voneinander verschiedene Elemente dar, sondern zwei Gruppen von Elementen, die prinzipiell gleicher Art und miteinander vermischt sind".[28] In diesem Angleichungsprozeß stellen die Medien nicht nur einen Transmissionsriemen dar, der Informationen und Meinungen zwischen beiden Seiten bewegt, sie sind gleichzeitig ein aktiver Partner, der nach beiden Seiten wirkt, der aber auch von beiden Seiten beeinflußt wird. Und sie sind nicht das einzige Verbindungsglied zwischen den genannten Polen; Parteien und Interessenverbände kommen hinzu. Daß auch sie keine „Einbahnstraßen" darstellen, verkompliziert das ohnehin verwirrende Problem der Wirkung von Massenmedien nochmals beträchtlich.

Welche Bedeutung auch die Regierung dem Einfluß der Medien einräumt, läßt sich besonders deutlich am Irakkrieg 2003 zeigen, in dem die öffentliche Meinung im Vorfeld des Krieges mittels der Medien gezielt beeinflußt wurde. Die Häufung von Meldungen und Berichten über angebliche Massenvernichtungswaffen des Irak oder über die brutale Herrschaft Saddam Husseins war kein Zufall, sondern Produkt einer amerikanischen PR-Kampagne, die bereits lange vor Beginn des Krieges geplant und gestartet worden war. Die Regierung arbeitete dazu gezielt mit sog. „Public Diplomacy" (strategische Einflußkommunikation), unter der man eine Mischung aus Auslandspropaganda, politischem Marketing und Kulturdiplomatie verstehen muß. Zur Koordinierung der „Public Diplomacy" wurde eigens im Weißen Haus ein „Office of Global Communications" gegründet, das die gesamte Auslandspropaganda der USA koordiniert. Das Außenministerium besitzt ebenfalls einen solchen Public-Diplomacy-Apparat, der 2003 über einen Jahresetat von 1,13 Mrd. US-Dollar verfügte. Obwohl sich in der letzten Zeit auch innerhalb der US-Administration kritische Stimmen derer mehren, die Zweifel am Erfolg von nach dem Muster kommerzieller Werbekampagnen gestrickten Propagandaaktionen hegen, ist der prinzipielle Glaube an die Macht von Public Diplomacy ungebrochen und erfährt von Seiten der Exekutive höchste Wertschätzung.[29]

VIII. Präsident und Kongreß

1. Präsidentielles Regierungssystem und Gewaltenteilung

Nicht selten findet man das amerikanische Regierungssystem beschrieben als eine Verwirklichung der Montesquieuschen Gewaltenteilungslehre. Daß Montesquieu neben John Locke einer der wichtigsten Ideengeber der amerikanischen Verfassungsväter war, ist nicht zu bestreiten. Jedoch wollte Montesquieu keine rigide Trennung der Staatsfunktionen in Legislative, Exekutive und Judikative,[1] und die amerikanische Verfassung hat kein entsprechendes System verwirklicht. Bestenfalls ein äußerst oberflächlicher Vergleich des in Europa dominierenden parlamentarischen Regierungssystems mit dem präsidentiellen System der USA könnte für die obige These herangezogen werden:
– Präsident und Kongreß werden in den Vereinigten Staaten in getrennten Wahlen bestellt, während im parlamentarischen Regierungssystem eine einzige Wahl über die Zusammensetzung von Parlament *und* Regierung entscheidet, auch wenn die Möglichkeit unterschiedlicher Koalitionen gegeben ist.
– Die Regierung wird im parlamentarischen Regierungssystem also vom Parlament bestellt und sie kann von ihm – das Grundgesetz sieht hier allerdings mit seiner in Art. 67 geregelten Forderung nach einem konstruktiven Mißtrauensvotum einschränkende Bedingungen vor – auch wieder abberufen werden. Dem Kongreß steht dieses Abberufungsrecht im Normalfall nicht zu. Er kann den Präsidenten nicht wegen schlichter politischer Meinungsverschiedenheiten oder wegen veränderter Mehrheiten stürzen. Ihm bleibt nur die Waffe des sog. „impeachment", d.h. er muß in einem justizähnlichen Verfahren dem Präsidenten strafrechtlich relevante Vergehen nachweisen:
„Der Präsident, der Vizepräsident und alle Beamten der Verei-

nigten Staaten werden ihres Amtes enthoben, wenn sie wegen Verrates, Bestechung oder anderer Verbrechen und Vergehen unter Amtsanklage gestellt werden und für schuldig befunden worden sind." (Art. II Sect. 4 US-Verfassung). Das impeachment (s. a. IX, 3), bei dem das Repräsentantenhaus die Anklage erheben und der Senat den (die) Beschuldigte(n) in einem prozeßähnlichen Verfahren – im Falle einer Präsidentenklage unter Vorsitz des Obersten Bundesrichters – mit Zweidrittelmehrheit schuldig sprechen muß, wurde bis in die 60er Jahre des 20. Jahrhunderts – soweit es den amerikanischen Präsidenten betrifft – nur einmal erfolglos gegen Andrew Johnson angewandt und von nicht wenigen Autoren als überholt betrachtet. Erst die kriminellen Machenschaften Nixons in der Watergate- und die Peinlichkeiten bzw. der Meineid Clintons in der Lewinsky-Affäre führten zur erneuten Anwendung dieser fast vergessenen Verfassungsbestimmung, wobei das Verfahren gegen Nixon zu dessen Rücktritt führte, während die Anklage des Repräsentantenhauses gegen Clinton im Senat nicht die erforderliche Mehrheit fand, aber eine nicht unbeträchtliche moralische Beschädigung des Präsidenten zur Folge hatte.
– Umgekehrt fehlt dem Präsidenten ein wichtiges Disziplinierungsmittel gegenüber dem Kongreß: Er kann ihn nicht – wie z.B. der britische Premierminister das Unterhaus – auflösen und Neuwahlen ausschreiben.
– Während der Premierminister in Großbritannien, dem Land des klassischen parlamentarischen Regierungssystems, dem Unterhaus angehören muß, verlangt die Verfassung der Vereinigten Staaten Inkompatibilität: Der Präsident und seine Regierungsmitglieder – auf die Ausnahme des Vizepräsidenten wird noch einzugehen sein – dürfen keinen Sitz im Kongreß innehaben.
– Im parlamentarischen Regierungssystem besteht eine geteilte Exekutive: Die mehr repräsentativen Staatsaufgaben liegen in den Händen eines Präsidenten oder eines Monarchen, die eigentliche Regierungsmacht bleibt einem Premierminister, Kanzler oder Ministerpräsidenten vorbehalten. In den Vereinigten

Staaten hingegen vereinigt der Präsident die Funktionen des Staatsoberhauptes und des Regierungschefs in einer Person.
– Dem Präsidenten der Vereinigten Staaten ist formal die Möglichkeit der Gesetzesinitiative verschlossen (s. aber nächster Abschnitt). Er besitzt nur die Möglichkeit, Gesetzesbeschlüsse des Kongresses mit seinem Veto zu belegen. Dieses präsidentielle Veto kann allerdings mit einer Zweidrittelmehrheit in beiden Häusern des Kongresses überstimmt werden. Die Regierung in einem parlamentarischen Regierungssystem hat hingegen die Möglichkeit der Gesetzesinitiative und sie hat – was beim Vergleich der beiden Regierungssysteme nicht selten unerwähnt bleibt – teilweise auch, wie z.B. in Großbritannien oder in der Bundesrepublik, ein absolutes Vetorecht gegen Ausgabengesetze.[2]

Trotz der gegenüber dem parlamentarischen Regierungssystem restriktiveren Bestimmungen in bezug auf eine personelle Gewaltenvermengung ist das präsidentielle Regierungssystem nicht einmal in diesem Punkt wasserdicht: Der Vizepräsident der Vereinigten Staaten ist gleichzeitig Präsident des Senates, ihm fällt allerdings nur bei Stimmengleichheit der Senatoren die entscheidende Stimme zu. Diese Regelung der amerikanischen Verfassung sollte man in ihrer Wirkung zugunsten der Exekutive jedoch nicht gänzlich unterschätzen: Ex-Vizepräsident Bush sen., der bereits vorher sechsmal die entscheidende Stimme bei Senatsabstimmungen abgegeben hatte, rettete z.B. im September 1987 das SDI-Budget von Präsident Reagan vor einem vorzeitigen Absturz.[3] Al Gore konnte ebenfalls einige wichtige Abstimmungen entscheiden, und zusammenfassend wird man festhalten können: Je knapper die jeweilige Senatsmehrheit, desto wichtiger die Stimme des Vizepräsidenten.

Ein Blick auf die Diskussionen bei der Verabschiedung der amerikanischen Verfassung macht darüber hinaus deutlich, daß man auch keine absolute Gewaltenteilung wollte. James Madison verteidigt in den „Federalist Papers" die amerikanische Verfassung mit Verve gegen den Vorwurf ihrer Gegner, sie würde den Erfordernissen einer strikten Gewaltenteilung nicht gerecht. Er wies sowohl im englischen Regierungssystem als auch in den Verfassungen der amerikanischen Einzelstaaten Gewaltendurchbrechungen nach und kam zu dem Schluß, daß eine völlige Trennung der einzelnen Gewalten unmöglich sei: Gewaltenvermischungen seien bis zu einem gewissen Grade nötig, damit die Gewaltenteilung überhaupt funktionieren könne; die einzelnen Gewalten sollten jedoch nur so weit wie nötig ineinandergreifen.[4]

Auch heute sprechen die Amerikaner in bezug auf ihr Regierungssystem selten isoliert von einer „separation of powers", sie betonen jeweils auch das Prinzip der „checks and balances" und stellen so die gewaltenteilenden neben die gewaltenvermischenden Elemente. Die am häufigsten zitierte und griffigste Formel stammt aus der Feder von Richard Neustadt: Der Verfassungskonvent von 1787 habe kein Regierungssystem mit voneinander total getrennten Gewalten angestrebt, er habe ein Regierungssystem mit getrennten Institutionen geschaffen, die sich in die Ausübung der Gewalten teilen („a government of separated institutions sharing powers").[5] Einige wenige Beispiele funktionaler Gewaltenvermischung müssen hier genügen, um die Richtigkeit dieser These zu belegen: Beim impeachment hat der Senat das letzte Wort, er übt hier judikative Funktionen aus, darüber hinaus nimmt der Vorsitzende des Supreme Court bei Amtsanklagen gegen den Präsidenten den Vorsitz im Senat wahr (Art. I Sect. 3 der US-Verfassung). Durch die Ernennung der Bundesrichter – vor allem derjenigen des Supreme Court – wirkt der jeweilige Präsident massiv in die Judikative hinein, er ist aber bei diesen Ernennungen an die Zustimmung des Senates gebunden (s. auch IX, 3). Diese Mitwirkungsbefugnis des Senates greift auch bei einer Vielzahl von Personalentscheidungen des Präsidenten im administrativen Bereich. Die Verfassung enthält dem Präsidenten zwar – wie erwähnt – die Gesetzesinitiative vor, in der Praxis stammt jedoch ein Großteil der Gesetzesvorschläge aus der Exekutive. Daß der Präsident durch sein Vetorecht auch legislativ tätig ist, spricht ebenso für die These Neustadts wie die Eingriffsmöglichkeiten des Kongresses in die Organisationsgewalt der Exekutive. Charles Beards Bonmot, daß entgegen den Absichten der Verfassung in der Praxis dem Präsidenten die Legislativfunktion zufalle, während der Kongreß die Exekutive ausübe,[6] ist zumindest nicht gänzlich aus der Luft gegriffen.

2. Der Kongreß – Aufgabenwahrnehmung und Organisation

Die formale Konstruktion der Beziehungen zwischen Legislative und Exekutive hat wesentlich dazu beigetragen, daß der Kongreß auch heute noch als effektiver Widerpart des Präsidenten und als das vergleichsweise mächtigste Parlament der westlichen Demokratien betrachtet werden kann. Das präsidentielle Regierungssystem macht im Gegensatz zum parlamentarischen System eine dauernde Absicherung des Präsidenten durch die Parlamentsmehrheit unnötig und ermöglicht so – unterstützt durch das regionalisierte amerikanische Parteiensystem – die sich derzeit allerdings verringernde Individualisierung und Atomisierung der Entscheidungsstrukturen im amerikanischen Kongreß.

Die namentlichen Abstimmungen im amerikanischen Kongreß zeichneten hier bis vor geraumer Zeit ein deutliches Bild. Um mit einem einzelnen Abgeordneten zu beginnen: In immerhin 93% der Abstimmungen entschied sich im Jahre 1982 ein Mitglied des Repräsentantenhauses, der demokratische Abgeordnete Stump aus Arizona, anders als die Mehrheit seiner eigenen Fraktion.[7] Um eine Abstimmung als sog. „party vote" zu klassifizieren, fordert die gebräuchliche Kongreßstatistik heute nur noch, daß 50% der Mitglieder der einen gegen die Mehrheit der Mitglieder der anderen Partei stimmen. Die wesentlich striktere Definition der „party vote", die verlangt, daß 90% der Mitglieder der einen Partei gegen 90% der Abgeordneten der anderen stehen, ist weitgehend aus der Mode gekommen, weil nur noch eine geringe Anzahl der Abstimmungen dieses Kriterium erfüllt.[8] Aber auch die „party votes" im weiteren Sinne sind nicht sonderlich häufig und unterliegen deutlichen Schwankungen: Betrachtet man die Zeit zwischen 1954 und 2000, so erreichten sie im Senat 1995 mit 69% ihr Maximum und 1955 mit 30% ihren niedrigsten Wert; im Repräsentantenhaus lagen die „party votes" in diesem Zeitraum zwischen den Extremwerten 73% (1995) und 27% (1970 und 1972).[9] Die jeweiligen Höchstwerte für beide Häuser fallen in das Jahr 1995, in dem Newt Gingrich die Polarisierung des Kongresses auf die Spitze getrieben hatte; in der Folgezeit hat sich das Abstimmungsverhalten der Kongreßabgeordneten wieder etwas „normalisiert". Zu Recht betont Steffani: „Daß die republikanischen Abgeordneten des Repräsentantenhauses, wie bei der Entscheidung über Gramm-Latta I (scil. ein Einsparungsgesetz für das Jahr 1982) am 7. Mai 1981, in hundertprozentiger Fraktionsgeschlossenheit gegen die Mehrheit der demokratischen Fraktionsmitglieder stimmten, ist sicherlich eine nahezu einmalige Ausnahme".[10] Allerdings zeigen die Abstimmungen in beiden Häusern des Kongresses seit den 70er Jahren, daß nicht nur die „party votes" häufiger geworden sind, sondern daß auch eine Tendenz zu größerer Geschlossenheit der Fraktionen bei den „party votes" besteht. Bei diesen Abstimmungen haben Ende der 60er und Anfang der 70er Jahre nur ca. durchschnittlich 70% der Abgeordneten mit ihrer Fraktion gestimmt, heute ist dieser Anteil auf knapp 90% angestiegen. Diese stärkere Einbindung der Abweichler in die Fraktionen hat u.a. zu einer erheblichen Bedeutungseinbuße der sog. „conservative coalition" – so bezeichnet man ein gemeinsames Abstimmen der Mehrheit der Republikaner zusammen mit der Mehrheit der konservativen Südstaaten-Demokraten gegen die Mehrheit der liberalen Nordstaaten-Demokraten – geführt. Diese Beobachtung läßt sich auch beim derzeitigen Kongreß mit seinen klaren parteipolitischen Trennungen machen. Ihn zeichnet eine große Geschlossenheit der Fraktionen aus, die sich in den einzelnen Abstimmungen widerspiegelt. Ein Gegeneinander von Mehrheits- und Minderheitspartei im Kongreß läßt sich allerdings nicht feststellen. Zwar stimmten beide Fraktionen in den bisherigen 465 „roll call votes", also den namentlichen Abstimmungen des 110. Kongresses, in ca. 55% der Fälle relativ geschlossen gegeneinander, aber in ca. 40% der Abstimmungen waren sie dagegen gleicher Meinung.[11]

Trotz dieser neueren Trends machen diese Zahlen deutlich, daß die Fraktionen und die fraktionsinterne Willensbildung im amerikanischen Kongreß bei weitem nicht dasselbe Gewicht haben wie z.B. im deutschen Bundestag oder im englischen Unterhaus. Auf der Ebene der Personalentscheidungen allerdings kommt auch den amerikanischen Fraktionen grundlegende Bedeutung zu.

Da die Fraktionen das Entscheidungsmonopol z.B. über die Besetzung der Fachausschüsse innehaben, ist die Mitgliedschaft in einer Fraktion für den einzelnen Abgeordneten von grundlegender Bedeutung. Die Mehrheitsfraktion entscheidet darüber hinaus in beiden Häusern des Kongresses über die Bestellung sämtlicher Ausschußvorsitzenden.

Bis vor einiger Zeit waren solche Fraktionsentscheidungen im wesentlichen nur für Parlamentsneulinge von Interesse und beim Freiwerden von Ausschußsitzen von Bedeutung, da ansonsten der Entscheidungsspielraum der Fraktionen durch die sog. „seniority rule" weitestgehend eingeschränkt war. Diese Regelung besagt, daß ein Mitglied eines bestimmten Ausschusses ein Recht auf Wiederentsendung in diesen Ausschuß besitzt und daß der Ausschußvorsitz automatisch an dasjenige Mitglied der Mehrheitsfraktion fällt, das diesem Ausschuß am längsten ohne Unterbrechung angehört. Dieser Automatismus hatte vor allem in den 50er und 60er Jahren bei den Demokraten zu Problemen geführt: Die Ausschußvorsitzenden waren meist Südstaatendemokraten, die damals wenig Schwierigkeiten bei ihrer Wiederwahl hatten; diese sog. „Dixiecrats" waren jedoch nicht repräsentativ für die Gesamtfraktion der Demokraten, denn sie gehörten annähernd alle dem konservativen Flügel der Partei an. Zu Beginn der 70er Jahre wurde diese Regelung auf Drängen des liberalen Flügels bei den Demokraten modifiziert: Im Normalfall galt die „seniority rule" zwar weiter, allerdings konnte die Fraktion in gravierenden Fällen – und sowohl die Demokraten als auch die Republikaner statuierten damals auch schon Exempel – dem betroffenen „Senior" den Ausschußvorsitz verweigern. Durch diese Abschwächung der „seniority rule" wurden die Ausschußvorsitzenden eines Teiles ihrer früheren Machtpositionen beraubt und deutlich stärker an die Mehrheitsmeinung ihrer Fraktion zurückgebunden, wollten sie sich nicht ihre Wiederwahl versperren. 1995 versetzte Newt Gingrich allerdings dem Senioritätsprinzip einen herben Schlag: Er verhinderte mit Hilfe eines Großteiles der 73 neuen Abgeordneten seiner Partei die Übernahme von drei Ausschußvorsitzen durch die „Senioren" und beschränkte die Dauer eines Ausschußvorsitzes auf drei Legislaturperioden. 1997 wurde diese Regelung auch von der Republikanischen Fraktion im Senat übernommen. Obwohl der derzeitige Speaker Dennis Hastert eher ein Anhänger tradierter Geschäftsordnungsregelungen ist, zeigte die Festlegung von 1995 nach Ablauf der Sechsjahresfrist doch eine beträchtliche Wirkung: In nicht weniger als 13 Fällen wurden 2001 im Repräsentantenhaus diejenigen Abgeordneten, denen nach dem Senioritätsprinzip der Ausschußvorsitz zustand, übergangen.[12] Man wird mit einer endgültigen Festlegung zwar vorsichtig sein müssen: Aber es scheint eher unwahrscheinlich, daß diese traditionsreiche Geschäftsordnungsbestimmung in der Zukunft des Kongresses noch eine nennenswerte Rolle spielen wird.

Darüber hinaus entscheiden die Fraktionen selbstverständlich auch über ihre eigenen Vorsitzenden bzw. Vorstände, und sie bestimmen als Mehrheitsfraktion im Repräsentantenhaus den Speaker des Hauses, also den Parlamentspräsidenten, der allerdings offiziell durch das gesamte House of Representatives gewählt wird. Legt man die deutschen Termini zugrunde, so ist der Speaker des Repräsentantenhauses quasi Parlamentspräsident und Vorsitzender der Mehrheitsfraktion in einer Person (s. auch Tabelle 4). Neben seinen Aufgaben als Parlamentspräsident fallen ihm nämlich noch einige Kompetenzen zu (z.B. die Ernennung der Mitglieder der „joint committees" und des „Rules Committee"), die bei uns eindeutig in den Aufgabenbereich der Fraktionen fallen. In jüngster Zeit war insbesondere Newt Gingrich, der mächtige republikanische Speaker von 1995 bis 1999, in seinem erbitterten Kampf gegen Präsident Clinton ein lebendiger Beweis dafür, daß sich dieses Amt nicht durch übliche parteipolitische Zurückhaltung eines Parlamentspräsidenten auszeichnet, sondern viel eher die eigentliche Führungsposition der Mehrheitsfraktion im Repräsentantenhaus darstellt. Auch der derzeitige Speaker, die Demokratin Nancy Pelosi, scheint sich zu einem ähnlich mächtigen Speaker wie Newt Gingrich zu entwickeln und einen engagierten Kampf gegen Präsident Bush und seine Politik zu führen. Eine erste Demonstration ihres Selbstverständnisses und ihrer Macht lieferte sie, als sie im April 2007 entgegen der ausdrücklichen Aufforderung des Außenministeriums Syrien besuchte und somit eindeutig Stellung gegen die Nahostpolitik des Weißen Hauses bezog. Unterstützt wird der Speaker durch den „majority leader", den man mit einigen Einschränkungen als stellvertretenden Fraktionsvorsitzenden bezeichnen könnte und der dem Speaker bei Rücktritt oder Tod normalerweise in dessen Amt nachfolgt. Bei der jeweiligen Minderheitspartei fehlt eine solche Funktionenvermischung selbstredend: Die Fraktionsführung liegt beim „minority leader". Wie bei der Mehrheitsfraktion unterstützen ihn verschiedene „whips", die man am ehesten mit unseren Parlamentarischen Geschäftsführern vergleichen könnte, bei seiner Arbeit.

Ähnliches gilt für den Senat: Hier liegt die Fraktionsführung beim jeweiligen „majority" bzw. „minority floor leader", die auch hier wiederum durch „whips" unterstützt werden. Die für den Speaker des Repräsentantenhauses typische Funktionenvermischung allerdings fehlt im Senat. Zum einen ist – wie erwähnt – der Vizepräsident der Vereinigten Staaten gleichzeitig Vorsitzender des Senates („presiding officer"), und zum anderen fungiert der jeweils dienstälteste Senator der Mehrheitsfraktion – derzeit Robert C. Byrd – bei dessen Abwesenheit als „president pro tempore". Die Leitung der Plenardebatten liegt allerdings meist in den Händen von Senatsneulingen.

Da die Bedeutung der Fraktionen auch heute noch bei Sachentscheidungen deutlich hinter derjenigen bei Personalentscheidungen zurückbleibt, überrascht es nicht, daß sich im Kongreß neben den Fraktionen andere Organisationen herausgebildet haben, bei denen die Diskussion von Sachproblemen im Vordergrund steht.[13] Diese sog. „informal caucuses" – ihre Zahl liegt bei ungefähr 100 – existieren heute in den verschiedensten Varianten: Sie stellen – wie z.B. die „Democratic Study Group", die der entscheidende Motor für die Kongreßreformen der 70er Jahre war – innerfraktionelle Flügelbildungen dar; sie bilden sich als Vertreter bestimmter Minderheitsinteressen über die Fraktionsgrenzen hinweg – wie z.B. der „Caucus for Women's Issues" oder der „Black Caucus" als Sprachrohr der weiblichen bzw. schwarzen Abgeordneten –, oder sie organisieren sich entlang bestimmter wirtschaftlicher oder regionaler Interessen. Der Einfluß dieser „informal caucuses" variiert, ist in der Regel begrenzt, aber gegenüber früheren Jahren deutlich im Steigen begriffen.

Bevor hier näher auf den Gang der Gesetzgebung im Kongreß eingegangen werden kann, muß zunächst betont werden, daß entgegen der oben zitierten formalen Bestimmung der Verfassung ein erheblicher Teil der im Kongreß initiierten Gesetze heute aus der Exekutive kommt. „Das Gesetzesvorhabens-Programm eines Präsidenten ist im Idealfall so präzise geplant wie eine militärische Operation."[14] Offiziell werden die Gesetzesinitiativen des Präsidenten dann von ihm nahestehenden Kongreßabgeordneten eingebracht.

Betrachtet man rein formal den Gang der Gesetzgebung im Kongreß, so deutet sich das Gewicht der Ausschüsse zwar an, es erscheint aber nicht unbedingt zwingend. Im Senat oder im Repräsentantenhaus eingebrachte Gesetze – Finanzgesetze können theoretisch nur im Repräsentantenhaus initiiert werden – gehen von wenigen Ausnahmen abgesehen, die überhaupt nicht behandelt werden, zunächst an einen Ausschuß – teilweise auch an mehrere –, von dort an einen Unterausschuß, bevor sie erneut im Plenum des Ausschusses behandelt werden. Für die wenigen Gesetzesvorlagen, die nicht bereits an diesen Hürden scheitern, stellt das sog. „Rules Committee" des Repräsentantenhauses einen weiteren, nicht zu unterschätzenden Stolperstein dar. Abgesehen von bestimmten Ausnahmen legt das „Rules Committee" die Bedingungen – ob z.B. Änderungsanträge erlaubt sind oder nicht – und den Zeitpunkt der Beratung eines Gesetzesvorschlages im Plenum fest. Das „Rules

Committee" kann zwar den Fortgang der Gesetzgebung beeinflussen, aber es kann heute nicht mehr gegen den Willen der Mehrheit des Repräsentantenhauses Vorlagen zurückhalten, da hiergegen durch Geschäftsordnungsbestimmungen Vorsorge getroffen ist. Ein entsprechender Ausschuß fehlt im Senat. Hier entscheidet normalerweise der Vorsitzende der Mehrheitsfraktion in Absprache mit seinem Kollegen von der Opposition über die Reihenfolge der Behandlung der Vorlagen. Nach der Verabschiedung einer Gesetzesvorlage durch das Plenum eines Hauses geht diese an die andere Kammer des Kongresses, wo sich der Beratungsprozeß in ähnlicher Weise wiederholt. Kommen Senat und Repräsentantenhaus zu abweichenden Vorlagen, erfolgt die Einschaltung eines mit unserem Vermittlungsausschuß vergleichbaren „conference committee", in dem Fachleute aus beiden Häusern dann versuchen, einen deckungsgleichen Vorschlag zustandezubringen, der daraufhin nochmals von beiden Häusern bestätigt werden muß. Die nächste Station ist dann das Weiße Haus: Der Präsident kann binnen zehn Tagen – Sonntage ausgenommen – ein förmliches Veto gegen jedes Gesetz des Kongresses einlegen, das dann allerdings – wie erwähnt – durch eine Zweidrittelmehrheit in beiden Häusern des Kongresses überstimmt werden kann. Allerdings hat der Präsident mit dem sog. „pocket veto" noch eine weitere Blockierungsmöglichkeit zur Verfügung: Erhält der Präsident einen Gesetzesvorschlag erst in den letzten zehn Tagen vor einer längeren Vertagung des Kongresses übermittelt, so kann er ihn durch schlichte Nichtunterzeichnung unwirksam machen, er kann ihn quasi „wegstekken" (s.a. VIII, 4).

Während die ersten 16 Präsidenten bis Abraham Lincoln kaum von ihrem Vetorecht Gebrauch machten – insgesamt sprachen sie bis 1865 nur 36 reguläre und 23 „pocket vetoes" aus –, begannen die Präsidenten nach diesem Zeitpunkt bis 1932, diese Waffe mit den auch heute noch üblichen Schwankungen deutlich öfter einzusetzen – am häufigsten Präsident Cleveland, der in seinen zwei Amtsperioden insgesamt 584mal (darunter 346 reguläre Vetos) zu diesem Mittel griff. Betrachtet man die Zeit nach 1932 etwas genauer, so lassen sich zwei Trends ablesen: Zum einen geht die Anwendung dieser Waffe zurück, zum anderen werden die Vetos der Präsidenten vom Kongreß häufiger überstimmt. Am intensivsten machte Präsident Roosevelt von seinem Vetorecht Gebrauch – insgesamt nicht weniger als 635mal. Truman und Eisenhower waren bereits vorsichtiger: Sie belegten 250 bzw. 181 Kongreßgesetze mit ihrem Veto. Danach allerdings gingen die Präsidenten deutlich restriktiver mit diesem Instrument um: Kennedy, Johnson, Nixon, Ford, Carter, Reagan, Bush sen. und Clinton zusammen setzten dieses Mittel nur 350mal ein. Die Chance, daß ein präsidentielles Veto vom Kongreß überstimmt wird, ist relativ gering, jedoch deutlich im Steigen begriffen. Von den insgesamt 1066 Vetos, die Roosevelt, Truman und Eisenhower aussprachen, wurden nur 23 (= 2,2%) überstimmt. Auch die folgenden Präsidenten Kennedy und Johnson liegen noch in diesem Trend: Keines ihrer insgesamt 51 Vetos wurde vom Kongreß überstimmt. Von den 218 Vetos der Präsidenten Nixon, Ford, Carter und Reagan kassierte dann der Kongreß aber immerhin 28 (= 12,8%). Auch die beiden letzten Präsidenten George Bush sen. und Bill Clinton machten nicht allzu häufig von ihrem Vetorecht Gebrauch; aber entgegen der vorangegangenen Entwicklung wurden sie relativ selten im Kongreß überstimmt – von den insgesamt 46 Vetos von Bush sen. und von den 37 Einsprüchen Clintons nur insgesamt zwei. Präsident George W. Bush stellt in dieser Hinsicht eine Ausnahme dar. Er hat zwar mittlerweile über 40mal sein Veto angedroht, es bis jetzt aber nur einmal eingesetzt. Sein Veto gegen das Gesetz bezüglich der Stammzellenforschung wurde vom Kongreß nicht überstimmt.[15]

Das Vetorecht des Präsidenten bezieht sich immer nur auf das gesamte Gesetz. Die Möglichkeit, einzelne Passagen eines Gesetzes mit einem Veto zu belegen, wurde zwar unter dem Begriff „line veto" bzw. „line-item veto" seit langem diskutiert und sie wurde dem Präsidenten auch kurzfristig in die Hand gegeben: 1996 schufen die Republikaner in der sicheren, aber enttäuschten Erwartung eines Wahlsieges bei der nächsten

Präsidentschaftswahl eine entsprechende, allerdings sehr stark eingeschränkte Ermächtigung für den Präsidenten beim Haushaltsgesetz; Clinton machte von diesem Recht auch relativ erfolgreich Gebrauch, bis der Supreme Court 1998 diese an und für sich sinnvolle Bestimmung für verfassungswidrig, weil der Gewaltenteilung widersprechend, erklärte.[16]

Die weitaus meisten Gesetzesinitiativen scheitern jedoch nicht am Präsidenten, sondern – wie die folgende Tabelle zeigt – schon im Kongreß selbst. Wie oben bereits angedeutet, bleibt der größte Teil dieser vom Kongreß abgelehnten Gesetzesvorlagen bereits in den Ausschüssen und Unterausschüssen hängen – nach Walter Dean Burnham nicht weniger als 19 von 20 Gesetzesinitiativen.[17] Die Macht dieser Gremien stellt erneut ein Beispiel für die Aufteilung der Einflußsphären im Kongreß dar. Nimmt man alle committees zusammen, so hat der 110. Kongreß (2007/2008) in seinen beiden Häusern annähernd 250 Ausschüsse und Unterausschüsse etabliert, von denen der weitaus größte Anteil – nämlich mehr als 90% – auf die ständigen Ausschüsse entfällt. Die restlichen Ausschüsse sind sog. „joint" oder „select committees". Die Reform des Ausschußwesens des Kongresses in den 70er Jahren hatte durch die Stärkung der Unterausschüsse zu einer weiteren Atomisierung der Machtstrukturen des Kongresses beigetragen. Stuart Eizenstat charakterisierte die Folgen dieser Reformen, die sicherlich auch ihre positiven Seiten hatten, mit dem nicht unberechtigten Diktum: „Moses hätte Schwierigkeiten, seine Zehn Gebote heute durch den Kongreß zu bekommen".[18] Im 101. Kongreß (1989/90) wurden allerdings die Grenzen der Macht der Ausschüsse deutlich. Einige der damals 18 bzw. 21 ständigen Ausschüsse im Senat bzw. im Repräsentantenhaus leisteten in den Augen der Kongreßabgeordneten keine ausreichend effektive Gesetzgebungsarbeit, so daß ad-hoc-Arbeitsgruppen hinter verschlossenen Türen und unter starkem Einfluß der Fraktionsführungen nach Kompromissen in wichtigen Problembereichen suchen mußten. Nach Vorarbeiten im 102. und 103. Kongreß setzten die Republikaner 1995 unter Newt Gingrich eine deutliche Straffung des Ausschußwesens durch: Die

Tabelle 3: Fraktionsstärke, Gesetzgebungsarbeit und Sitzungsdauer des Kongresses[20]

	Fraktionsstärke* Demokr.	Republ.	Gesetzes-initiativen	verabschiedete Gesetze	namentliche Abstimmungen	Sitzungsdauer in Tagen	in Stunden	Ausschuß- und Unterausschuß-sitzungen
1. Senat								
91. (1969–1971)	58	42	4867	1271	667	384	2352	3264
92. (1971–1973)	54	44	4408	1035	955	348	2294	3559
93. (1973–1975)	56	42	4524	1115	1138	334	2028	4067
94. (1975–1977)	61	37	4114	1038	1290	320	2210	4265
95. (1977–1979)	61	38	3800	1070	1151	337	2510	3960
96. (1979–1981)	58	41	3480	977	1028	333	2324	3790
97. (1981–1983)	46	53	3396	803	952	312	2158	3236
98. (1983–1985)	46	54	3454	936	673	281	1951	2471
99. (1985–1987)	47	53	3386	940	740	313	2531	2373
100. (1987–1989)	55	45	3325	1002	799	307	2342	2493
101. (1989–1991)	55	45	3669	980	638	274	2254	2340
102. (1991–1993)	56	44	4245	947	550	287	2291	2039
103. (1993–1995)	57	43	3177	682	724	291	2513	2043
104. (1995–1997)	47	53	2266	518	919	343	2876	1601
105. (1997–1999)	45	55	2718	586	622	296	2188	1954
106. (1999–2001)	45	55	3343	819	672	303	2202	1862
107. (2001–2003)	50	50**	–	–	–	–	–	–
108. (2003–2005)	48	51	–	–	–	–	–	–
109. (2005–2007)	44	55	–	–	–	–	–	–
110. (2007–2009)	49	49	–	–	–	–	–	–

	Fraktionsstärke* Demokr.	Republ.	Gesetzes-initiativen	verabschiedete Gesetze	namentliche Abstimmungen	Sitzungsdauer in Tagen	in Stunden	Ausschuß- und Unterausschuß-sitzungen
2. Repräsentantenhaus								
91. (1969–1971)	243	192	21 436	1 130	443	350	1 613	5 066
92. (1971–1973)	255	180	18 561	970	649	298	1 429	5 114
93. (1973–1975)	242	192	18 872	923	1 078	318	1 487	5 888
94. (1975–1977)	291	144	16 982	968	1 273	311	1 788	6 975
95. (1977–1979)	292	143	15 587	1 027	1 540	323	1 898	7 896
96. (1979–1981)	277	158	9 103	929	1 276	326	1 876	7 033
97. (1981–1983)	243	192	8 094	704	812	303	1 420	6 078
98. (1983–1985)	268	167	7 105	978	906	266	1 705	5 661
99. (1985–1987)	253	182	6 499	973	890	281	1 794	5 272
100. (1987–1989)	258	177	6 263	1 061	939	298	1 659	5 388
101. (1989–1991)	260	175	6 683	968	915	281	1 688	5 305
102. (1991–1993)	267	167	7 771	932	932	277	1 795	5 152
103. (1993–1995)	258	176	6 647	749	1 122	265	1 887	4 304
104. (1995–1997)	204	230	4 542	611	1 340	289	2 444	3 796
105. (1997–1999)	207	227	5 014	710	1 187	251	2 001	3 624
106. (1999–2001)	211	223	5 815	957	1 214	272	2 179	3 347
107. (2001–2003)	211	221	–	–	–	–	–	–
108. (2003–2005)	205	229	–	–	–	–	–	–
109. (2005–2007)	202	232	–	–	–	–	–	–
110. (2007–2009)	232	201	–	–	–	–	–	–

* Der Senat hatte in diesem Zeitraum jeweils 100 Abgeordnete, das Repräsentantenhaus jeweils 435 Abgeordnete. Die fehlenden Senatoren bzw. Abgeordnetenhausmitglieder waren unabhängig oder gehörten anderen Parteien an, oder die Sitze waren kurzfristig nicht vergeben.
** Seit dem Austritt von James Jeffords im Mai 2001 verfügten die Republikaner für die restliche Legislaturperiode nur noch über 49 Mandate.

Zahl der Unterausschüsse wurde sowohl im Senat als auch im Repräsentantenhaus erheblich verringert, die Steuerungsmöglichkeiten der Ausschußvorsitzenden gegenüber den Unterausschüssen hingegen beträchtlich gestärkt. Gleichzeitig wurden die Informationspflichten der Ausschußvorsitzenden gegenüber dem Speaker erhöht. Obwohl Gingrichs Nachfolger Dennis Hastert deutlich weniger Einfluß für die Fraktionsspitze reklamiert, haben sich die Ausschüsse bis heute nicht von ihrer Machteinbuße erholt und führen – entgegen ihrer langen Tradition – derzeit eher ein Schattendasein, da die Fraktionen die Ausschüsse immer häufiger übergehen und die Kompromisse in bilateralen Verhandlungen ausformulieren.[19] Ob die Ausschüsse zumindest langfristig zu ihrem früheren Einfluß zurückfinden werden, ist derzeit nicht absehbar.

Neben der Macht der Ausschüsse und Unterausschüsse ist das sog. „filibustering" ein weiteres Beispiel für die ausgedehnten Rechte, die der Kongreß – hier genauer: der Senat – seinen Mitgliedern gewährt. Diese „Obstruktionstaktik" (E. Fraenkel) ermöglicht es den Gegnern eines Gesetzentwurfes, eine Debatte quasi endlos zu verlängern, es sei denn ein Votum von 60 Senatoren setzt dieses Minderheitenrecht außer Kraft.

Die beschriebene relativ starke Position des einzelnen Abgeordneten im Kongreß darf jedoch nicht dahingehend mißverstanden werden, daß er sich auf ein freies Mandat im klassischen Sinne stützen könnte, während seine Kollegen in den europäischen Parlamenten unter Fraktionszwang stünden. Der amerikanische Abgeordnete ist vielfältigen anderen Pressionen ausgesetzt. Er ist nur insofern freier als sein europäischer Kollege, als er teilweise zwischen divergierenden Einflüssen wählen kann. Er ist aber auch ungeschützter, weil er sich Pressionen nicht mit dem Hinweis auf die Fraktionssolidarität entziehen kann.

Ein gewichtiger Bezugspunkt für das Abstimmungsverhalten eines amerikanischen Abgeordneten bildet auch heute noch – trotz der wachsenden Bedeutung der Fraktionssolidarität – die von ihm perzipierte Meinung der ihm und seiner

Partei nahestehenden Wählerschaft in seinem eigenen Wahlkreis. Wer wiedergewählt werden will, legt sich – um es verkürzt zu formulieren – in Europa nicht mit seiner Partei, in Amerika nicht mit den potentiellen Wählern im eigenen Wahlkreis an.[21] Dieser Druck aus den Wahlkreisen machte sich z.B. – aber keinesfalls nur hier – bei den Abstimmungen zur Rassenintegration deutlich bemerkbar. Jedoch erklären Wahlkreispressionen allein nicht das Abstimmungsverhalten der amerikanischen Abgeordneten in den Plenarsitzungen und in den Ausschüssen des Kongresses. Die zumindest im Vergleich mit parlamentarischen Regierungssystemen auch heute nicht allzu starke Fraktionskohäsion im Kongreß macht die Abgeordneten darüber hinaus in hohem Maße für Einflußversuche von Interessenverbänden zugänglich, zumal sie auf Gelder für ihre teuren Wahlkämpfe angewiesen sind (s. ausführlicher VI, 3). Solche Einflußversuche von Interessenverbänden sind selbstverständlich auch in parlamentarischen Regierungssystemen üblich, nur gehen sie hier normalerweise andere, ebenfalls nicht immer unproblematische Wege. Neben der legitimen Vertretung gesellschaftlicher Interessen durch die Kongreßabgeordneten stehen denn auch nicht selten schwerwiegende Korruptionsskandale. Nachdem z.B. das FBI mit Hilfe von als Scheichs getarnten Beamten die Standfestigkeit verschiedener Abgeordneter getestet hatte und es wegen angenommener Bestechungsgelder zu einem handfesten Skandal gekommen war, reagierte das „Time Magazine" im Februar 1980 per Karikatur mit einer sarkastischen Umdeutung der Gewaltenteilungslehre:[22] Im ersten Bild verkündet ein Senator am Rednerpult: „Congress is a system of checks and balances." Im zweiten Bild tritt ein Scheich hinzu und flüstert: „Psst Senator, here's another check." Die Antwort des Senators schließlich: „Swell, put it on my balance!" Die 1977 verabschiedete Ehrenordnung des Kongresses konnte solche Skandale nicht verhindern, sie erleichterte aber die Ahndung von Verstößen, wie z.B. die Ablösung des Speakers J. Wright im Jahre 1989 und die Verfahren gegen sieben weitere Senatoren in den Jahren 1989 und 1990 zeigen. Der 1989 verabschiedete „Ethics Reform Act" brachte ebenfalls keine Trendwende. Der Bankenskandal und die mangelnden Sanktionen gegen die sog. „Keating Five"[23] sowie die Affäre um die ungedeckten Schecks von Abgeordneten bei der Hausbank des Kongresses führten u.a. zu dem harten, aber nicht unberechtigten Urteil: „Während der vergangenen drei Jahre schien Capitol Hill unaufhörlich von giftigen Skandalnebeln umhüllt. Die Seuche hat immer mehr Mitglieder erfaßt ... Diese Ausweitung hinterläßt den Eindruck einer Institution, die nicht in der Lage ist, sich selbst zu reformieren."[24] Die Skandale treten in jüngster Zeit zwar nicht mehr in dem Ausmaß der späten 80er und der frühen 90er Jahre auf, aber noch immer scheint die Lektion, daß die Verwicklung in Skandale die Wiederwahlchancen beträchtlich verringert, nicht bei allen Kongreßabgeordneten angekommen zu sein. Dies wird vor allem bei den jüngsten Sex- und Korruptionsskandalen wie der Foley- und der Abramoff-Affäre deutlich, die beide erheblich zum Verlust der republikanischen Mehrheit in den „mid-term-elections" 2006 beitrugen (s. VI. 2.).[25]

Weiterhin werden die Abgeordneten in ihrem Abstimmungsverhalten in einem nicht geringen Maße vom jeweiligen Präsidenten der Vereinigten Staaten beeinflußt. Sowohl der Präsident als auch die verschiedenen Ministerien verfügen über sog. „liaison staffs", deren einzige Aufgabe es ist, im Kongreß für die Ziele des Präsidenten bzw. seiner Regierung zu werben. Ein Kongreßabgeordneter wird es sich jeweils sehr genau überlegen, ob er sich mit dem Präsidenten anlegen oder ob er auf dessen Kompensationsangebote eingehen soll.

Als Faktoren, die das Abstimmungsverhalten der Abgeordneten beeinflussen, gewinnen die Fraktionen im Kongreß seit längerer Zeit immer stärker an Bedeutung. Konnte man früher verkürzt die These vertreten, daß die Fraktionen im wesentlichen nur bei Personal-, nicht aber bei Sachentscheidungen von Gewicht waren, so ist heute ihr Einfluß auch auf die Sachentscheidungen nicht mehr zu übersehen. Die Ausschüsse und Unterausschüsse haben ihre frühere Eigenständigkeit derzeit in hohem Maße verloren, die Verhandlungen über Gesetzesvorschläge werden häufig direkt von den Spitzen bzw. den

Experten der Fraktionen unter Umgehung der Ausschüsse geführt, die „party votes" steigen deutlich an und die derzeitige Suspendierung der seniority rule zwingt die Abgeordneten zu größerer Rücksichtnahme auf ihre Fraktionen. Alle diese Faktoren führen zu einem Bedeutungsanstieg der Fraktionen. Allerdings sollte man sich davor hüten, die neuere Entwicklung im Kongreß mit europäischen Maßstäben zu messen. Der Kongreßabgeordnete hat auch heute noch einen vergleichsweise großen Ermessensspielraum. Und: Der Bedeutungszuwachs der Fraktionen hat dazu geführt, daß dem Wähler die Lokalisierung der Verantwortung zwar etwas erleichtert wird, aber wirklich geschlossene Einheiten bieten sich ihm auch heute nicht. Der von Loomis verwendete Begriff der „individualistic partisanship" umschreibt die derzeitigen Machtstrukturen im Kongreß äußerst treffend.[26]

Die sich inzwischen verringernde Atomisierung der Machtstrukturen im Kongreß ist nicht auf den Gesetzgebungsprozeß und auf das Budgetrecht beschränkt. Sie zeigt sich auch in der Kontrolle der Exekutive. Aufgrund der Watergate-Affäre hat der Kongreß die Unzufriedenheit mit der eigenen Arbeit in Reformen umgesetzt. Verstärkte Kontrollbefugnisse wurden vor allem den Unterausschüssen zugewiesen.[27] Die teilweise nicht unwesentlichen Erfolge, die in der Folgezeit erzielt wurden, basierten vor allem auf der Erweiterung der Mitarbeiterstäbe der Unterausschüsse. Die Kontrollen wurden großenteils nicht von den Abgeordneten selbst, die sich lieber der Pflege ihres Wahlkreises und der Gesetzgebung widmen, sondern von ihren Mitarbeitern ausgeübt. Oder wie es ein Kongreßmitarbeiter resignierend und entlarvend, aber dennoch etwas übertrieben formulierte: „Man hält Kontrollhearings ab und man versucht herauszufinden, was sie (scil. die Bürokraten) falsch machen. Auch wenn sie alles falsch machen, ist man machtlos, weil es 435 Repräsentantenhaus- und 100 Senatsmitglieder gibt, und sich niemand (!) darauf konzentriert".[28] Die Ausweitung der Quantität der Kontrolle des Kongresses gegenüber der Exekutive wird denn auch selten bestritten, zumal neue Kongreßbehörden wie das „Congressional Budget Office" und das „Office of Technology Assessment", das allerdings 1995 wieder abgeschafft wurde, in den 70er Jahren etabliert wurden. Häufig werden jedoch Zweifel geäußert, ob dies auch eine qualitative Verbesserung der Kontrolle des Kongresses zur Folge gehabt habe. Bei einem mehr als 850seitigen Bericht mit detaillierten Anweisungen an das Landwirtschaftsministerium über die Handhabung von Lebensmittelmarken[29] wird man berechtigterweise fragen können, ob der Kongreß noch kontrolliert oder ob er bereits selbst verwaltet. Auch wenn solche Aktivitäten nicht das Alltagsleben des Kongresses widerspiegeln: An Charles Beards oben bereits zitiertes Bonmot darf in diesem Zusammenhang nochmals erinnert werden.

Daß der Kongreß auch seiner Artikulations- bzw. Repräsentationsfunktion – jedenfalls in deutlich größerem Ausmaß als die europäischen Parlamente – über einzelne Abgeordnete gerecht zu werden versucht, kann nach den bisherigen Ausführungen unschwer vermutet werden. Unterliegt man dem verbreiteten Mißverständnis, daß Gruppeninteressen effektiv auch nur von Mitgliedern der entsprechenden Gruppen vertreten werden können, so wird man diese These allerdings in Zweifel ziehen müssen. Von einer Spiegelung der amerikanischen Gesellschaft im amerikanischen Kongreß kann nämlich nicht einmal in Ansätzen die Rede sein. Die Frauen und die ethnischen Minderheiten z.B. sind im Kongreß chronisch unterrepräsentiert, auch wenn ihr Anteil im Steigen begriffen ist: Waren nach den Wahlen von 1988 im Repräsentantenhaus 24 und im Senat zwei Frauen vertreten, so zählte das Repräsentantenhaus nach den Wahlen von 2000 immerhin 59 und der Senat 13 weibliche Mitglieder. Die Schwarzen stellten nach der Wahl von 2000 36 Mitglieder des Repräsentantenhauses – nach der Wahl von 1988 waren es noch 23 –, sie waren aber nicht im Senat vertreten. Im 107. Kongreß hatten 19 Hispanics ein Abgeordnetenmandat im Repräsentantenhaus inne – nach der Wahl von 1988 waren es nur zehn –, und je ein Amerikaner indianischer Abstammung war in das Repräsentantenhaus und in den Senat gewählt worden. Die „mid-term-elections" 2006 brachten einige Veränderungen mit sich: So gehören dem Senat inzwischen 16 und dem Repräsentantenhaus 74 Frauen an. Insgesamt 43 Schwarze wurden in den Kongreß gewählt. Auch bei den Hispanics kam es zu Veränderungen. Diese sind zwar nach wie vor nur mit 19 Abgeordneten im Repräsentantenhaus vertreten, verfügen mittlerweile aber über 3 Abgeordnete im Senat. Juristen und Geschäftsleute hingegen sind im Kongreß deutlich überrepräsentiert: Im 107. Senat wurden diese Berufe von nicht weniger als 77 Senatoren angegeben; andere Berufe nannten – Mehrfachnennungen waren möglich – 70 Senatoren. Ähnlich lagen – wenn auch nicht ganz so kraß – die Verhältnisse im Repräsentantenhaus (315 : 320).[30] Wäre obige These richtig, der Kongreß hätte andere Probleme als diejenigen, die ihn heute plagen. Jedenfalls wird den Kongreßabgeordneten selten vorgeworfen, daß sie für Probleme, die an sie von außen herangetragen werden, nicht offen seien – vor allem wenn sie aus ihren Wahlkreisen oder von den Geldgebern für ihren Wahlkampf kommen.

Wie alle demokratischen Parlamente rezipiert und artikuliert der Kongreß nicht nur die Interessen und Haltungen der Bevölkerung, er wirkt auch auf sie ein. Zum einen geschieht dies über die Plenardebatten, in denen sich die Senatoren und Repräsentantenhausmitglieder in erster Linie nicht an ihre Kollegen, sondern an die Bevölkerung (ihres Wahlkreises) wenden. Die in der Bundesrepublik häufig zitierte Unterscheidung Steffanis zwischen dem Kongreß als Arbeits-, dem englischen Unterhaus als Rede- und dem deutschen Bundestag als Mischparlament[31] führt hier nicht unbedingt weiter: Der amerikanische Kongreß arbeitet zwar vergleichsweise effektiv, aber er ist alles andere als redefaul. Wie Tabelle 3 zu entnehmen ist, debattiert das Repräsentantenhaus in den letzten Jahren zwischen ca. 800 und 1200 Stunden im Plenum, der Senat deutlich über 1000 Stunden. Die beiden Kammern des amerikanischen Kongresses erreichen damit zwar nicht die jährliche Sitzungsdauer des Plenums des englischen Unterhauses (ca. 1600 Stunden[32]), übertreffen aber den Bundestag, der in jüngster Zeit auf durchschnittlich ca. 460 Stunden Plenardebatten pro Jahr kommt,[33] bei weitem.

Darüber hinaus muß bedacht werden, daß heute ca. 90% der Ausschußsitzungen des Kongresses öffentlich zugänglich sind. Außerdem hat auch der Senat seit 1986 seinen Widerstand gegenüber der Fernsehübertragung seiner Plenardebatten – diejenigen des Repräsentantenhauses werden seit 1979 übertragen – aufgegeben. Die direkteren und letztlich auch effektiveren Wege der Einwirkung auf den Willen der Bevölkerung laufen in Amerika aber wiederum nicht über den Kongreß als Institution, sondern über den einzelnen Abgeordneten, und zwar über seine Arbeit im Wahlkreis und über seine Briefe, die vor allem an potentielle Wähler gerichtet sind. Die Kongreßabgeordneten verbringen einen beträchtlichen Teil ihrer Arbeitszeit im eigenen Wahlkreis,[34] um sich in direkten Kontakten mit ihren Wählern nach deren Problemen zu erkundigen, aber auch um ihnen ihre Haltung zu wichtigen Entscheidungen zu erläutern, und sie beschäftigen auch einen nicht geringen Teil ihrer persönlichen Mitarbeiter direkt in ihrem Wahlkreis bzw. beauftragen sie mit der Beantwortung der Wählerpost. Dieser postalische Kontakt mit den Wählern – zwischen 1954 und Mitte der 80er Jahre hat sich der gesamte Postausstoß der Kongreßabgeordneten erheblich ausgeweitet: er betrug am Beginn der 90er Jahre ca. 500 Millionen Briefe in den Wahljahren und ca. 200 Mio. in den Zwischenjahren[35] – wird natürlich verstärkt im Wahlkampf eingesetzt, er dient aber auch der Pflege des Wahlkreises und der Rechtfertigung vor den eigenen Wählern. Inzwischen verlagert sich auch hier die Kommunikation immer mehr ins Internet. Den Vergleich mit anderen Parlamenten braucht der Kongreß auch hinsichtlich der Wahrnehmung seiner Öffentlichkeitsfunktionen somit nicht zu scheuen.

Auch die Mitwirkungsrechte des Senates bei den Personalentscheidungen des Präsidenten – eine weitere exklusive Senatsfunktion, nämlich die Mitwirkung bei außenpolitischen Verträgen, wird weiter unten eingehender behandelt (s. VIII, 4) – sind in hohem Maße dezentralisiert. Die Zustimmung des Senates zur Ernennung von Diplomaten, Richtern und hohen Exekutivbeamten wird weitgehend in den Unterausschüssen vorgeprägt. Das Prinzip der „senatorial courtesy" geht noch weiter: Diese Konvention besagt, daß Personalentscheidungen des Präsidenten, die für einzelne Bundesstaaten von Bedeutung sind, nur dann akzeptiert werden, wenn der dienstälteste Senator des betroffenen Einzelstaates, sofern er der Partei des Präsidenten angehört, mit dem Vorschlag einverstanden ist.

Bevor nun auf die Machtverteilung zwischen Präsident und Kongreß ausführlicher eingegangen werden kann, soll zunächst die Stellung und das Amt des Präsidenten der Vereinigten Staaten selbst etwas näher beleuchtet werden.

3. Das Amt des Präsidenten

Die Diskussionen um das Amt des Präsidenten im Verfassungskonvent von Philadelphia hatten mehrere Schwerpunkte – u. a. Regierungskollegium oder Einzelperson, Wahlmodus für den Präsidenten, Dauer der Amtszeit –, sie rankten sich aber vor allem um zwei Probleme. Das eine wurde vom New Yorker Gouverneur Morris klassisch auf den Punkt gebracht: „Macht man ihn zu schwach, wird die Legislative seine Macht usurpieren. Macht man ihn zu stark, wird er die Legislative usurpieren".[36] Der zweite herausragende Punkt in dieser Diskussion war die Frage, inwieweit eine starke nationale Exekutive den Einzelstaaten gefährlich werden könne.

Die Funktionen des Chefs der Exekutive und des Oberbefehlshabers der Streitkräfte sowie seine Aufgaben in der Außenpolitik, die die Verfassung – wenn auch unter erheblichen Mitwirkungsrechten des Kongresses – dem Präsidenten in einem Kompromiß schließlich zuschrieb, sollten sich als ausbaufähig erweisen. Nicht nur daß sich die Position des Präsidenten bei der Ausübung dieser Funktionen im Laufe der Zeit stärkte, weitere Aufgaben kamen hinzu: Neben den Funktionen des „Chief Executive", des „Commander-in-Chief" und des „Chief Diplomat" sind dem Präsidenten auch die des „Chief Legislator", des „Party Leader" und des „Leader of the People and Chief Preacher" – so die Überschriften bei Burnham,[37] die sich teilweise unter anderen Bezeichnungen bei der Überzahl der neueren Darstellungen des Präsidentenamtes nachweisen lassen[38] – zugewachsen.

Die herausragende Position, die der amerikanische Präsident heute innehat, ist gegenüber dem Kongreß wesentlich mit dem Wandel der Staatsfunktionen seit dem 19. Jahrhundert, auf die unten noch näher einzugehen sein wird, und mit der Internationalisierung der Politik zu erklären, wobei die Stärkung des Präsidentenamtes nicht als ein linearer Prozeß, sondern eher als eine aufsteigende Wellenlinie zu beschreiben ist. Der Machtzuwachs des heutigen Präsidenten gegenüber seinen Vorgängern im 18. und 19. Jahrhundert ist selbstverständlich auch mit der heutigen Weltmachtstellung der USA zu erklären. Die Internationalisierung der Politik wirkt sich heute in de facto allen Staaten zugunsten der Exekutive aus, diese Tendenz ist jedoch in den USA durch das veränderte außenpolitische Rollenverständnis noch beträchtlich verstärkt worden. Während die USA im 19. Jahrhundert im wesentlichen nur mit der Vergrößerung ihres eigenen Territoriums befaßt waren, während sie ihren außenpolitischen Auftrag – überspitzt formuliert – mit der in der Monroe-Doktrin von 1823 deklarierten Schutzmachtfunktion über den amerikanischen Kontinent erschöpft sahen, während sowohl im Ersten als auch im Zweiten Weltkrieg gewichtige politische Kräfte gegen ein zu starkes außenpolitisches Engagement der USA kämpften, ist seitdem der Einfluß der Isolationisten deutlich zurückgegangen. Mit ihrer neuen Rolle als Schutzmacht aller freien Staaten gegenüber den kommunistischen Expansionstendenzen haben sich die USA allerdings zumindest in Vietnam deutlich überhoben. Ohne Berücksichtigung dieses immens gestiegenen außenpolitischen und militärischen Engagements der USA nach dem Zweiten Weltkrieg ist die Machtposition des heutigen amerikanischen Präsidenten nur sehr unzureichend zu erklären.

Obwohl das präsidentielle Regierungssystem im Gegensatz zum parlamentarischen – wie erwähnt – keine gespaltene Exekutive kennt und die Funktionen des Regierungschefs und des obersten Repräsentanten der Nation in einer Person zusammenfallen, kann daraus nicht gefolgert werden, daß in den USA eine monistische Exekutive bestehe, in der die Befehle des Präsidenten hierarchisch in die einzelnen Behörden hineinlaufen und dort auch befolgt würden. Letztlich haben auch die USA in gewissem Sinne eine geteilte Exekutive: Der wesentliche Bruch verläuft allerdings zwischen dem Präsidenten und seinem persönlichen Beraterstab auf der einen und den Ministerien bzw. der Bürokratie auf der anderen Seite.

Tabelle 4: Die derzeit wichtigsten Amts- und Mandatsträger der USA

1. Exekutive

Amt	Amtschef
Präsident	George W. Bush
Vizepräsident	Richard Cheney
Department of State	Condoleezza Rice
Department of Defense	Robert M. Gates
Department of the Treasury	Henry M. Paulson, Jr.
Department of the Interior	Dirk Kempthorne
Department of Agriculture	Mike Johanns
Department of Justice	Alberto Gonzales
Department of Commerce	Carlos Gutierrez
Department of Labor	Elaine Chao
Department of Health and Human Services	Michael O. Leavitt
Department of Housing and Urban Development	Alphonso Jackson
Department of Transportation	Mary E. Peters
Department of Energy	Samuel W. Bodman
Department of Education	Margaret Spellings
Department of Veteran Affairs	Jim Nicholson
Department of Homeland Security	Michael Chertoff
White House Office (Staff)	Joshua B. Bolten
Office of Management and Budget	Jim Nussle
National Security Council	Steve Hadley
US Trade Representative	Susan Schwab
Central Intelligence Agency	General Michael V. Hayden
Environmental Protection Agency	Stephen Johnson

2. Legislative

Senat:
Presiding Officer   Richard Cheney
Majority Leader   Harry Reid (Dem.)
Minority Leader   Mitch McConnell (Rep.)

Repräsentantenhaus:
Speaker   Nancy Pelosi (Dem.)
Majority Leader   Steny H. Hoyer (Dem.)
Minority Leader   John Boehner

Das Kabinett selbst hat als Entscheidungsträger in den USA nie eine größere Rolle gespielt. Ein immer wieder zitiertes Diktum Abraham Lincolns illustriert dies mit nicht zu überbietender Deutlichkeit. Als seine Minister sich geschlossen gegen ihn stellten, erklärte Lincoln: „Seven nays and one aye – the ayes have it".[39] Doch kann hieraus nur geschlossen werden, daß die letztgültige Entscheidung im Exekutivbereich vom Präsidenten getroffen wird. Der weitaus größte Teil der vom amerikanischen Präsidenten heute zu fällenden Entscheidungen bedarf einer äußerst gründlichen sachlichen und politischen Vorbereitung. Der Präsident ist auf Beratung und Unterstützung angewiesen, aber er kann sich auf seine Minister und seine Bürokratie alleine nicht verlassen.

Dieses Faktum hat vor allem seit den 30er Jahren dieses Jahrhunderts zu einem beträchtlichen Ausbau des sog. „Executive Office" geführt. Dieses Office setzt sich aus dem „White House Office" und verschiedenen Beraterstäben des Präsidenten zusammen. Die Mitarbeiter des „White House Office" – ca. 400 an der Zahl – stehen dem Präsidenten am nächsten. Bei der Besetzung dieser Posten ist der Präsident frei und nicht an die Zustimmung des Senates gebunden.[40] Hier vermag er seine engsten Vertrauensleute zu postieren, von denen er Rat und Kritik, letztlich aber auch eine bedingungslose Unterstützung seiner Politik erwarten kann. Wichtigster Mann in diesem Team ist der Stabschef des Weißen Hauses. Die Aufgaben der Mitarbeiter des „White House Office" sind vielfältig: „Verkauf" der Politik des Präsidenten gegenüber Kongreß und

Öffentlichkeit, Beratung des Präsidenten in allen Politikfeldern inkl. der Koordinierung der an den Präsidenten herangetragenen Vorschläge der Departments, Kontrolle des Terminkalenders des Präsidenten, Überwachung der Bürokratie u.ä.m. Während der Präsident hinsichtlich des „White House Office" weitgehend freie Hand hat und es nach seinen Vorstellungen und Bedürfnissen strukturieren kann, unterliegt er bei den anderen Behörden und Beraterstäben des „Executive Office" gewissen Bindungen, da hier die Besetzung der entscheidenden Positionen großenteils von der Zustimmung des Senates abhängig ist. Die wichtigsten Organisationen bzw. Kommissionen des „Executive Office" sind:
– Das 1921 gegründete „Office of Management and Budget" (OMB) – bis zu seiner Umbenennung durch Präsident Nixon im Jahre 1970 trug es den Namen „Bureau of the Budget" – hat vor allem die Aufgabe, den Haushaltsvorschlag des Präsidenten gegenüber dem Kongreß zu erarbeiten. Daß diese Aufgabe sich nicht in der bloßen Koordination der Haushaltsansätze der einzelnen Ministerien erschöpft, sondern – vor allem wenn Haushaltskürzungen anstehen – auch massive Mitsprachebefugnisse bei verschiedenen Gesetzesvorhaben einschließt, bedarf keiner näheren Ausführungen. Das OMB ist heute vor allem auch als Informationsquelle über Gesetzesvorhaben in den einzelnen Ministerien für den Präsidenten von großer Wichtigkeit. Daß aber auch das OMB keine Überbehörde ist, die den Ministerien ihren Willen aufzwingen kann, zeigte z. B. der „Rechenschaftsbericht" des allgemein als mächtig eingeschätzten David Stockman, des ersten OMB-Direktors unter Ronald Reagan.[41]
– Der „National Security Council" (NSC) und sein Stab sind das gewichtigste Beratungsorgan des Präsidenten im außen- und sicherheitspolitischen Bereich. Dem 1947 durch Gesetz geschaffenen NSC gehören neben dem Präsidenten und dem Vizepräsidenten der Außen-, der Finanz- und der Verteidigungsminister sowie beratend der Vorsitzende der „Joint Chiefs of Staff" – die „Joint Chiefs of Staff" sind das wichtigste Beratungsorgan des Verteidigungsministers – und der Direktor des „Central Intelligence Agency" (CIA) an. Daß der Posten des

Direktors des NSC, der vom Präsidenten ohne Zustimmung des Senates besetzt werden kann, von einigem Gewicht in der amerikanischen Exekutive ist, dafür sprechen allein die Namen früherer Amtsinhaber: Henry Kissinger unter Präsident Nixon oder Zbigniew Brzezinski unter Präsident Carter.

– Letztlich sei hier noch der 1946 durch Gesetz geschaffene „Council of Economic Advisers" (CEA) genannt, der den Präsidenten in seiner Wirtschaftspolitik zu beraten und zu unterstützen hat. Die Mitglieder dieser Kommission bedürfen alle der Zustimmung des Senates, müssen aber der vom jeweiligen Präsidenten vertretenen volkswirtschaftlichen Lehre verpflichtet sein.

In diesem Zusammenhang bedarf heute auch das Amt des Vizepräsidenten der Erwähnung. Erst seit neuerer Zeit erhalten die jeweiligen Vizepräsidenten ein erweitertes Mitsprache- und Informationsrecht, sind aber noch immer vom Wohlwollen des Präsidenten abhängig. In früheren Zeiten hingegen waren die Klagen über die mangelnden Entfaltungsmöglichkeiten der Vizepräsidenten weit verbreitet. Vor allem dann, wenn der Vizepräsident dem jeweiligen Präsidentschaftskandidaten von der „National Convention" seiner Partei aufgedrängt wurde, war es nicht selten, daß der Präsident – Roosevelt z.B. informierte seinen Vize Truman nicht einmal über den Bau der Atombombe[42] – den Vizepräsidenten auf seine verfassungsmäßigen Funktionen beschränkte: den Vorsitz im Senat und das Warten auf die Präsidentennachfolge. So makaber es klingen mag, dieses Warten erwies sich keinesfalls als aussichtslos. Von den bisher 42 gewählten Präsidenten, die in der folgenden Tabelle aufgeführt sind, haben immerhin neun nicht das Ende ihrer Amtszeit erlebt: Vier Präsidenten starben eines natürlichen Todes in ihrem Amt (W. Harrison, Z. Taylor, W. Harding, F. D. Roosevelt); ebenfalls vier Präsidenten wurden ermordet (A. Lincoln, J. Garfield, W. McKinley, J. F. Kennedy), Präsident Nixon trat – vom impeachment bedroht – im Jahre 1974 zurück. Fünf weitere Vizepräsidenten (J. Adams, Th. Jefferson, M. Van Buren, R. Nixon und G. Bush) wurden in späteren Wahlen zu Präsidenten der Vereinigten Staaten gekürt.[43]

Tabelle 5: Die Präsidenten der Vereinigten Staaten[44]

	Partei	Amtszeit
1. George Washington	Federalist	1789 – 1797
2. John Adams	Federalist	1797 – 1801
3. Thomas Jefferson	Democratic-Republican	1801 – 1809
4. James Madison	Democratic-Republican	1809 – 1817
5. James Monroe	Democratic-Republican	1817 – 1825
6. John Quincy Adams	Democratic-Republican	1825 – 1829
7. Andrew Jackson	Democratic	1829 – 1837
8. Martin Van Buren	Democratic	1837 – 1841
9. William Henry Harrison	Whig	1841
10. John Tyler	Whig	1841 – 1845
11. James K. Polk	Democratic	1845 – 1849
12. Zachary Taylor	Whig	1849 – 1850
13. Millard Fillmore	Whig	1850 – 1853
14. Franklin Pierce	Democratic	1853 – 1857
15. James Buchanan	Democratic	1857 – 1861
16. Abraham Lincoln	Republican	1861 – 1865
17. Andrew Johnson	Union	1865 – 1869
18. Ulysses S. Grant	Republican	1869 – 1877
19. Rutherford B. Hayes	Republican	1877 – 1881
20. James A. Garfield	Republican	1881
21. Chester A. Arthur	Republican	1881 – 1885
22. Grover Cleveland	Democratic	1885 – 1889
23. Benjamin Harrison	Republican	1889 – 1893
24. Grover Cleveland	Democratic	1893 – 1897
25. William McKinley	Republican	1897 – 1901
26. Theodore Roosevelt	Republican	1901 – 1909
27. William Howard Taft	Republican	1909 – 1913
28. Woodrow Wilson	Democratic	1913 – 1921
29. Warren G. Harding	Republican	1921 – 1923
30. Calvin Coolidge	Republican	1923 – 1929
31. Herbert Hoover	Republican	1929 – 1933
32. Franklin D. Roosevelt	Democratic	1933 – 1945
33. Harry S. Truman	Democratic	1945 – 1953
34. Dwight D. Eisenhower	Republican	1953 – 1961
35. John F. Kennedy	Democratic	1961 – 1963
36. Lyndon B. Johnson	Democratic	1963 – 1969
37. Richard M. Nixon	Republican	1969 – 1974
38. Gerald R. Ford	Republican	1974 – 1977
39. James E. Carter	Democratic	1977 – 1981
40. Ronald W. Reagan	Republican	1981 – 1989
41. George Bush	Republican	1989 – 1993

	Partei	Amtszeit
42. William J. Clinton	Democratic	1993 – 2001
43. George W. Bush	Republican	2001 –

Daß die Amtsführung beim Ausscheiden des Präsidenten aus seinem Amt oder bei dessen Amtsunfähigkeit auf seinen Vizepräsidenten übergeht, ist bereits in Art. II Sect. 1 der US-Verfassung geregelt. Aber die Verfassung überließ die Entscheidung darüber, wer die Amtsgeschäfte übernehmen solle, wenn sowohl Präsident als auch Vizepräsident ausscheiden sollten, ursprünglich der gesetzlichen Regelung durch den Kongreß. Dieses Problem ist heute ebenfalls durch die Verfassung – und zwar durch das 1967 in Kraft getretene XXV. Amendment – geregelt. Diese Verfassungsergänzung sieht vor, daß ein Vizepräsident, der in das Präsidentenamt nachfolgt, einen neuen Vizepräsidenten nominiert, der für seine Amtseinführung der Zustimmung der einfachen Mehrheit in beiden Häusern des Kongresses bedarf – eine Regelung, nach der bisher die Vizepräsidenten G. Ford und N. Rockefeller bestimmt worden sind. Das XXV. Amendment regelt darüber hinaus die vorläufige Vertretung des Präsidenten: Einerseits kann der Präsident selbst dem Kongreß mitteilen, daß er zeitweilig nicht zur Führung seiner Amtsgeschäfte in der Lage ist, andererseits ist ein relativ kompliziertes Verfahren festgelegt, durch das bei Amtsunfähigkeit des Präsidenten auch gegen dessen Willen die Führung der Amtsgeschäfte auf den Vizepräsidenten übergehen kann.

Kann der Präsident im Normalfall davon ausgehen, daß seine Politik von seinem „Executive Office" und heute auch von seinem Vizepräsidenten loyal mitgetragen wird, so ist dies – wie erwähnt – bei seinen Ministern und vor allem bei seiner Bürokratie längst nicht sicher. Die Spitzen der derzeit 15 Ministerien in den USA werden zwar im allgemeinen mit Vertrauensleuten des Präsidenten besetzt, aber einerseits ist die Außensteuerung auf dieser Ebene höher, andererseits entwickeln sich die Minister nicht selten zu Vertretern der politischen Vorstellungen ihrer Bürokratie gegenüber dem Präsidenten und seinen Beratern und vernachlässigen die umgekehrte Richtung – nämlich die politischen Positionen des Präsidenten in ihren eigenen Häusern durchzusetzen. Bei der Ernennung verschiedener Minister muß der Präsident außerdem mit erheblichen Pressionen der jeweiligen Interessenverbände rechnen.

Auch wenn der Präsident die Zustimmung zur Ernennung seiner Minister vom Senat im Normalfall – im Gegensatz zu den umstritteneren Richterernennungen – erhält, völlige Sicherheit hat er nicht, wie der Fall Tower zeigte, der am Beginn der Amtszeit von G. Bush sen. die Schlagzeilen beherrschte. John Tower wurde als Verteidigungsminister vom Senat nicht etwa deshalb abgelehnt, weil seine politischen Ansichten die 52 demokratischen Senatoren und die eine republikanische Senatorin zu einem „Nein" bewegt hätten. Ausschlaggebend für die Ablehnung waren Towers Alkoholprobleme, sein Lebenswandel und seine engen Beziehungen zur Rüstungsindustrie. Mit John Tower wurde erstmals in der Geschichte der USA einem neu gewählten Präsidenten ein Kabinettsmitglied nicht bestätigt; insgesamt hat der Senat von weit mehr als 500 Kabinettsanwärtern bisher nur sieben nicht zugestimmt; letztmals vor Tower scheiterte Lewis L. Strauss, den Eisenhower als Handelsminister vorgeschlagen hatte, im Jahre 1959.[45] Aber auch der jetzige Präsident bekam seine Regierungsmannschaft nicht vollständig durch den Senat: Die von Bush als Arbeitsministerin vorgesehene Linda Chavez zog ihre Kandidatur zurück, als bekannt wurde, daß sie eine illegale Einwanderin als Haushaltshilfe beschäftigt hatte.[46] Während der Präsident also im Normalfall hinsichtlich seiner Regierungsmannschaft keinen nennenswerten Restriktionen ausgesetzt ist, bleibt er in der Organisation seiner Regierung vom Kongreß abhängig. Ihre Pläne, das Kabinett zu verkleinern bzw. die Kabinettsstruktur zu verändern, konnten z.B. die Präsidenten Nixon, Carter und Reagan im Kongreß nicht durchsetzen. Und G. Bush mußte nach dem 11. September 2001 für sein Sicherheitsministerium hart kämpfen.

Bedeutender aber für die mangelnden Durchgriffsmöglichkeiten des Präsidenten auf seine Minister und Behördenchefs ist deren Vereinnahmung durch die Bürokratie, die teilweise einen erheblichen Rückhalt im Kongreß und bei den jeweiligen Interessenverbänden genießt. In diesem Zusammenhang ist in den USA von einem „eisernen Dreieck" („iron triangle") Bürokratie – Interessenverbände – Kongreß die Rede, gegenüber dem auch der Präsident nicht selten machtlos ist – ähnliches trifft auch auf die „issue networks" (s. IV, 4) zu. Behörden, die z.B. mit ihren Etatforderungen beim „Office of Management and Budget" nicht durchkommen, können – vor allem dann, wenn sie in ihren Wünschen durch mächtige Interessengruppen unterstützt werden – darauf hoffen, daß der Kongreß die Entscheidung des Präsidenten bzw. der Exekutive korrigiert. Die Angestellten der einzelnen Behörden sind sich darüber hinaus wohl bewußt, daß sie – bedingt durch dessen Organisations- und Budgetgewalt und dessen Kontrollmöglichkeiten – auf den Kongreß und seine Ausschüsse bzw. Unterausschüsse ähnliche Rücksichten zu nehmen haben wie auf die Vorstellungen des Präsidenten. Weiterhin hindert die Ersetzung des „spoils system" durch ein Quasi-Beamtentum den Präsidenten daran, eine einigermaßen stromlinienförmige Exekutive hinter sich zu bringen, und sie erhöht umgekehrt die Unabhängigkeit der Behörden auch dann, wenn sie direkt dem Präsidenten bzw. einem Minister unterstehen. Doch dies ist – entgegen der Theorie der Gewaltenteilung – in den USA nicht bei allen Behörden der Fall.

Vor allem die sog. „Independent Regulatory Commissions" haben einen relativ komplizierten Status. Diese Commissions – als erste wurde bereits 1887 die „Interstate Commerce Commission" gegründet – haben Regulierungsfunktionen in den verschiedensten Bereichen gegenüber der privaten Wirtschaft – von den Massenmedien bis zur Nukleartechnologie. Sie haben[47] einerseits ein relativ weitgehendes Verordnungsrecht, und können darüber hinaus Vorentscheidungen mit gerichtsähnlichem Charakter treffen. Diese Behörden besitzen außerdem einen relativ breiten Ermessensspielraum und unterliegen nur teilweise den Weisungen des Präsidenten. Er ernennt zwar ihre

Mitglieder, ist aber einerseits an die Zustimmung des Senates, andererseits an gesetzliche Vorgaben hinsichtlich der Qualifikation der Kommissionsmitglieder gebunden. Weiterhin: Die Amtszeiten der Kommissionsmitglieder decken sich nicht mit derjenigen des Präsidenten, und es ist ihm verwehrt, ihm mißliebige Kommissionsmitglieder zu entlassen. Nicht zu Unrecht hat man die alles andere als unumstrittenen Kommissionen – den einen regeln sie zuviel, den anderen zu wenig – als „vierte Gewalt"[48] im amerikanischen Regierungssystem bezeichnet.

Sicherlich ist das Zusammenspiel von Mehrheitsfraktion, Bürokratie und Interessenverbänden auch im parlamentarischen Regierungssystem möglich, auch hier stellt die Machtbeziehung zwischen Regierung und Ministerialbürokratie alles andere als eine Befehlseinbahnstraße von oben nach unten dar, aber das einigende Band der Partei führt im parlamentarischen Regierungssystem im Normalfall eher zu einem Gegensatz zwischen Regierung und Regierungspartei(en) auf der einen und der Bürokratie auf der anderen Seite. Eine Unterscheidung zwischen „presidential" und „congressional agencies", wie sie James Q. Wilson für das amerikanische System vornahm,[49] ist jedenfalls im parlamentarischen Regierungssystem nicht denkbar. „Presidential agencies" sind nach Wilson Ministerien und Behörden, die sich vor allem an der Politik des Präsidenten orientieren und sie unterstützen. Die „congressional agencies" hingegen sind stärker den Einflüssen des Kongresses ausgesetzt und finden sich vor allem in Bereichen – Wilson nennt z.B. das Innen-, das Landwirtschafts- sowie das Wohnungsbauministerium –, die durch ihre Verteilungsfunktionen für die Wahlkreise der Abgeordneten von Bedeutung sind.

All die Einflußmöglichkeiten, die dem Präsidenten – sei es gegenüber der Öffentlichkeit, den Interessenverbänden, der eigenen Partei oder gegenüber dem Kongreß selbst – offenstehen, reichen nicht aus, um den Kongreß von Einflüssen auf seine Bürokratie, die weit über bloße Kontrolle hinausgehen, abzuhalten. Auch dies ist ein Beispiel für die Gewaltenvermischung im amerikanischen Regierungssystem einerseits und für die – im Vergleich mit anderen westlichen Parlamenten –

herausragende Machtposition des amerikanischen Kongresses andererseits.

4. *Machtverschiebungen zwischen Präsident und Kongreß*

Die Faktoren, die seit dem 19. Jahrhundert zu einer Machtverlagerung vom Parlament zur Regierung führen, gelten für parlamentarische und präsidentielle Regierungssysteme gleichermaßen. Nur: sie zeigen in beiden Systemen nicht die gleichen Ergebnisse. Von einem Parlament, dem man – wie dem britischen – allerdings mit nicht geringer Übertreibung nachsagt, es sei zum Freistempler für Regierungsvorlagen degradiert, ist der amerikanische Kongreß jedenfalls Meilen entfernt. Die Intention der Gründungsväter, dem Kongreß die zentrale Rolle im politischen Entscheidungsprozeß einzuräumen,[50] ist von der politischen Entwicklung überrollt worden, und ebenso kann heute niemand mehr die These vom „Congressional Government" – so der Titel des 1885 erschienenen Buches des späteren US-Präsidenten Woodrow Wilson, der im übrigen den Kern seiner Aussagen selbst bald widerrufen hat – vertreten: Die Behauptung nämlich, der Kongreß sei das alleinige und eigentliche Machtzentrum des Regierungssystems der Vereinigten Staaten.

Der entscheidende Faktor, der den Prozeß der Machtverlagerung zugunsten der Exekutive in Gang setzte, war in allen westlichen Demokratien der Ende des letzten Jahrhunderts – in einigen Ländern früher, in anderen später – beginnende Wandel vom liberalen Nachtwächterstaat zum modernen „état actif" (Bertrand de Jouvenel). Dieser Wandel der Staatsfunktionen brachte eine Vermehrung der Staatsaufgaben mit sich – und zwar in einem Ausmaße, daß sie nur noch von Großbürokratien bewältigt werden konnten. Weiterhin setzt – wie erwähnt – in diesem Jahrhundert eine Internationalisierung der Politik ein: Die internationale Zusammenarbeit gewann wesentlich an Bedeutung, was wiederum die Machtposition der verhandlungsführenden Regierung gegenüber dem auf bloße Zustimmung oder Ablehnung beschränkten Parlament zementiert. Seit geraumer Zeit weist die verstärkt zum Einsatz kommende Planung in dieselbe Richtung: Auch aus ihr zieht die Regierung wegen ihres effektiveren Apparates den größeren Nutzen.[51]

Diese Entwicklung kann allerdings nicht zur These von einem generellen Funktionsverlust der Parlamente hochstilisiert werden: Für Großbritannien ist eine solche Wertung vor allem nach den Reformen des Ausschußwesens im britischen Unterhaus Ende der 70er Jahre zumindest zweifelhaft; für die Bundesrepublik – ein Vergleich der Aufgaben und Aufgabenerfüllung zwischen dem kaiserlichen Reichstag und dem Deutschen Bundestag macht dies einsichtig – ist sie schlichter Nonsens; und auch in den USA hat der Kongreß – trotz der nicht zu bestreitenden Machtverschiebungen zugunsten der Exekutive – im Vergleich zum Kongreß des 19. Jahrhunderts deutlich an Macht hinzugewonnen.

Nicht unwesentlich dafür, daß die Parlamente in parlamentarischen und in präsidentiellen Regierungssystemen in unterschiedlichem Ausmaße von dem beschriebenen Wandel der Staatsaufgaben betroffen wurden, ist das Faktum, daß diese neuen Staatsaufgaben meist nur unter hohem Personalaufwand zu bewältigen sind. Die Kontrolle der Bürokratie bedarf also des Ausbaus einer Gegenbürokratie beim Parlament, wenn man in den Kategorien eines klassischen Gegenübers von Parlament und Regierung argumentiert. Da das parlamentarische Regierungssystem aber nicht durch ein solches Gegenüber, sondern durch eine mehr oder weniger enge Verflechtung von Regierung und Regierungsmehrheit, denen die Opposition gegenübersteht, gekennzeichnet ist, erweist sich die Installierung einer Gegenbürokratie als problematisch: Die Regierungsmehrheit benötigt sie nicht, wenn sie ihre Durchgriffsmöglichkeiten auf die Bürokratie in vollem Umfange einsetzt; von Nutzen wäre eine solche Gegenbürokratie in erster Linie für die Opposition, und gerade deshalb wird die Regierungsmehrheit Vorsicht walten lassen. Im britischen Unterhaus z.B. sind die Parlamentsdienste äußerst schmal ausgestattet, und die Hinterbänkler verfügen erst seit Mitte der 80er Jahre über verbesserte Finanzmittel, die ihnen heute die Anstellung von durchschnittlich zweieinhalb Mitarbeitern ermöglichen.[52] Der Deutsche Bundestag, der sich – trotz des parlamentarischen Regierungssystems – zumindest partiell als Gegenüber der Regierung betrachtet,[53] hat sich seit dem Ende der 60er Jahre zu einer deutlichen Ausweitung seiner Dienste und zu einer Installierung von Abgeordnetenmitarbeitern entschlossen.[54] Der Kongreß hingegen hatte als eine von der Exekutive völlig unabhängige Institution keinerlei Begründungsprobleme für den Ausbau einer begrenzten Gegenbürokratie – er konnte sich, wie die Tabelle 6 zeigt, einem – wie es Senator Daniel Patrick Moynihan formulierte – „eisernen Gesetz des Nacheiferns" unterwerfen und eine Gegenbürokratie aufbauen, um gegen die Bürokratie der Exekutive zu kämpfen.[55]

Die folgende Tabelle umfaßt nicht alle Mitarbeiter des Kongresses – z.B. fehlen das Hauspersonal, verschiedene Gruppen von Schreibkräften oder die Mitarbeiter der Kongreßführer; auch die Library of Congress ist nicht enthalten, da sie nur zum geringen Teil für den Kongreß selbst tätig ist. Berücksichtigt man alle Mitarbeiter – mit Ausnahme der 4100 Angestellten der Library of Congress[56] – so ergab sich für das Jahr 1999 eine Gesamtzahl von 22238.

Tabelle 6: Die Entwicklung der Mitarbeiter des Kongresses[57]

	1930	1947	1955	1965	1979	1987	1993	1997	2001
Mitarbeiter von Senatoren	280	590	k.A.	k.A.	3593	4075	4138	4410	3994
Mitarbeiter von Abgeordneten des Repräsentantenhauses	870	1440	k.A.	k.A.	7067	7584	7400	7282	7209
Mitarbeiter der ständigen Senatsausschüsse	163	232	386	509	1140	1207	994	1216	889
Mitarbeiter der ständigen Ausschüsse des Repräsentantenhauses	112	167	329	571	2027	2136	2147	1276	1201
Mitarbeiter von Kongreßbehörden	k.A.	10855	5942	4509	6502	6245	6145	4458	4105

Mit Hilfe der in der obigen Tabelle manifestierten deutlichen Anhebung der persönlichen Mitarbeiter der Abgeordneten und der Ausschüsse ist es dem Kongreß zumindest partiell gelungen, dem Machtzuwachs der Exekutive zu begegnen.

Ebenso wie die Möglichkeit des Ausbaus der personellen Unterstützung der Abgeordneten sind weitere Gegensteuerungsmöglichkeiten des Kongresses gegenüber dem Präsidenten weitgehend durch das präsidentielle Regierungssystem und durch das amerikanische Parteiensystem bedingt. Im parlamentarischen Regierungssystem sind die Mehrheitsfraktionen gezwungen, wenn sie mit der Politik der Regierung nicht einverstanden sind, die Auseinandersetzungen hinter verschlossenen Türen auszufechten, um in der Öffentlichkeit den Eindruck der Zerrissenheit zu vermeiden. Die Kongreßmehrheit kennt auch dann keine „eigene" Regierung, wenn der Präsident aus derselben Partei kommt. Der Kongreß muß bei Auseinandersetzungen mit dem Präsidenten nur dann mit Sanktionen der Wählerschaft rechnen, wenn er zu Zeiten, zu denen die Wählerschaft Taten verlangt, den Entscheidungsspielraum eines beliebten und von der Wählerschaft als effektiv und erfolgreich eingeschätzten Präsidenten allzu stark einzuschränken versucht. Insofern war der Zeitpunkt, zu dem der Kongreß in den 70er Jahren versuchte, die als bedrückend empfundene präsidentielle Übermacht durch diverse Reformen zu verringern, günstig gewählt. Der Vietnam-Krieg hatte das Präsidentenamt in seinem öffentlichen Ansehen lädiert; der Rücktritt von Nixons Vizepräsident S. Agnew wegen eines Bestechungsskandals arbeitete in dieselbe Richtung; Nixon selbst zeigte seine Geringschätzung des Kongresses allzu offensichtlich, als er sich in bestimmten Bereichen schlicht weigerte, im Haushaltsgesetz vorgesehene Summen auch auszugeben („impoundment"); vor allem aber mit Watergate und seinem problematischen Taktieren – in erster Linie mit seiner Handhabung des „executive privilege", auf das er sich berufen wollte, um dem Kongreß Informationen über seine Verwicklung in den Skandal verheimlichen zu können – bescherte Nixon dem Kongreß das Meinungsklima, das dieser zur Durchsetzung von wichtigen Reformen benötigte. Oder wie es das Wall Street Journal ausdrückte: Nixon habe einen „schlafenden Kongreß aufgeweckt und ihn wild gemacht."[58]

Neben den oben kurz skizzierten kongreßinternen Reformen

sind in diesem Zusammenhang vor allem drei Gesetze zu nennen: der „War Powers Act" von 1973, der „Budget and Impoundment Control Act" von 1974 und der „National Emergency Act" von 1976.[59]

Der „War Powers Act" – beschlossen im November 1973, nachdem Nixon vorher von seinem Veto-Recht Gebrauch gemacht hatte – stellt im wesentlichen eine Reaktion auf den nicht erklärten Krieg in Vietnam dar. Der in diesem Gesetz verankerte Kompromiß schreibt u. a. fest, daß der Präsident den Kongreß über Truppenentsendungen ins Ausland zu konsultieren hat und daß er spätestens nach 60 Tagen die Truppen zurückziehen muß, wenn der Kongreß ihn nicht in der Zwischenzeit zur Fortführung der Militäraktionen ermächtigt hat. Dieses Gesetz ist bis heute umstritten: Aus unterschiedlichen Perspektiven wird u. a. vorgebracht, daß es dem Kongreß sein verfassungsmäßig garantiertes Recht der Kriegserklärung (Art. I Sect. 2 der US-Verfassung) nicht in vollem Umfange erhalte bzw. daß es den Präsidenten in seiner Manövrierfähigkeit zu stark einschränke.[60]

Der „Budget and Impoundment Control Act" – dieses Gesetz war *auch* eine Folge der Unzufriedenheit des Kongresses mit seiner eigenen Arbeit – wurde von Präsident Nixon kurz vor seinem Rücktritt im Jahre 1974 unterzeichnet. Es brachte durch die Schaffung je eines einheitlichen „Budget Committee" in beiden Häusern, durch die Festlegung eines relativ genauen Zeitplanes für die Etatberatungen, durch die Schaffung des über 200 Mitarbeiter starken „Congressional Budget Office" und durch die Bündelung der verschiedenen Haushaltsgesetze dem Kongreß eine stärkere Stellung gegenüber der Exekutive in der Haushaltsgesetzgebung, auch wenn man festhalten muß, daß das Gesetz bei weitem nicht alle in es gesetzten Hoffnungen erfüllt hat. Gleichzeitig erschwerte das Gesetz die von Nixon vor allem in der Sozialpolitik extensiv geübte Praxis des Unterschreitens der Haushaltsansätze des Kongresses („impoundment"): Der Präsident kann die Haushaltsansätze des Kongresses seither nur noch mit dessen Duldung kürzen. Daß die Haushaltsgesetzgebung trotz der Reformen noch erhebliche Probleme aufweist, zeigen am deutlichsten die langandauernden Auseinandersetzungen über die Sanierung der von Reagan verursachten und hinterlassenen Haushaltsdefizite inkl. des am Beginn der 90er Jahre gescheiterten Versuches, über eine Verfassungsänderung einen ausgeglichenen Haushalt sicherzustellen, die vom Supreme Court verworfene Einführung eines „line-item vetoes" (s. VIII, 2) sowie die teilweise mit erheblicher Schärfe geführten Gefechte um den jeweiligen Haushalt.[61]

Außerdem müssen in diesem Zusammenhang auch noch der 1976 verabschiedete „National Emergencies Act" sowie verschiedene Veränderungen im Bereich der Außenpolitik wenigstens erwähnt werden. Der „National Emergency Act" widerrief eine Anzahl von Notstandsrechten, die dem Präsidenten im Laufe der Zeit gewährt worden waren, spätestens für das Jahr 1978. Auch im außenpolitischen Bereich – Präsident Carter bekam den gestiegenen Machtanspruch des Kongresses in diesem Bereich z.B. bei den Panama-Verträgen oder bei SALT II zu spüren – wurden neben dem „War Powers Act" einige weitere wichtige Verbesserungen der Position des Kongresses durchgesetzt. So schränkte der Kongreß z.B. die Einsatzmöglichkeiten des CIA durch den Präsidenten ein bzw. er verpflichtete den Präsidenten zu besseren Informationen über die Auslandsaktivitäten des CIA. Auch das Mittel, mit dem die Präsidenten die außenpolitische Entmachtung des Kongresses am offensichtlichsten und intensivsten zu betreiben versuchten – die sog. „executive agreements" (Regierungsvereinbarungen) nämlich –, geriet in die Schußlinie des Kongresses: Die Präsidenten ersetzten die von der Zustimmung einer Zweidrittelmehrheit des Senates abhängigen völkerrechtlichen Verträge zunehmend durch sogenannte „executive agreements": In letzter Zeit kamen ca. zehn Regierungsabkommen auf einen Vertrag, zu dem die Zustimmung des Senates notwendig war.[62] „Regierungsabkommen, nicht Verträge stellen die entscheidende Stütze der amerikanischen Außenpolitik dar."[63] Mit diesen „executive agreements" wird der Kongreß zwar nicht umgangen, denn die meisten dieser Abkommen sind erst gültig, wenn der Kongreß keinen Einspruch erhebt. Aber die Notwendigkeit einer Zweidrittelmehrheit im Senat entfällt bei diesen Abkommen, in der Mehrheit der Fälle ist eine einfache Mehrheit in beiden Häusern ausreichend.[64]

Im Jahre 1983 brachte eine Entscheidung des Supreme Court für geraume Zeit Probleme in die Beziehungen zwischen Präsident und Kongreß. Das höchste amerikanische Gericht erklärte das sog. „legislative veto" als mit der Verfassung der Vereinigten Staaten nicht vereinbar. Mit diesem Mittel hatte der Kongreß in den 70er und frühen 80er Jahren zunehmend exekutive Entscheidungen an seine eigene direkte oder indirekte Mitwirkung binnen eines bestimmten Zeitraumes gebunden. Entscheidende Veränderungen hat allerdings das Verbot des „legislative veto" durch den Supreme Court in den Beziehungen zwischen Legislative und Exekutive nicht gebracht, da die Präsidenten sich nicht auf das Urteil des obersten Gerichtshofes berufen, sondern im wesentlichen entsprechende Auflagen des Kongresses und damit den status quo ante auch weiterhin respektieren.[65]

Betrachtet man die Amtsführung der Nixon-Nachfolger G. Ford und J. Carter, so könnte man zu dem wohl etwas vorschnellen Schluß kommen, dem Kongreß sei es mit seinen Reformen gelungen, die „imperial presidency" – so der von Arthur M. Schlesinger in Umlauf gebrachte Ausdruck für eine allzu machtvolle und selbstherrliche Amtsführung eines Präsidenten – in ihre Schranken zu verweisen und die Voraussetzung für eine Übermacht des Kongresses gegenüber künftigen Präsidenten zu schaffen. Ein solches Urteil hieße allerdings, die Wirkungen der erwähnten Reformen überschätzen. Es gab schwache Präsidenten vor und nach diesen Reformen – vor allem in den Jahren 1995 und 1996 bot Präsident Clinton hierfür einen beredten Beleg –, aber die Reformen verhinderten auch nicht starke Präsidenten, wie dies Ronald Reagan vor allem in den ersten Jahren seiner Amtszeit demonstrierte. Die Machtbeziehungen zwischen Kongreß und Präsident sind nicht allein mit Reformen innerhalb eines Zweiges des Regierungssystems zu erklären, sie sind abhängig von einer Vielzahl von Faktoren:

Von den Mehrheiten im Kongreß, von der Persönlichkeit und Überzeugungskraft des Präsidenten, von seiner Fähigkeit, via Öffentlichkeit Druck auszuüben („going public"), von den Haltungen und Erwartungen der Wählerschaft, von der internationalen Lage, von innen- und außenpolitischen Krisensituationen, von der jeweiligen Interpretation der Verfassung, von den Einflußmöglichkeiten der Interessenverbände, von der Kohäsion der Parteien usw.[66] „Es ist nicht eine Frage der Macht, es ist eine Frage des Willens"[67] – hinter diese These des langjährigen Vorsitzenden des Rechtsausschusses des Repräsentantenhauses, Peter W. Rodino, wird man deshalb in diesem Zusammenhang ein Fragezeichen zu setzen haben. Der Wille des Kongresses, die Macht des Präsidenten einzuschränken, war und ist sicherlich vorhanden und er ist von beträchtlichem Gewicht, auch wenn man das Diktum von George Bush sen. aus dem Jahre 1990, mit Sadam Hussein sei leichter zu verhandeln als mit dem Kongreß, als gelinde Übertreibung bezeichnen darf. Dies gilt ebenso für die Thesen, daß in den 90er Jahren ein „imperial Congress" dem Präsidenten seinen Willen aufgezwungen habe oder daß in den Vereinigten Staaten inzwischen eine „congressional leadership" bestehe.[68]

Der Wille zur Machtbegrenzung dürfte sich im innenpolitischen Raum wirksamer erweisen als im außenpolitischen. Die weit vor den Reformbestrebungen der 70er Jahre entwickelte These Wildavskys von den „two presidencies" – „Die Vereinigten Staaten haben einen Präsidenten, aber zwei Präsidentschaften; eine im innen- und eine im außen- und verteidigungspolitischen Bereich. Seit dem Zweiten Weltkrieg hatten die Präsidenten wesentlich größeren Erfolg in der Kontrolle der Außen- und Verteidigungspolitik als in der Durchsetzung der Innenpolitik"[69] – ist zwar nicht unumstritten, sie wurde aber in ihrem Kern z.B. durch Ex-Präsident J. Carter vor einiger Zeit in einem Interview bestätigt. Auf die Frage, ob das Ausmaß der Macht des Präsidenten größer oder geringer gewesen sei, als er erwartet habe, antwortete Carter: „Ich war etwas überrascht über die Grenzen der Autorität und Macht des Präsidenten in innenpolitischen Angelegenheiten. ... Ich war jedoch angenehm überrascht über die Autorität des Präsidenten in außen- und verteidigungspolitischen Fragen. In meiner vierjährigen Amtszeit wurde keiner meiner Vorschläge in diesen beiden Bereichen vom Kongreß abgelehnt".[70] Allerdings wird der Position Wildavskys inzwischen nicht selten vorgehalten, sie umschreibe die heutige Machtverteilung zwischen Präsident und Kongreß nicht mehr adäquat. Geht man von der Hochzeit der „imperial presidency" während des Vietnamkrieges aus, so ist sicherlich richtig, daß der Kongreß seine weitgehend passive Rolle im außenpolitischen Bereich verlassen hat und zum potentiellen Rivalen und Herausforderer des Präsidenten geworden ist; aber der außenpolitische Handlungsspielraum des Präsidenten ist auch heute weniger eingeschränkt als sein innenpolitischer.[71]

Wer das relativ stromlinienförmige Funktionieren des Zusammenwirkens von Mehrheitsfraktion(en) und Regierung in der Mehrzahl der parlamentarischen Regierungssysteme Europas zum alleingültigen Maßstab erhebt, wird George Bernard Shaws 1932 in der Metropolitan Opera geäußerten bissigen Bemerkung nur zustimmen können: „Wer die amerikanische Verfassung untersucht, findet, daß es sich in Wahrheit nicht um eine Verfassung handelt, sondern um eine Charta der Anarchie. Sie ist keine Regierungsordnung, sondern eine Garantie dafür, daß das amerikanische Volk niemals regiert werden kann. Und das ist genau das, was die Amerikaner wollen".[72] Einschränkungen erscheinen jedoch notwendig: Einerseits haben die Amerikaner mit den Wahlergebnissen der Jahre 1992 und 2002 – partiell auch des Jahres 2000 – gezeigt, daß sie ihre lange gehegte Abneigung gegen institutionenübergreifende Mehrheiten[73] überwinden können, wenn sie vermuten, daß die gegenseitige Blockade von Kongreß und Weißem Haus notwendige politische Entscheidungen erschwert bzw. verhindert, wobei man allerdings die Unterschiede zwischen einem „unified government" und einem „divided government" nicht überschätzen sollte.[74] Andererseits ist die Furcht vieler Amerikaner vor einer übermächtigen, alles dominierenden Institution, deren Verhinderung bereits die Verfassungsväter zu einem ihrer obersten Ziele erklärt hatten, alles andere als unverständlich. Außerdem reicht Effizienz als einziges Bewertungskriterium für das Regierungssystem einer Weltmacht wohl nicht aus: Wer – wenn nicht ein relativ mächtiger Kongreß und ein ebenfalls einflußreicher Supreme Court – soll einen machthungrigen, imperialen amerikanischen Präsidenten in Schranken halten? Daß beide Institutionen dazu in der Lage sind und diese Aufgabe auch wahrnehmen, ist in jüngster Zeit, besonders nach den „mid-term-elections" 2006 und der damit verbundenen Vorherrschaft der Demokraten auf dem Capitol Hill, in Bezug auf den Krieg gegen den Terror und den Krieg im Irak deutlich geworden. So hat der Supreme Court Präsident Bush eine Niederlage bereitet, als er dessen Pläne, die Guantanamo-Gefangenen vor Militärgerichte zu stellen, als einen Verstoß sowohl gegen US-amerikanische Militärgesetze als auch gegen die Genfer Konvention zurückwies.[75] Das jüngste Beispiel für seine Fähigkeit zur politischen Kontrolle lieferte der Kongreß, als das Repräsentantenhaus am 23. März 2007 zusammen mit einem Gesetz über die Bereitstellung von Geldern für den Krieg in Afghanistan und im Irak beschloß, daß die amerikanischen Truppen bis August 2008 aus dem Irak abgezogen werden müssen und somit ein bindendes Gesetz zur Beendigung des Krieges erließ.[76]

IX. Das Gerichtswesen der Vereinigten Staaten

1. Die Ausgangslage

Betrachtet man zunächst nur die Formulierungen der amerikanischen Verfassung zum Gerichtswesen, so läßt sich die spätere Bedeutung der Justiz im amerikanischen politischen System nur schwer erklären. Der Art. III hält u. a. lapidar fest, daß die richterliche Gewalt bei einem Obersten Gerichtshof und bei Gerichten liege, die der Kongreß von Fall zu Fall einrichten werde, und er umschreibt die Aufgaben der richterlichen Gewalt, ohne daß die Verfassungsauslegung erwähnt wird.

Aber gegenüber dem britischen Mutterland hatten sich zwei wesentliche Änderungen vollzogen, die für die richterliche Gewalt weitreichende Folgen haben sollten. Der nur partiell schriftlich fixierten englischen Verfassung, die teilweise auf bloßen „conventions" basiert, steht zum einen in den USA die – sieht man von der schwedischen „regeringsform" von 1634 und dem Cromwellschen „Instrument of government" von 1654 ab[1] – erste vollständig ausformulierte Verfassung der westlichen Demokratien gegenüber, die als ein Dokument des „supreme law" verstanden werden muß. Zum zweiten: Für die bis heute in England fortlebende „parliamentary sovereignty", die zumindest in der Theorie den Mehrheitsentscheidungen des Parlaments keine rechtlichen Schranken entgegenstellt, war in den USA kein Platz. Sie wäre einerseits mit dem ausgeklügelten System der „checks and balances" und der Doktrin der „separation of powers" nicht vereinbar gewesen, und sie hätte andererseits dem in dieser Verfassung niedergelegten Prinzip der Volkssouveränität widersprochen.

Besser als in der Verfassung selbst werden die Folgen dieses veränderten Verfassungsverständnisses für das Gerichtswesen im „Federalist" Nr. 78 herausgestellt. Alexander Hamilton bezeichnet hier unter Rückgriff auf Montesquieu, dessen Furcht vor gerichtlichen Auseinandersetzungen zwischen den Ständen er interessanterweise unerwähnt läßt, die Justiz als den schwächsten und am wenigsten gefürchteten Teil des Regierungssystems, um dann auf den in unserem Zusammenhang entscheidenden Punkt zu kommen: „Die vollständige Unabhängigkeit des Gerichtswesens ist bei einer ‚limited constitution' von besonderer Bedeutung. Unter einer ‚limited constitution' verstehe ich eine Verfassung, die bestimmte Ausnahmen in bezug auf die Autorität der Legislative festschreibt – so z. B. das Verbot, Gesetze, die Verurteilungen ohne Gerichtsverfahren ermöglichen, oder rückwirkende Gesetze zu erlassen. Beschränkungen dieser Art können in der Praxis nur durch die Gerichte aufrechterhalten werden, deren Aufgabe es sein muß, alle Gesetze, die dem offensichtlichen Tenor der Verfassung widersprechen, für ungültig zu erklären. Ohne eine solche Regelung würden alle Vorbehalte hinsichtlich bestimmter Rechte und Privilegien bedeutungslos. ... Kein Gesetz der Legislative, das der Verfassung widerspricht, kann ... Gültigkeit für sich beanspruchen. Dieses Prinzip zu verneinen, würde bedeuten, daß der Stellvertreter wichtiger wäre als der Vorgesetzte, daß der Diener über seinem Meister stünde, daß die Repräsentanten des Volkes dem Volk selbst überlegen wären. ... Oder mit anderen Worten: die Verfassung sollte dem Gesetz, der Wille des Volkes dem Willen seiner Beauftragten vorstehen".[2]

Hamilton sollte sich mit dieser Interpretation der amerikanischen Verfassung durchsetzen, wie der unten noch näher zu schildernde Fall „Marbury v. Madison" aus dem Jahre 1803, in dem Chief Justice John Marshall das Prinzip des „judicial review" endgültig etablierte, zeigen wird. Bevor aber der Supreme Court, der die entscheidende Rolle beim „judicial review" spielt, näher gewürdigt werden kann, muß zunächst auf die Quellen des amerikanischen Rechts und den Aufbau des amerikanischen Gerichtswesens kurz eingegangen werden.

2. Die amerikanischen Rechtsquellen

Häufig werden nur das geschriebene und das Richterrecht als Quellen des amerikanischen Rechts unterschieden. Der erste Bereich soll im folgenden allerdings etwas stärker differenziert werden:[3]
– Daß die Verfassung selbst die wichtigste und entscheidende Grundlage der amerikanischen Rechtsprechung ist, bedarf nach dem obigen Zitat Hamiltons keiner weiteren Begründung. Das sog. „constitutional law" umfaßt allerdings nach amerikanischem Verständnis nicht nur die in der Verfassung niedergelegten Normen, sondern auch deren jeweilige Interpretation durch den Supreme Court.
– Unterhalb des „constitutional law" ist das sog. „statutory law" anzusiedeln, das die durch die gesetzgebenden Körperschaften beschlossenen Normen inkl. ihrer Auslegung durch die Gerichte umfaßt.
– Nochmals eine Stufe niedriger steht das sog. „administrative law", das weder dem „constitutional" noch dem „statutory law" entgegenlaufen darf und das als Ausfüllung der Lücken des „statutory law" durch administrative Organe umschrieben werden kann.
– Letztlich ist das aus England importierte „common law" zu nennen. Das „common law" ist durch Gerichte gesetztes Recht, das in Streitfällen bei einem Fehlen gesetzlicher Normen entwickelt wird und das die spätere Rechtsprechung bei gleichgelagerten Fällen präjudiziert. Da das „common law" in seinem Rang hinter das geschriebene Recht zurücktritt, ist es leicht einsichtig, daß dieses Recht durch die vermehrten Aktivitäten der Legislativorgane im modernen Staate allmählich seine frühere Bedeutung verliert. Hierüber darf allerdings nicht vergessen werden, daß entscheidende Grundsätze des amerikanischen Rechts auf das englische „common law" zurückgehen[4], wie z.B. die berühmte „due process of law"-Klausel, die die wichtigsten Verfahrensgrundsätze festschreibt und die – abgesichert im V. und im XIV. Amendment der US-Verfassung – u.a. Ein-

griffe in Leben, Freiheit und Eigentum „without due process of law" verbietet. Eine häufig zitierte Formulierung Fraenkels macht das Gewicht dieser Klausel deutlich: „Soweit es überhaupt angängig ist, grundlegende Begriffe einer Verfassungsrechtsordnung von einer Sprache in eine andere zu übersetzen, dürfte es noch am zutreffendsten sein, ‚due process' mit ‚Rechtsstaat' zu übersetzen".[5]

3. Die Organisation des amerikanischen Gerichtswesens

Da neben die Gerichte des Bundes die Gerichte der Einzelstaaten treten, ist die Organisation des amerikanischen Gerichtswesens vergleichsweise kompliziert, zumal – im Gegensatz zur Bundesrepublik – nur eine partielle Hierarchie zwischen beiden Ebenen besteht.

Die Bundesgerichtsbarkeit ist in Art. III der US-Verfassung begründet und umfaßt vor allem die Rechtsprechung zur Bundesverfassung und zu den Bundesgesetzen; sie läßt sich im wesentlichen in drei Kategorien untergliedern:[6]
– Rechtsangelegenheiten, in die die Vereinigten Staaten als Partei verwickelt sind;
– Streitfälle zwischen privaten Personen, sofern Bundesrecht anwendbar ist;
– Prozesse zwischen Bürgern verschiedener Einzelstaaten.

Die wichtigsten Bundesgerichte – d.h. diejenigen mit den weitestgehenden Zuständigkeiten – sind unterhalb des Supreme Court die „federal district courts" und deren Appellationsinstanzen, die „U.S. courts of appeals". Insgesamt existieren heute 94 dieser „federal district courts" – einer bis vier pro Bundesstaat. Elf der insgesamt dreizehn „U.S. courts of appeals" fassen verschiedene Regionen zusammen – der 11. „court of appeals" z.B. Florida, Alabama und Georgia –, während der 12. Gerichtshof allein für den District of Columbia zuständig und der 13. Court of Appeals im wesentlichen mit Bundesrecht befaßt ist. Die „U.S. courts of appeals" fungieren auch als Revisionsinstanzen für Entscheidungen der „Independent Regulatory Commissions" (s. VIII, 3) und des Steuergerichts.[7] Weiterhin hat der Bund eine eigene Militärgerichtsbarkeit und einen Gerichtsstrang, der sich im wesentlichen mit Fragen des Außenhandels sowie mit Regreßansprüchen gegenüber den Vereinigten Staaten zu befassen hat. Höchste Appellationsinstanz ist in allen Fällen der Supreme Court, der allerdings selbst über die Zulässigkeit von Berufungen entscheidet und hier äußerste Zurückhaltung übt.

Der Supreme Court ist aber nicht nur Appellationsinstanz und – wie später noch auszuführen sein wird – Verfassungsgerichtshof. Er hat in den folgenden beiden Fällen auch erst- und letztinstanzliche Zuständigkeiten: In allen Kontroversen, in die ein Einzelstaat verwickelt ist – mit der im XI. Amendment festgelegten Ausnahme, daß die Klage gegen den Einzelstaat von einem Bürger eines anderen Einzelstaates oder von einem Ausländer ausgeht –, und in allen Streitfällen, an denen Botschafter oder Diplomaten der USA beteiligt sind, ist der Supreme Court gemäß Art. III Sect. 2 direkt zuständig. Schließlich kommt dem Supreme Court noch die Funktion der letzten Instanz bei bestimmten Verfahren zu, die ursprünglich in die Gerichtsbarkeit der Einzelstaaten fallen. Den Gerichten der Einzelstaaten verbleibt – sieht man von den Fällen ab, die sowohl von Bundesgerichten als auch von Gerichten der Einzelstaaten behandelt werden können – immer noch ein vergleichsweise breites Betätigungsfeld, vor allem auf den Gebieten des Straf- und des Privatrechtes. Die Revision vom Obersten Gericht eines Einzelstaates zum Supreme Court ist nur möglich, wenn Bundes- und Landesrecht einander widersprechen bzw. wenn es sich um einen für das gesamte Land wichtigen Rechtsfall handelt – die Entscheidung hierüber liegt wiederum allein beim Supreme Court.

Wie von der US-Verfassung in Art. III Sect. 2 und im VI. Amendment festgelegt, finden annähernd alle Strafverfahren vor einem Geschworenengericht statt. Die Geschworenen sind dabei auf die Beurteilung der verfahrensrelevanten Tatsachen beschränkt, das Strafmaß wird hingegen jeweils vom Richter festgelegt. Der Richter hat darüber hinaus vor allem die Aufgabe, als unparteiischer Vorsitzender eine faire Beweisführung im sog. „adversary process" sicherzustellen. Dieses Verfahren überläßt die Bereitstellung von Beweismitteln sowie die Zeugenvernehmung den jeweiligen Prozeßgegnern.

Alle Bundesrichter werden vom Präsidenten der USA mit Zustimmung des Senates ernannt. Hierbei kommt es nicht selten zu heftigen Kontroversen: Erwähnt sei nur die Drohung Roosevelts, die Anzahl der Richter des Supreme Court zu erhöhen (s. III, 2), wenn das Gericht seine Haltung gegenüber der Politik der Regierung nicht ändere. Auch die politische Haltung der ernannten Richter führt nicht selten zu Auseinandersetzungen: Präsident Carter wurde z.B. von konservativer Seite vorgeworfen, er habe zu viele aktivistische und liberale Richter berufen.[8] Reagan und die beiden Bushs hingegen steuerten bzw. steuern einen deutlich konservativeren Kurs, der seinerseits wiederum ins Kreuzfeuer der Demokraten geriet. Über die Berufung des Nachfolgers des liberalen Thurgood Marshall – des ersten schwarzen Richters des Supreme Court, den Präsident Johnson im Jahre 1967 ernannt hatte – entwickelten sich zwischen Präsident Reagan und dem Senat ernste Konflikte, bei denen mit Robert Bork und Douglas Ginsburg zwei Vorschläge Reagans auf der Strecke blieben, bevor der Senat nach siebenmonatigen Auseinandersetzungen schließlich Anfang Februar 1988 Anthony Kennedy bestätigte. Aber es hieße die Eigenständigkeit der Richter unterschätzen, wenn man annehmen würde, daß die gewählten Richter immer die Erwartungen derjenigen erfüllen, die sie ernannt haben: Präsident Eisenhower z.B. hat später in seinem Votum zugunsten des liberalen Earl Warren als Chief Justice die größte Fehlentscheidung („the biggest damn-fooled mistake"), die er je gemacht habe,[9] gesehen. Die Ernennung des konservativen schwarzen Clarence Thomas zum Richter am Supreme Court zeigte darüber hinaus, daß Richterbestellungen auch aus anderen als politischen Gründen zu einer „Schlammschlacht" in der Öffentlichkeit führen können. Anita Hill, eine farbige Rechtsprofessorin und frühere Mitarbeiterin von Clarence Thomas, warf ihm bei den Hearings im Senat im Oktober 1991 vor, er habe sie früher am Arbeitsplatz sexuell belästigt. Thomas bestritt diese Vorwürfe. Obwohl Aussage gegen Aussage stand, wurde Thomas schließlich vom Plenum des Senates nach dem Prinzip in dubio pro reo mit 52 zu 48 Stimmen bestätigt. Die Frauenorganisationen zeigten sich verbittert über die „Männerwirtschaft" im Senat, die Affäre spielte im Wahlkampf 1992 eine nicht unerhebliche Rolle und erklärt die Rekordbeteiligung weiblicher Kandidaten bei diesen Wahlen zumindest zum Teil.[10] Bei Ruth Bader Ginsberg und Steven C. Breyer, den beiden Mitgliedern des Supreme Court, die von Präsident Clinton dem Senat vorgeschlagen wurden, gab es hingegen bei der Bestätigungsprozedur keine nennenswerten Probleme.

Nach ihrer Berufung auf Lebenszeit erfreuen sich die Bundesrichter einer relativ großen Unabhängigkeit, aber sie unterliegen – wie der Präsident und die Bundesbeamten – dem „impeachment". Dieses Verfahren findet jedoch nur selten Anwendung, insgesamt wurden seit 1798 nur zehn Richter vom Senat ihrer Ämter enthoben.[11]

4. Die Stellung des Supreme Court[12]

Der Supreme Court ist – wie erwähnt – der oberste Gerichtshof der Vereinigten Staaten, und er ist nicht „nur" der wichtigste Interpret der Verfassung wie das Bundesverfassungsgericht, von dem er sich u.a. auch durch die in den USA fehlende abstrakte Normenkontrolle unterscheidet. Die neun Richter dieses Gerichts haben das politische Leben der Vereinigten Staaten nicht unwesentlich beeinflußt, an ihren Urteilen schieden sich nicht selten die Geister, und sie erhielten zu unterschiedlichen Zeiten Lob und Tadel von wechselnden Seiten des gesamten politischen Spektrums.

Die heute wichtigste Funktion des Supreme Court – die Verfassungsinterpretation nämlich – lag zwar in der Logik der US-Verfassung, wie das oben wiedergegebene Zitat Hamiltons deutlich macht, aber sie stand nicht in der Verfassung. Diese führt zwar die Zuständigkeiten der Bundesgerichte relativ ausführlich auf, das Recht der letztgültigen Verfassungsinterpretation jedoch mußte sich der Supreme Court in dem 1803 ergangenen Urteil „Marbury v. Madison" erst erkämpfen.

Der politische Hintergrund dieses Falles muß zumindest angedeutet werden: Der den „Federalists" nahestehende Chief Justice John Marshall und sein Supreme Court hatten zu entscheiden, ob sie den inzwischen auf die Seite Jeffersons übergewechselten James Madison zwingen sollten, eine noch von der vorangegangenen Regierung ausgesprochene Richterernennung rechtskräftig zu vollziehen. Marshall ging dem sich abzeichnenden Konflikt mit der neuen Regierung aus dem Weg, indem er die Grundlage, auf die sich der Kläger berief – den „Judiciary Act" von 1789 – für verfassungswidrig erklärte. Verfassungsrecht stehe über dem vom Kongreß gesetzten Recht; Aufgabe der Gerichte sei es zu klären, was die Verfassung beinhalte und was Recht sei; verstoße einfaches Recht gegen die Verfassung, so müsse es für ungültig erklärt werden. Marshall überließ den Sieg in diesem Fall der Exekutive, stärkte aber langfristig die Position des Supreme Court, indem er die seit längerem andauernde Diskussion um das „judicial review" endgültig zugunsten des Gerichtes entschied.[13] In der Folgezeit setzte der Supreme Court dann auch das Recht durch, Entscheidungen der Obersten Gerichte der Einzelstaaten rückgängig zu machen und einzelstaatliche Gesetze auf ihre Übereinstimmung mit der Bundesverfassung zu überprüfen.

Nachdem Marshall die Position des Supreme Court und der Justiz gefestigt hatte, steuerte der Supreme Court unter seinen Nachfolgern bis ins 20. Jahrhundert einen deutlich restriktiveren Kurs. Er erklärte zwar nicht wenige Gesetze für verfassungswidrig, war aber in erster Linie darauf bedacht, den staatlichen Einfluß auf Gesellschaft und Wirtschaft der Vereinigten Staaten möglichst gering zu halten. Die „separate but equal"-Klausel im Urteil „Plessy v. Ferguson" aus dem Jahre 1896 (s. II, 3) war wohl die herausragendste Manifestation dieser Zurückhaltung und gleichzeitig – neben dem Dred Scott Fall von 1857, in dem der Supreme Court unter Chief Justice Taney ein Gesetz, das

Tabelle 7: Die Vorsitzenden des Supreme Court[14]

	Ernannt durch Präsident	Amtszeit
John Jay	Washington	1789 – 1795
Oliver Ellsworth	Washington	1796 – 1800
John Marshall	Adams	1801 – 1835
Roger B. Taney	Jackson	1836 – 1864
Salmon P. Chase	Lincoln	1864 – 1873
Morrison R. Waite	Grant	1874 – 1888
Melville W. Fuller	Cleveland	1888 – 1910
Edward D. White	Taft	1910 – 1921
William Howard Taft	Harding	1921 – 1930
Charles Evans Hughes	Hoover	1930 – 1941
Harlan Fiske Stone	Roosevelt	1941 – 1946
Fred M. Vinson	Truman	1946 – 1953
Earl Warren	Eisenhower	1953 – 1969
Warren E. Burger	Nixon	1969 – 1986
William H. Rehnquist	Reagan	1986 – 2005
John G. Roberts, Jr.	Bush	2005 –

(John Rutledge, der 1795 kurzfristig diese Position einnahm, vom Senat aber nicht bestätigt wurde, blieb unberücksichtigt.)

die Sklaverei in den Nordstaaten verbot, als verfassungswidrig erklärte und den Schwarzen das Recht auf die amerikanische Staatsbürgerschaft absprach[15] – eines seiner krassesten Fehlurteile.

Die für die Veränderungen der Machtbeziehungen zwischen Präsident und Kongreß relevanten Faktoren des modernen Sozialstaates (s. VIII, 4) veränderten seit der Ära Roosevelt auch die Funktionen der Justiz, die nicht mehr nur über die Rechtmäßigkeit staatlicher Aktivitäten zu entscheiden hatte, sondern auch mit der Frage der Rechtmäßigkeit staatlicher Unterlassungen konfrontiert wurde. Der Supreme Court benötigte zwar einige Zeit, um sich von dem „Roosevelt-Schock" zu erholen, aber seit der Amtsübernahme von Chief Justice Earl Warren wurde er wieder wesentlich aktiver und aggressiver. Der Burger-Court – obwohl insgesamt deutlich konservativer – wich zwischen 1969 und 1986 letztlich weniger von der Warren-Linie ab, als dies anfangs zu erwarten war.[16] Der 1986 ernannte derzeitige Chief Justice

William Rehnquist verfolgt allerdings seit geraumer Zeit mit einer veränderten Richtermehrheit einen deutlich konservativeren Kurs als seine Vorgänger.

Die Entscheidungen des Supreme Court in der Nachkriegszeit haben nicht unwesentlich dazu beigetragen, daß die Diskussion um die Aufgaben der Gerichte – geführt vor allem unter den Stichwörtern des „judicial (self) restraint" und des „judicial activism" – seit geraumer Zeit wieder an Heftigkeit zugenommen hat. Die im wesentlichen konservativen Anhänger der richterlichen Selbstbeschränkung werfen den Gerichten vor, sie versuchten den demokratisch legitimierten Institutionen Kongreß und Präsident Entscheidungen aufzuoktroyieren und sich so – zusätzlich zu ihrer judikativen Funktion – legislative und exekutive Aufgaben anzueignen. Die eher auf liberaler Seite stehenden Anhänger des „judicial activism" berufen sich auf die Verfassung – vor allem auf die Bürgerrechte – und leiten hieraus die Notwendigkeit einer aktiven Rolle der Gerichtsbarkeit bei der Durchsetzung dieser Rechte ab. Abstrakt wird sich diese Kontroverse nicht entscheiden lassen, denn die Antwort hängt nicht allein von der Rolle der Gerichte ab: Oberster Bezugspunkt bleibt im amerikanischen System die Verfassung selbst. Sollten sich Kongreß und Präsident nicht dazu in der Lage sehen, den Bürgern zu ihren verfassungsmäßigen Rechten zu verhelfen, so liegt die aktive Rolle des Supreme Court, wie sie z. B. vom Warren-Court in der Frage der Rassenintegration verfochten wurde, in der Logik des Systems. Sollte hingegen der „judicial activism" zur Durchsetzung irgendwelcher Privatideologien der Richter mißbraucht werden, so droht die Gefahr des „Gerichtsabsolutismus". Daß zwischen beiden Extremen ein weites Diskussionsfeld liegt, beweist allein schon die Auseinandersetzung in den USA.[17]

Zusätzlich zur Möglichkeit einer zurückhaltenden Verfassungsinterpretation hat der Supreme Court – im Gegensatz zum Bundesverfassungsgericht – ein weiteres Mittel, um der Forderung nach einer richterlichen Selbstbeschränkung Rechnung zu tragen: Er kann Fälle, von denen er glaubt, daß sie in die Ermessensfreiheit von Legislative oder Exekutive eingreifen, als sog. politische Fragen („political questions") nicht zur Entschei-

dung zulassen. Der Nachteil dieser an und für sich sinnvollen „political-question"-Doktrin liegt darin, daß der Supreme Court selbst entscheidet, welche Fälle als politische Fragen einzustufen sind, wodurch er – neben wirklichen politischen Fragen – auch für ihn unliebsame Entscheidungen umgehen kann. So hat sich z.B. der Supreme Court bis in die Mitte des 20. Jahrhunderts geweigert, das Problem der Wahlkreisgrößen und -grenzen innerhalb der Einzelstaaten zu behandeln. Für ihn war dies eine politische Angelegenheit, obwohl z.B. in Kalifornien bei den Wahlen zum dortigen Senat der größte Wahlkreis ca. 6 000 000 und der kleinste ca. 14 000 Bürger umfaßte.[18] Der Supreme Court vertrat also allen Ernstes die These, die Tatsache, daß der Stimmbürger des kleinsten Wahlkreises einen ca. 430mal größeren Einfluß hatte als derjenige des größten Wahlkreises, sei verfassungsrechtlich ohne Belang. Daß er erst 1962 diese Rechtsprechung aufgab und dem „one man, one vote, one value"-Prinzip zum Durchbruch verhalf, zeigt die Problematik der „political question"-Doktrin mit einiger Deutlichkeit. Dieser Umschwung in der Rechtsprechung des Supreme Court verweist aber auch auf ein gravierendes Problem, mit dem sich alle Staaten, die sich zur Installierung eines Verfassungsgerichts entschlossen haben, auseinandersetzen müssen: Verfassungsrevisionen müssen nicht unbedingt den in der Verfassung vorgeschriebenen Weg gehen, eine Meinungsänderung im Obersten Gericht kann ähnliche Auswirkungen haben. Nebenbei: Die Minderheitenvoten von Richtern des Supreme Court – beim Bundesverfassungsgericht sind sie erst seit 1970 möglich – haben spätere Umschwünge in der Rechtsprechung des Supreme Court nicht selten angedeutet und vorbereitet.
Das insgesamt positivere Urteil, das z.B. Hartmut Wasser über den Supreme Court im Vergleich mit dem Bundesverfassungsgericht fällt, begründet er vor allem mit dessen angeblich größerer Selbstbeschränkung.[19] Hierüber wird man streiten können, zumal wenn man bedenkt, daß auch richterliche Zurückhaltung keinen Wert an sich darstellt. Das Urteil gegenüber solch mächtigen und einflußreichen Institutionen wie dem Supreme Court oder dem Bundesverfassungsgericht wird immer – bei aller Suche nach objektiven Kriterien – stark von den subjektiven Ansichten

des Urteilenden bestimmt: Die jüngsten, äußerst umstrittenen Entscheidungen des Supreme Court hinsichtlich der Stimmennachzählung in Florida sind hierfür ein beredtes Beispiel. Man wird darüber hinaus auch festhalten können, daß die Problematik der politischen Ausrichtung des obersten Gerichts die deutsche Öffentlichkeit – trotz aller Kritik an einzelnen Urteilen des Bundesverfassungsgerichts – weniger beschäftigt als die amerikanische. Man wird vor allem fragen müssen, ob Hartmut Wasser heute sein Diktum nochmals wiederholen würde: Der Supreme Court ist deutlich konservativer geworden und er wird seine Position, sollte Präsident Bush seine Ziele verwirklichen können[20], noch erheblich weiter nach rechts verlagern. Seine Integrationsfähigkeit wird er dadurch zumindest für eine Übergangszeit wohl einbüßen – eine Gefahr, die für das Bundesverfassungsgericht derzeit nicht zu erkennen ist. Interessanter jedoch ist das Problem, ob der Wegfall dieser Institutionen für beide Systeme positive Effekte haben würde. Diese Frage ist sowohl für die Bundesrepublik als auch für die USA eindeutig negativ zu beantworten, vor allem wenn man berücksichtigt, daß auch Verfassungsgerichte erheblichen, vor allem gesellschaftlichen Restriktionen unterliegen. Seine gravierendsten Fehlentscheidungen – die erwähnten Urteile „Dred Scott v. Sandford" und „Plessy v. Ferguson" – spiegeln jedenfalls eher Probleme der amerikanischen Gesellschaft insgesamt als allein des Supreme Court wider. „Aus einer breiteren politischen Perspektive betrachtet: der Supreme Court bewegt sich hin und her mit der Stimmung im Lande – ungefähr wie das Pendel einer Uhr. Während des größten Teils unserer Geschichte befand sich der Supreme Court in Übereinstimmung mit den entscheidenden politischen Bewegungen. Ausnahmen waren nur Übergangsperioden und kritische Wahlen."[21]

X. Zur politischen Kultur der Vereinigten Staaten

Politische Institutionen und intermediäre Gruppen sind zwar gewichtige Stützen eines jeden politischen Systems, aber sie können nicht im luftleeren Raum betrachtet werden. Ein Vergleich z. B. der Weimarer und der V. französischen Republik zeigt, daß ähnliche Institutionen durchaus unterschiedliche Entwicklungen, die nicht allein mit den divergierenden Wahlsystemen zu erklären sind, nehmen können. Entscheidend für die Stabilität eines politischen Systems ist neben den Institutionen, intermediären Gruppen und – insbesondere in den USA – den politischen Entscheidungsträgern die Akzeptanz des jeweiligen Gesamtsystems bei der Bevölkerung, die wesentlich – aber keinesfalls ausschließlich – von den Auswirkungen der politischen Entscheidungen auf die Bürger abhängig ist.

In ihrer bahnbrechenden Studie „The Civic Culture" verglichen die amerikanischen Politikwissenschaftler Gabriel A. Almond und Sidney Verba vor allem die Haltungen und Orientierungen der Bürger gegenüber ihrem jeweiligen politischen System in der Bundesrepublik Deutschland, in Großbritannien, Italien, Mexiko und in den Vereinigten Staaten am Ende der 50er Jahre. Während bei den Bürgern der Bundesrepublik ein Untertanenbewußtsein diagnostiziert wurde,[1] gaben die Orientierungen der amerikanischen Bürger den Autoren zur damaligen Zeit kaum Anlaß zu Klagen: Der am politischen Prozeß teilnehmende, aktive Bürger sei in den USA vergleichsweise weit verbreitet, er zeige in emotionaler Hinsicht ein hohes Maß an Stolz auf sein politisches System und sei sowohl mit dem Gesamtsystem als auch mit den Leistungen der Regierung zufrieden.[2] Obwohl diese Thesen Almonds und Verbas nicht unwidersprochen blieben,[3] wurde das Bild, das sie vom amerikanischen Bürger zeichneten, im allgemeinen – zumindest für das Ende der 50er Jahre – akzeptiert.[4]

In der Folgezeit war die politische Kultur der Vereinigten Staaten allerdings beträchtlichen Belastungsproben ausgesetzt: Die Rassenunruhen, der Vietnamkrieg, die Watergate- und die Iran-Contra-Affäre erschütterten das Vertrauen der Amerikaner in ihr System, die angespannte wirtschaftliche Lage am Ende der 80er und am Beginn der 90er Jahre oder die Lewinsky-Affäre prolongierten dann das in den 70er Jahren gewachsene Mißtrauen in das System bis in die 90er Jahre. Diese Probleme bewirkten – die Zahlen belegen dies deutlich – ein Vertrauensentzug der amerikanischen Institutionen. Bei einer Harris-Umfrage im Jahre 1966 brachten z.B. noch 42% dem Kongreß großes Vertrauen entgegen, 1979 lag der entsprechende Wert nur noch bei 18%.[5] Während der Amtszeit von Präsident Reagan gingen die Werte wieder leicht nach oben, aber bereits gegen Ende der Reagan-Ära sank das Vertrauen in die Institutionen wieder deutlich ab. Für den Kongreß z.B. ergab eine Gallup-Umfrage im Jahre 1991 eine der niedrigsten je gemessenen Vertrauensraten: Nur 7% der Bürger brachten ihm großes und weitere 11% ziemlich viel Vertrauen entgegen.[6] Die anderen Institutionen lagen in etwa in diesem Trend.

Das Partizipationsverhalten der Amerikaner – seine Bedeutung für die politische Kultur eines Landes wurde in der oben erwähnten Studie von Almond und Verba immer wieder herausgestellt – hat sich seit den 50er Jahren ebenfalls drastisch verändert. Die bereits früher vergleichsweise niedrige Wahlbeteiligung ist seit den 50er Jahren bei den Präsidentschafts- und Kongreßwahlen weiter gesunken (s. VI, 2), dafür ist die Bereitschaft zu direkten Aktionen – z.B. zu Demonstrationen und Protestmärschen sowie zu zivilem Ungehorsam – beträchtlich gewachsen.[7] Auch diese Veränderungen deuten an, daß die Amerikaner nur noch bedingt bereit sind, den Entscheidungen ihrer Politiker zu vertrauen.

Diese größere Distanz der Amerikaner zu ihren politischen Institutionen und ihr seit den 60er Jahren drastisch gefallener Glaube an deren Effizienz hat viele amerikanische Politikwissenschaftler darüber nachdenken lassen, ob die These vom stabilen und ungefährdeten politischen System ihres Landes nicht überprüfungsbedürftig ist.

Gerät das amerikanische politische System für den Fall, daß sich die wirtschaftliche Situation nachhaltig verschlechtert, daß die gesellschaftlichen Polarisierungen sich wieder verschärfen oder daß sich ein dem Vietnamkrieg vergleichbarer Fall wiederholen sollte, in Gefahr? Nicht wenige Autoren gaben sich damals skeptisch. Alan Abramowitz z.B. zeigte in seinem wichtigen Artikel aus dem Jahre 1980 zur politischen Kultur der Vereinigten Staaten Zurückhaltung: „Wenn das politische System in nächster Zeit von größeren Schocks verschont bleibt, ist eine Wiederherstellung von Vertrauen und Zuversicht durchaus vorstellbar. Andererseits könnte eine neue Krise – eine längere Wirtschaftskrise oder ein unpopulärer Krieg z.B. – zu einer allmählichen Erosion der Unterstützung des Systems und möglicherweise zu Forderungen nach strukturellen Veränderungen führen. Die Zukunft der amerikanischen politischen Kultur hängt zum großen Teil von der künftigen Fähigkeit der amerikanischen politischen Institutionen ab, mit ökonomischem Stillstand und internationalen Spannungen fertig zu werden."[8] Zu einem annähernd identischen Ergebnis kamen im Jahre 1983 auch Lipset und Schneider: „Sollten die 80er Jahre durch eine größere Krise gekennzeichnet sein, könnte dies sehr wohl zu einer beträchtlichen Unterstützung für Bewegungen führen, die eine substantielle Änderung des Systems zum Ziel haben. Ernste Rückschläge in der Wirtschaft oder in der Außenpolitik – begleitet von einem Versagen der politischen Führung – würden heute größere Gefahren eines Legitimationsverlustes mit sich bringen als zu irgend einem Zeitpunkt in diesem Jahrhundert."[9] In einem späteren Aufsatz arbeiten die beiden Autoren zwar die Verringerung der Vertrauenslücke während der Amtszeit Reagans heraus, ihre Sorge aber, daß die „Serie von Ereignissen, die die Vertrauenslücken schaffen und erhalten",[10] nicht abzureißen scheine, hat sich zunächst als begründet erwiesen: Der Bankenskandal, die Bestechungsaffären im Kongreß, die ungedeckten Schecks vieler Abgeordneter bei der Hausbank des Kongresses, die Auseinandersetzungen um die Bestellung des Verfassungsrichters Clarence Thomas oder auch die Erfolglosigkeit von Präsident Bush in weiten Bereichen der Innenpolitik haben dem Ansehen der politischen Institutionen in der damaligen Zeit erheblich geschadet. Darüber hinaus führte die ungünstige Einschätzung der wirtschaftlichen Situation der Vereinigten Staaten – im Oktober 1992 bewerteten sie 92% der Amerikaner als schlecht[11] – zu einer massiven Politik- und Institutionenverdrossenheit bei den Amerikanern: Im Juni 1992 z.B. stimmten 23% der Befragten der Vorgabe zu, daß beim amerikanischen politischen System soviel nicht stimme, daß es komplett erneuert werden müsse; und weitere 62% konnten zwar einige positive Merkmale erkennen, forderten aber trotzdem fundamentale Änderungen, und nur ganze 2% der Befragten wollten sich mit kleineren Änderungen begnügen, da das System ziemlich gut funktioniere.[12]

Hier hat sich in den letzten Jahren jedoch eine deutliche Trendwende vollzogen: Die Politik- und Institutionenverdrossenheit ist auf dem Rückweg, die Institutionen und das System insgesamt erhalten wieder bessere Noten vom Souverän.[13] Vor allem die wirtschaftliche Erholung der Vereinigten Staaten unter Bill Clinton hatte erhebliche Auswirkungen auf die Zufriedenheit der Amerikaner mit ihren Institutionen und mit ihrem Land. So erhält der Kongreß z.B. von Seiten der Öffentlichkeit wieder deutlich größere Zustimmung als zum Ende der 80er Jahre: Die Zustimmungen zu der Frage, ob man zufrieden oder unzufrieden sei mit der Aufgabenerfüllung des Kongresses, lagen in den verschiedenen Umfragen im Jahre 1990 bei ca. einem Viertel der Antwortenden und im Jahre 1995 bei ca. einem Drittel, sie sind im letzten Halbjahr 2000 und in den ersten Umfragen des Jahres 2001 auf ca. 50% angestiegen.[14] Dieses gewachsene Vertrauen der Amerikaner gilt nicht nur dem Kongreß, sondern den Institutionen insgesamt: 63% der Amerikaner hatten Anfang des Jahres 2001 Vertrauen in die Handhabung der Innenpolitik durch ihre Institutionen.[15] Auch auf die Frage nach der Zufriedenheit mit der allgemeinen Situation im Lande ergab sich ein – im Vergleich mit den großen Teilen der 80er und der ersten Hälfte der 90er Jahre – hoher Zustimmungswert von 56%, wobei die Zufriedenheit mit der Lebensqualität (89%), mit dem beruflichen Vorankommen bei Bereitschaft zu harter Arbeit (76%), aber auch mit dem Regierungssystem und seiner Arbeit (68%) noch über diesem Schnitt lag.[16] Bei der Bewertung des Kongresses durch die Öffentlichkeit wird man zusätzlich das in den USA meist als Fenno-Paradoxon bezeichnete Phänomen berücksichtigen müssen: Der amerikanische Bürger beurteilt den Kongreß als Institutionen bei de facto allen Umfragen deutlich schlechter als die jeweiligen Abgeordneten, die als Individuen erheblich höhere Zustimmungsraten verbuchen können.[17] Ex-Präsident Clinton hat eine wichtige Ankündigung aus seiner Antrittsrede zumindest im wirtschaftlichen Bereich umgesetzt: „… heute feiern wir das Geheimnis der amerikanischen Erneuerung. Diese Zeremonie findet zwar im Winter statt. Aber mit den hier gesprochenen Worten und unseren Mienen zeigen wir der Welt, daß wir den Frühling herbeizwingen – einen Frühling, wiedergeboren in der ältesten Demokratie, mit der Vision und dem Mut, Amerika neu zu entdecken."[18] Die Stabilität des politischen Systems der Vereinigten Staaten war immuner geworden gegenüber ökonomischen Fehlentwicklungen, die Institutionen hatten wiederum ein Vertrauenspolster aufgebaut, das die Konjunktur für Schriften, die sich mit dem sinkenden Vertrauen in die amerikanischen Institutionen beschäftigten,[19] einbrechen ließ. Die Thesen von Lipset und Schneider dürften sich als richtig erwiesen haben, daß nämlich in den 80er Jahren eher eine „crisis of competence" denn eine „crisis of confidence" das amerikanische System belastet habe[20] und daß die Amerikaner „ihr Vertrauen in die grundlegende Institutionenordnung des Landes behalten" hätten.[21] Der 11. September 2001 hat dann allerdings zu einer Steigerung der Vertrauensbekundungen der Bevölkerung vor allem gegenüber der Administration, aber auch gegenüber dem Kongreß in einem Ausmaß geführt,[22] das zu großer Vorsicht bei Vergleichen mit der vorangegangenen Zeit mahnt. Als Folge des Kampfes gegen den Terror und vor allem als Folge des Irakkriegs wurden diese Zustimmungsquoten allerdings wieder relativiert. In einer Umfrage von 2005 bezüglich des Vertrauens der Bürger in die Institutionen steht steht das Militär zwar immer noch an erster Stelle, gefolgt von religiösen Gruppierungen, aber sowohl das Amt des Präsidenten als auch der Kongreß sowie der Supreme Court haben deutlich an Vertrauen eingebüßt. Die Nachrichtensendungen der Fernsehsender erhalten das schlechteste Ergebnis seit 1993.[23]

Darüber hinaus spricht einiges dafür, daß die emotionale Bindung der Amerikaner gegenüber ihrem System nicht allzu leicht von dem Sog des Vertrauensverlustes der politischen Institutionen und Eliten erfaßt werden kann. Zum einen muß gegenüber den oben zitierten Befürchtungen über die möglichen Auswirkungen anhaltender Wirtschaftskrisen nochmals betont werden, daß die Amerikaner – deutlich mehr als die meisten Europäer – auf Eigeninitiative setzen, weniger nach staatlichen Eingriffen verlangen und damit zur Entlastung und Stabilisierung des Systems beitragen, auch wenn man die negativen Folgen eines solchen fortlebenden Pioniergeistes für die armen und benachteiligten Schichten nicht unerwähnt lassen kann. Und man wird in Rechnung stellen müssen, daß das politische System der USA mit dem Bürgerkrieg und der Großen Wirtschaftskrise in den 30er Jahren bereits weit gravierendere Bedrohungen als die erwähnten Krisen überstanden hat.

Neben die Institutionen treten in Amerika die Werte: Der „american creed" – das politische Glaubensbekenntnis zu Freiheit, Gleichheit, Fortschritt, Individualismus und Demokratie – ist sicherlich eine in ihrer Bedeutung kaum zu überschätzende Stütze des amerikanischen Systems und auch des amerikanischen Patriotismus.[24] Anderseits kann diese Werteorientierung, worauf insbesondere Samuel P. Huntington hingewiesen hat, auch eine Beeinträchtigung der Legitimität der Institutionen nach sich ziehen, da die Werte des „american creed" mit einem bürokratischen, zentralisierten und effektiven Regierungssystem nicht vereinbar seien.[25] Vor allem aber: Die Amerikaner mögen sich über die Interpretation ihrer Grundwerte streiten, über die Grundwerte selbst herrscht im wesentlichen Einigkeit. Besser als viele Umfrageergebnisse belegt dies eine von Samuel Huntington überlieferte Episode aus der Blütezeit der Studentenunruhen gegen Ende der 60er Jahre. Bei einer Feier der Harvard University, bei der man mit Störungen und Krawallen der Studenten gerechnet hatte, legte der Studentenführer Meldon E. Levine den geladenen Gästen die Ziele der protestierenden Studenten dar: Unser Ziel stellt keinen Versuch dar – so Levine –, „Institutionen zu unterminieren oder Werte herauszufordern, die seit Jahrhunderten bestärkt wurden. Wir haben uns nicht verschworen, Amerika zu zerstören. Wir versuchen das genaue Gegenteil: wir bestärken diejenigen Werte, die Sie uns eingeprägt und zu respektieren gelehrt haben. Sie haben uns wiederholt darauf hingewiesen, daß Vertrauen und Mut erstrebenswerte Maßstäbe seien. Sie haben uns überzeugt, daß Gleichheit und Gerechtigkeit unantastbare Begriffe sind. Sie haben uns gelehrt, daß Autorität durch Vernunft geleitet und durch Fairneß gemäßigt werden solle – und wir haben Sie ernstgenommen."[26]

Anmerkungen

(In den Anmerkungen werden bei den Werken, die in der Auswahlbibliographie aufgeführt sind, nur Kurztitel angegeben. Die restlichen Arbeiten werden mit sämtlichen bibliographisch relevanten Angaben zitiert; bei wiederholtem Zitieren solcher Arbeiten wird auf die Anmerkungen verwiesen, in denen die vollständigen Angaben zu finden sind.)

I. Von der Unabhängigkeitserklärung bis zur Verabschiedung der Verfassung

1 Nach Schröder: Amerikanische Revolution, S. 15f. Siehe diese ausgezeichnete Darstellung auch zum folgenden; neuerdings vor allem auch Ellis, Sie schufen Amerika.
2 Sautter: Geschichte der Vereinigten Staaten, S. 46
3 Schröder: Amerikanische Revolution, S. 12
4 a. a. O., S. 26
5 Zit. nach Heinz Rausch: E pluribus unum. Zum Verständnis und Selbstverständnis der Vereinigten Staaten von Amerika. Stuttgart: Klett 1982. S. 18 (= Sozialwissenschaftliche Materialien)
6 Zit. nach a. a. O., S. 20f.
7 Hamilton u.a: Federalist, S. 324
8 Adams: Republikanische Verfassung, S. 298; zu den Bedenken gegenüber den einzelstaatlichen Verfassungen: Heideking: Verfassung S. 30ff.
9 Hier zit. nach: Catharina Oppen-Rundstedt: Die Interpretation der amerikanischen Verfassung im Federalist. Bonn: Bundeszentrale für politische Bildung 1970. S. 167 (= Schriftenreihe der Bundeszentrale für politische Bildung 84)
10 Siehe vor allem McDonald: We the people; zum Federalist jetzt vor allem Herz: Republik, S. 145ff.; eine Zusammenfassung der Kontroversen bei Heideking: Verfassung, S. 1ff.
11 Zum Kampf um die Ratifizierung der amerikanischen Verfassung im Deutschen vor allem Heideking: Verfassung, S. 257 ff.
12 Siehe z. B. FAZ vom 22. 5. 1992, S. 7; Congressional Quarterly Weekly Report vom 16. 5. 1992, S. 1323. Solche Fristen sind allerdings heute nicht mehr möglich: Im allgemeinen geht man davon aus, daß eine Verfassungsänderung binnen sieben Jahren abgeschlossen sein muß.
13 P. Zagorin zit. nach Schröder: Amerikanische Revolution, S. 201

14 Zit. nach Burnham: Democracy in the making, S. 42
15 Patterson u. a.: A more perfect union, S. 53
16 Uthmann: Volk ohne Eigenschaften, S. 18; siehe auch Vorländer: Verfassungsverehrung in den Vereinigten Staaten, S. 69 ff.

II. Land und Leute

1 Ausführlicher z. B. Hellmuth Günther Dahms: Grundzüge der Geschichte der Vereinigten Staaten. Darmstadt: Wissenschaftliche Buchgesellschaft 1997 (4., überarb. Auflage). S. 51 ff.
2 Sautter: Geschichte, S. 193 ff.
3 Dahms: Grundzüge (Anm. 1), S. 73 ff.
4 Angaben für die Eintrittsdaten Sautter: Daten, S. 101 f. (Florida und West Virginia wurden geringfügig korrigiert); für die Einwohnerzahlen 2000: US Census Bureau: Census 2000 resident people of states and D.C. (www.census.gov/statab/www/part6.html (1. 2. 2001)); für die Angaben von 1970: Statistical abstract ... 1989, S. 18, S. 433; für die restlichen Angaben: Statistical abstract ... 2001, S. 263, S. 426
5 Sautter: Geschichte, S. 309
6 Angaben nach: Statistisches Bundesamt (Hrsg.): Statistisches Jahrbuch 2001 für das Ausland. Stuttgart: Metzler Poeschel 2001, S. 251 ff., S. 258 ff., S. 277, S. 286, S. 291, S. 374; die Daten für den Rüstungsexport finden sich in: SIPRI-Yearbook 1998: Armament, disarmament and international security. Oxford u. a.: Oxford U.P. 1998, S. 198 ff.
7 Kleinsteuber: USA, S. 136; die aktuellen Zahlen zum Rohstoffimport der USA finden sich in Statistical abstract ... 2001, S. 557, S. 806
8 Zahlen nach Wilson: American government, S. 60
9 Schweigler: USA, S. 16 A
10 Statistical abstract ... 2000, S. 476
11 US-Bureau of the Census (Hrsg.): The statistical history of the United States from colonial times to the present. Stanford: Farfield 1965. S. 7
12 Richard A. Easterlin: Art. Immigration: economic and social characteristics. In: Thernstrom u. a. (Hrsg.): Harvard Encyclopedia, S. 476. Siehe diesen Artikel auch zum folgenden.
13 a. a. O., S. 480
14 Zahlen nach Burnham: Democracy, S. 10, und Statistical abstract ... 2000, S. 10; zur jüngsten Situation z. B. Christian Geinitz: Im Korridor des Todes. In: FAZ 7. 11. 2002, S. 3; Andreas Oldag, Tristesse im Lande der Träume. In: SZ vom 23./ 24. 11. 2002, S. 10
15 (http://www.migration-info.de/migration_und_bevoelkerung/artikel/ 040309.htm (4. 6. 2007))
16 Easterlin: Immigration (Anm. 12), S. 485
17 Hierzu z. B. Kodalle (Hrsg.): Gott; Wasser, Hartmut: Die Rolle der Ideologie in den Vereinigten Staaten. In: ders. (Hrsg.): USA, S. 51 ff.
18 Easterlin: Immigration (Anm. 12), S. 486

19 Hierzu z. B. Schlesinger: Disuniting of America; Harrison: America (Anm. 15), S. 37 ff.; oder Erich Wiedemann: Angst vor dem neuen Kalkutta. In: Der Spiegel Nr. 16 vom 13. 4. 1992, S. 176 ff., der in bezug auf New York feststellt: „Der Schmelztiegeleffekt funktioniert nicht mehr. Der Traum von der multikulturellen Gesellschaft hat sich durch Balkanisierung erledigt." (S. 182).
20 Für das Nettovermögen aller US-Haushalte (http://www.iht.com/articles/ap/2007/06/07/business/NA-FIN-US-Households-Net-Worth.php (4. 6.2007)), für das Durchschnittseinkommen der Haushalte, getrennt nach Ethnie (http://www.census.gov/compendia/statab/income_expenditures_wealth/ (4. 6. 2007))
21 Zit. nach Prewitt u. a.: Introduction, S. 450
22 Zit. nach Fulda: Recht der USA, S. 53
23 Zit. nach a. a. O., S. 53
24 Förster: Rassenproblem, S. 40; s. a. Franklin/Moss, Sklaverei, S. 694 ff.
25 Ausführlicher hierzu Förster, a. a. O., S. 41 ff.
26 Economist vom 13. 9. 1986, S. 36
27 Förster: Rassenproblem, S. 66
28 MacManus u. a.: Governing a changing America, S. 446
29 Die Zeit vom 19. 6. 1992, S. 32
30 Zit. nach Die Zeit vom 8. 5. 1992, S. 16
31 Economist vom 12. 7. 1986, S. 31
32 Siehe z. B. Hacker: Two nations, S. 177 ff.; McWorther, Losing the race
33 Siehe die Tabelle bei MacManus u. a.: Governing a changing America, S. 433 und bei Hacker: Two nations, S. 168
34 Siehe hierzu zusammenfassend vor allem Twohey, Megan: Desegregation is dead. In: National Journal vom 18. 9. 1999, S. 2614 ff.; s. a. Orfield, Gary (Hrsg.): Hard work for good schools. New York: Century Foundation Press 2000. Die Folgen des jüngsten Urteils des Supreme Court zur Liberalisierung der Schulwahl sind derzeit noch nicht absehbar (siehe z. B. SZ vom 5. 7. 2002, S. 17; SZ vom 7./8. 9. 2002, S. 13)
35 Ausführlicher Kelly u. a.: The American constitution, S. 686 ff.
36 Prewitt u. a.: Introduction, S. 452; siehe hierzu auch Hacker: Two nations, S. 123 ff.; Jencks: Rethinking social policy, S. 24 ff.
37 Zur neuen Rechtsprechung des Supreme Court z. B. Kernell/Jacobson: Logic, S. 118 f.; Patterson: American Democracy, S. 143 ff.
38 Zit. nach Kernell/Jacobson: Logic, S. 118; weitere Zahlen z. B. bei Vorländer, Hans: Politische Kultur. In: Adams u. a.: Länderbericht USA, S. 303 f.
39 Z. B. Gorman, Siobhan: After affirmative action. In: National Journal vom 8. 4. 2000, S. 1120 ff. oder Leggewie: Amerikas Welt, S. 204 ff.
40 Patterson: American democracy, S. 533 f.
41 Windhoff-Héritier: Sozialpolitik, S. 35; Murswieck, Axel: Soziale Sicherung in den USA. In: Wasser, USA, S. 232
42 SZ vom 28. 3. 1989, S. 25

43 (http://www.census.gov/compendia/statab/income_expenditures_wealth/ (4. 6. 2007))
44 Schweigler: USA, S. 57; Hacker: Two nations, S. 111
45 (http://www.census.gov/compendia/statab/income_expenditures_wealth/ (4. 6. 2007)); zur Situation der Hispanics zusammenfassend Maggs, John: The economics of being Hispanic. In: National Journal vom 14. 8. 1999, S. 2359 ff.
46 (http://www.census.gov/compendia/statab/income_expenditures_wealth/ (4. 6. 2007))
47 Die offiziellen Angaben lagen in den 80er Jahren bei ca. 10%, obwohl Schätzungen weit höher gingen. Inzwischen sind die Angaben auf 20,7% angestiegen (United Nations Development programme: Human Development Report 1999 (http://www.gras.at/entw/undp1999.html (7. 3. 2001))
48 Siehe hierzu Ernst Fraenkel: Deutschland und die westlichen Demokratien. Stuttgart u. a.: Kohlhammer 1979 (7. Aufl.). S. 32 ff.; und Hans Maier: Ältere deutsche Staatslehre und westliche politische Tradition. Tübingen: Mohr 1966 (= Recht und Staat 321)
49 Ausführlich hierzu z.B. Murswieck: Sozialpolitik in den USA; siehe jüngst auch Kaufmann, Franz-Xaver: Die Kraft des Nationalcharakters. Warum es in den Vereinigten Staaten keinen Sozialstaat gibt. In: FAZ 29. 1. 2002, S. 8
50 Thomä, Unter Amerikanern, S. 107, kritisch zur Gemeinnützigkeit der amerikanischen Gesellschaft z. B. Leggewie: Amerikas Welt, S. 143 ff.
51 Siehe z. B. Koydl, Wolfgang: Gottes Land sucht Gottes Hilfe. In: SZ vom 28. 2. 2001, S. 11
52 Patterson: American Democracy, S. 533, S. 536; für Mitte der 90er Jahre zitiert Patterson eine Kinderarmutsrate für Amerika von 21,5%, die entsprechenden Zahlen für Deutschland bzw. Schweden liegen bei 6,8% bzw. 2,7%
53 Galbraith, John K.: Herrschaft der Bankrotteure. Der wirtschaftliche Niedergang Amerikas. Hamburg: Hoffmann und Campe 1992, S. 202
54 Zöller: Die neue Mehrheit, S. 403 (in bezug auf Walter Mondale)
55 Krugman: Albtraum (Anm. 20), S. 28

III. Der amerikanische Föderalismus

1 MacManus u. a.: Governing a changing America, S. 91
2 Hamilton u. a.: Federalist, S. 308
3 Fraenkel: Amerikanisches Regierungssystem, S. 120
4 Zusammenfassend hierzu z. B. Aldrich u. a.: American government, 127 f.; oder Levy u. a.: Encyclopedia of the American Constitution, S. 823 f.
5 Kenneth Prewitt/Sidney Verba: An introduction to American government. New York u.a.: Harper and Row 1983, 4. Aufl., S. 68 (Dieses Zitat fehlt in der 6. Auflage.)

6 Siehe zum Begriff der „Verfassungsrevision" Fraenkel: Amerikanisches Regierungssystem, S. 123; zur neueren Rechtsprechung des Supreme Court z. B. Conlan: New federalism, S. 310 ff.
7 Fraenkel: Amerikanisches Regierungssystem, S. 122
8 Hierzu z.B. Prewitt u.a.: Introduction, S. 60 ff. Zu den Folgen dieser veränderten Situation für die Beziehungen zwischen Kommunen und Einzelstaaten z. B. W. John Moore: Crazy-quilt federalism. In: National Journal vom 26. 11. 1988, S. 3001–3005
9 Zahlen nach Fraenkel: Amerikanisches Regierungssystem, S. 116 (für 1929); Burnham: Democracy in the making, S. 74 (für 1950–1975); Statistical abstract ... 1991, S. 282 (für 1980–1990); Statistical abstract ... 2001, S. 262. Die 2000 an die einzelnen Bundesstaaten gezahlten „federal grants" finden sich in Tabelle 1.
Die Summe der Bundeszuschüsse für die Einzelstaaten und Gemeinden für das Jahr 2004 findet sich unter (http://www.census.gov/compendia/statab/income_expenditures_wealth/ (4. 6. 2007))
10 Statistical abstract ... 1991, S. 282
11 Zit. nach Wasser: Die Vereinigten Staaten, S. 239 f.
12 Welz: Präsidentielles Regierungssystem, S. 11–14 (hier auch sehr gute Angaben über die weiterführende Literatur)
13 Ausführlicher hierzu Falke: „New Federalism", S. 407 ff.
14 Ibid., S. 407
15 Welz: Präsidentielles Regierungssystem, S. 11
16 Siehe hierzu z. B. Conlan: New federalism, S. 272; Murswieck: Nationalisierung, S. 596 ff.; Leggewie: America, S. 46 ff.; zum Vorbild dieses amerikanischen Wettbewerbsföderalismus in Deutschland – insbesondere der Regelungen in Wisconsin – siehe z.B. DIE ZEIT Nr. 33 vom 9. 8. 2001, S. 18
17 Hierzu z.B. Conlan: New federalism, S. 257 ff., S. 293 ff.; ders./François Vergniolle de Chantal: The Rehnquist Court and contemporary American federalism. In: Political science quarterly Jg. 116 (2001/02) S. 253 ff.
18 Falke: „New Federalism", S. 399
19 Aldrich u. a.: American government, S. 113
20 Burnham: Democracy in the making, S. 363; Statistical abstract ... 2001, S. 294
Für die Zahl der Beschäftigten auf der Ebene der Einzelstaaten im Jahre 2006 (http://www.census.gov/govs/www/apesst06view.html (5. 6. 2007))
21 Moore: Crazy-quilt federalism (Anm. 8), S. 3001
22 MacManus u. a.: Governing a changing America, S. 91
23 Hierzu z.B. Conlan: New federalism, S. 315; Murswieck: Nationalisierung, S. 601

IV. Die amerikanischen Interessenverbände

1 Ernst Fraenkel: Deutschland und die westlichen Demokratien. Stuttgart u. a.: Kohlhammer 1979 (7. Aufl.). S. 197 ff.; ders.: Reformismus und Pluralismus. Materialien zu einer Autobiographie. (Hrsg. von F. Esche und F. Grube). Hamburg: Hoffmann und Campe 1973, insbes. S. 404 ff.
2 Wichtig vor allem Mancur Olson: Die Logik des kollektiven Handelns. Kollektivgüter und die Theorie der Gruppen. Tübingen: Mohr 1968
3 Hieraus erklären sich auch die Einordnungsschwierigkeiten verschiedener Beiträge in dem Reader: Franz Nuscheler/Winfried Steffani (Hrsg.): Pluralismus. Konzeptionen und Kontroversen. München: Piper 1972
4 Kelso: American democratic theory, S. 12 ff. (sehr gute deutsche Zusammenfassung bei Winfried Steffani: Pluralistische Demokratie. Studien zur Theorie und Praxis. Opladen: Leske und Budrich 1980, S. 25 ff. (= UTB 926)
5 Siehe den Untertitel bei Maurer u. a. (Hrsg.): Encyclopedia
6 Filzmaier/Plasser: Amerikanische Demokratie, S. 219; die Angaben über die Zahlen der amerikanischen Gewerkschaften gehen je nach Zählweise beträchtlich auseinander. Lösche z. B. gibt 900 unabhängige Gewerkschaften an (Gewerkschaften, Verbände und das System der Arbeitsbeziehungen. In: Adams/Lösche: Länderbericht, S. 345)
7 Zur Mitgliederentwicklung siehe Erd, Rainer: Amerikanische Gewerkschaften im politisch-sozialen System der USA. In: Wasser (Hrsg.): USA, S. 251. Die jüngste Mitgliederzahl beträgt 16,258 Mio. (Statistical abstract ... 2001, S. 412)
8 Brinkmann: Public Interest Groups, S. 37; siehe im Deutschen jetzt vor allem Sebaldt, Transformation, S. 246 ff., S. 287 ff.
9 Patterson: American Democracy, S. 269
10 Brinkmann: Public Interest Groups, S. 140
11 Eine gute Kurzübersicht über die Entwicklung der amerikanischen Umweltbewegung in den 80er Jahren bietet Margaret E. Kriz: Shades of Green. In: National Journal vom 28. 7. 1990, S. 1826–1831; zu den jüngsten Zahlen Kernell/Jacobson: The logic, S. 434
12 Aldrich u. a.: American government, S. 353
13 Berry: Lobbying for the people, S. 186 ff.
14 Kernell/Jacobson: The logic, S. 432
15 Hierzu z. B. Berry: Interest group society, S. 186 ff.
16 Patterson u. a.: A more perfect union, S. 311 f.
17 Zusammenfassend Patterson: American democracy, S. 204 ff.
18 Schattschneider: The semisovereign people, S. 34 f.
19 Schlozman: What accent, S. 1028 f.
20 Brinkmann: Interessengruppeneinfluß, S. 272

V. Die amerikanischen Parteien

1 Die Entwicklung der amerikanischen Parteien wird aufgrund der verschiedenen „realignments" (siehe VI, 2) gerne in fünf Parteiensysteme unterteilt, wobei das erste bis 1824 bzw. 1828 und das zweite bis zum Bürgerkrieg reichen; das dritte System schließt an den Bürgerkrieg an und geht 1896 in das vierte System über. Das fünfte Parteiensystem beginnt 1932 mit dem Wahlsieg Roosevelt und dauert bis heute an (siehe z. B. Klumpjan: Amerikanische Parteien, S. 69 ff.; Kernell/Jacobson: The logic, S. 391 ff.). Siehe zu diesem ersten Parteiensystem auch Wasser: Die Vereinigten Staaten, S. 252 ff.
2 Prewitt u. a.: Introduction, S. 225
3 Eine ausgezeichnete Zusammenfassung der damaligen Zustände gibt Fraenkel: Amerikanisches Regierungssystem, S. 46 ff.; siehe auch die klassische Studie von M. Ostrogorski: Democracy and the organization of political parties. New York: Haskell 1970 (Nachdruck der Aufl. von 1902) Bd. II, S. 367 ff.
4 Hierzu im Deutschen vor allem Klumpjan: Amerikanische Parteien, S. 251 ff., S. 335 ff. In der Geschichte der Vereinigten Staaten gab es eine große Anzahl solcher sog. Drittparteien, die zwar – vereinzelt über einen längeren Zeitraum – an nationalen Wahlen teilnahmen, dabei aber – sieht man von Ausnahmen wie z. B. der Populist Party bzw. vom Progressive Movement ab – ohne direkten Einfluß blieben. Sie erfüllen vielmehr die Funktion von „Frühwarnsystemen", die die großen Parteien zum Reagieren veranlassen. In diesem mäßigenden Einfluß auf die großen Parteien sowie in der Integration von Minderheiten liegt die teilweise gewichtige indirekte Funktion solcher Drittparteien, die zudem in den Einzelstaaten mehr Erfolge zu verzeichnen haben als auf der Ebene des Bundes (zu den Drittparteien allgemein insbesondere Eldersveld/Walton: Political parties, 66 ff.; Rosenstone u. a.: Third parties, Bibby/Maisel: Two parties, sowie Klumpjan: a. a. O., S. 337 ff., S. 508 ff.)
5 Zit. nach Burnham: Democracy in the making, S. 267
6 Richard E. Cohen: Gridlock, by the numbers. In: National Journal vom 3. 2. 2001, S. 341
7 Siehe ausführlicher zu dieser Umfrage Kernell/Jacobson: The logic, S. 410
8 Prewitt u. a.: Introduction, S. 233; in dem Standardwerk über die amerikanischen Parteien von Paul A. Beck lautet eine Überschrift „The fifty American party systems" (Party politics, S. 35)
9 Seymour Martin Lipset/Stein Rokkan: Einleitung. In: dies. (Hrsg): Party systems and voter alignments. Cross national perspectives. New York: Free Press 1967, S. 64 A (= International yearbook of political behavior research 7)
10 Ferguson/Rogers: Eine neue Politik ohne neue Wähler, S. 257

11 Ausführlicher hierzu und zum folgenden z. B. Eldersveld/Walton: Political parties in American society, S. 124 ff.; oder Epstein: Political parties, S. 144 ff.; James A. Barnes: Voter turnoff. In: National Journal vom 15. 8. 1992, S. 1895 ff.
12 Eldersveld, Samuel J.: Political parties. A behavioral analysis. Chicago: RandMcNally 1964, S. 9
13 Eldersveld/Walton: Political parties, S. 115
14 Lösche: Zerfall und Wiederaufbau. Die amerikanischen Parteien in den achtziger Jahren. In: Wasser (Hrsg.): Die Ära Reagan, S. 195 f.
15 Epstein: Political parties, S. 88 ff. Siehe auch: Lübcke: Vorwahlen, S. 5 ff.
16 Epstein, Political parties, S. 95
17 Congressional Quarterly Weekly Report vom 11. 6. 1988, S. 1575–1577; und vom 2. 7. 1988, S. 1799–1801
18 Epstein: Political parties, S. 97
19 Zit. nach Patterson u. a.: A more perfect union, S. 261
20 James A. Barnes: Rules of the game. In: National Journal vom 6. 11. 1999, S. 3205
21 Prewitt u. a.: Introduction, S. 259
22 James A. Barnes: Rules of the game. In: National Journal vom 6. 11. 1999, S. 3204 ff.
23 Epstein: Political parties, S. 102 ff.
24 Leon D. Epstein: A comparative study of Canadian parties. In: APSR Jg. 59 (1964), S. 46–59
25 Patterson u. a.: A more perfect union, (3. Aufl.), S. 201
26 Hierzu liegen auch einige deutsche Arbeiten vor: Welz: Amerikanisches Parteiensystem, S. 31 ff.; vorsichtiger Lösche: Parteien und Verbände, S. 439 ff.; ders.: Zerfall und Wiederaufbau, S. 185–205 (Anm. 14); Leidhold: Amerikanisches Parteiensystem, S. 369 ff.; Klumpjan, Amerikanische Parteien, S. 474 ff.
27 Hierzu jüngst im Deutschen Forkel/Schwarzmeier: „Who's doing you?", S. 857 ff.
28 Angelo Panebianco: Political parties. Organization and power. Cambridge u. a.: Cambridge U.P. 1988. S. 262 ff. (= Cambridge studies in modern political economies)
29 a. a. O., S. 274

VI. Die amerikanischen Wahlen

1 Patterson u. a.: A more perfect union, S. 363; Filzmaier/Plasser: Amerikanische Demokratie, S. 248
2 Dies war der Fall bei Rutherford B. Hayes (1876) und bei Benjamin Harrison (1888); vorher war bereits John Quincy Adams (1824) ohne eine Mehrheit im Volk zum Präsidenten – allerdings vom Repräsentantenhaus, weil er auch im Wahlmännerkolleg keine Mehrheit erhalten hatte – gewählt worden.

3 FAZ vom 4. 1. 1989, S. 5

4 In zwei Umfragen Mitte November und Dezember 2000; siehe Gallup Poll: Newport, Frank: Americans support proposal to eliminate electoral college system (http://www.gallup.com/poll/releases/pr010105.asp (8. 3. 2001))

5 Zur Präsidentenwahl 2000 im Deutschen z.B. Jürg Steiner: Elektoren und Amerikas Präsidentenwahlen. In: NZZ vom 14. 11. 2000, S. 5; Dieter Buhl: Alle Macht den Wahlmännern. In: Die Zeit vom 16. 11. 2000, S. 5; Jedidiah Purdy: Die Chance im Debakel. In: ibid., S. 11; Leo Wieland: „Einige von uns sind sogar sehr gute Freunde." In: FAZ vom 13. 12. 2000, S. 2; Kurt Shell: Urteile unter dem Verdacht parteipolitischer Präferenz. In: FAZ vom 15. 12. 2000, S. 8; Florida – Rückblick auf ein Wahlfiasko. In: NZZ vom 14. 3. 2001, S. 6. Zu den bisher nur halbherzigen Reformen: NZZ vom 5. 11. 2002, S. 3

6 Ausführlicher hierzu z.B. Gordon E. Baker: Whatever happened to the reapportionment revolution in the United States. In: Bernard Grofman/ Arend Lijphart (Hrsg.): Electoral laws and their political consequences. New York: Agathon 1986. S. 257–276; oder Kelly u.a.: The American constitution, S. 614 ff.; Congressional Quarterly Weekly Report vom 21. 12. 1991, S. 3690 ff.

7 Cohen, Richard E.: The House on line. In: National Journal vom 8. 1. 2000, S. 1104; siehe auch Jacobson, Louis: Four states, countless scenarios. In: National Journal vom 8. 4. 2000, S. 1174 ff. und ders.: Let the redrawing begin. In: National Journal vom 6. 1. 2001, S. 52 ff.

8 Zur Rechtsprechung zusammenfassend: Beth Donovan: Political dance played out through legal wrangling. In: Congressional Quarterly Weekly Report vom 21. 12. 1991, S. 3690 ff.

9 Siehe z.B. James A. Barnes: Minority mapmaking. In: National Journal vom 7. 4. 1990, S. 837 ff.; ders.: Minority poker. In: National Journal vom 4. 5. 1991, S. 1034 ff.; Congressional Quarterly Weekly Report vom 24. 10. 1992; S. 3355 ff.; Frank R. Parker: Black votes count. Black empowerment in Mississippi since 1945. Chapel Hill: University of North Carolina Press 1990; Hacker: Two nations, S. 210 ff.

10 Charles Mahtesian: Blacks' political hopes boosted by newly redrawn districts. In: Congressional Quarterly Weekly Report vom 25. 4. 1992, S. 1087; zum Urteil des Supreme Court und zu den Veränderungen siehe Kernell/Jacobson: The logic, S. 167 f.; siehe auch Hall: Oxford guide, S. 3 f., S. 42 f., S. 281 f.; oder Byrd, David: Drawing legal lines. In: National Journal vom 8. 4. 2000, S. 1112 f.

11 Ornstein u.a.: Vital statistics, S. 53 f. Belief sich in den 80er Jahren die Zahl der farbigen Repräsentantenhausmitglieder inkl. der Hispanics auf ca. 30, so ist sie in den 90er Jahren auf durchschnittlich über 50 gestiegen.

12 FAZ vom 9. 11. 2000, S. 4; NZZ vom 9. 11. 2000, S. 2; FAZ vom 7. 11. 2002, S. 2

13 Die Zahlen zur Wahlbeteiligung z. B. in Ornstein u. a.: Vital statistics, S. 48
14 Siehe z. B. Rosenstone/Hansen: Mobilization, S. 128 ff.; Miller: New American Voter, S. 39 ff.; Lipset: American exceptionalism, S. 21; Zusammenfassungen der Ergebnisse z. B. bei Eldersveld/Walton: Political parties, S. 283 ff.; Kernell/Jacobson: The logic, S. 355 ff.; Patterson: American democracy, S. 192 ff.; Filzmaier/Plasser: Amerikanische Demokratie, S. 257 ff.; zur politischen Partizipation in Amerika allgemein jetzt vor allem Verba u. a.: Voice and equality.
15 Ausführlicher hierzu Angus Campbell u. a.: The American voter. An abridgement. New York u. a.: Wiley 1964. S. 15 ff.
16 Hierzu vor allem Nie u. a.: The changing American voter.
17 Siehe die Abbildung bei Kernell/Jacobson: The logic, S. 414
18 Angaben nach Patterson u. a.: A more perfect union (3. Aufl.), S. D 3; und Zöller: Neue Mehrheit, S. 400 f.
19 Zöller: Neue Mehrheit, S. 408
20 Zit. nach International Herald Tribune vom 6. 11. 1986, S. 1
21 Siehe z. B. Filzmaier/Plasser: Amerikanische Demokratie, S. 262 f.; Patterson: American Democracy, S. 229; für die Präsidentenwahl 2000 z. B. Leo Wieland: „Männer für Bush, Frauen und alle Minderheiten für Gore." In: FAZ vom 18. 11. 2000, S. 3
22 Zur Entwicklung im Süden zusammenfassend Stanley, Harold W.: The South and the 1996 presidential election: Republican gains among Democratic wins. In: Moreland, Laurence W./Robert W. Steed (Hrsg.): The 1996 presidential elections in the South. Southern party systems in the 1990. Westport u. a.: Praeger 1997, S. 223 ff.
23 Vgl. National Journal vom 7. 11. 1992, S. 2550
24 Congressional Quarterly Weekly Report vom 7. 11. 1992, S. 3550; sehr gute Argumente in diese Richtung aber in der jüngsten Studie von Judis/Teixeira: Emerging Democratic Majority.
25 Vgl. Gartzke, Ulf: Politischer Sonderbericht aus den USA – Amerika nach den Kongresswahlen 2006. Politische Analyse und Zukunftsperspektiven, in: Hanns-Seidel-Stiftung e. V., Berichte aus dem Ausland 22/2006
26 Eine gute deutsche Zusammenfassung der Reformgesetzgebung bei Hartmut Wasser: Wahlkampffinanzierung in den USA. Die Reformgesetzgebung der siebziger Jahre. In: Wehling (Hrsg.): USA, S. 81–98
27 Congressional Quarterly Weekly Report vom 23. 3. 1985, S. 533
28 Kernell/Jacobson: The logic, S. 371 ff.
29 Patterson: American democracy, S. 390, S. 396
30 Im Deutschen hierzu vor allem: Peter Lösche: Unternehmen im Wahlkampf. Eine Untersuchung von Political Action Committees und amerikanischen Kongreßwahlen. In: PVS Jg. 23 (1982) S. 367–395; zu den neueren Entscheidungen Filzmaier/Plasser: Amerikanische Demokratie, S. 226 ff.

31 Wilson: American government, S. 186
32 Patterson: American democracy, S. 282
33 O'Connor/Sabato: American Government, S. 631
34 Zit. nach Berry: Interest groups, S. 218 (2. Aufl. von 1989; das Zitat findet sich in der neuesten Auflage nicht mehr)
35 Zum „soft money" z.B. Beck: Party politics, S. 294 f.; Kernell/Jacobson: The logic, S. 370 f.
36 Stone, Peter H.: Soft money curbs, revisited. In: National Journal vom 9.12.2000, S. 3822
37 Filzmaier/Plasser: Amerikanische Demokratie, S. 305
38 Stone, Peter H.: Going for gold. In: National Journal vom 14.10.2000, S. 3229; andere Schätzungen liegen bei 3 Milliarden Dollar (siehe Eliza Newly Carney: Big bucks, tiny state. In: National Journal vom 2.12.2000, S. 3739; Rasant wachsende Wahlkampfkosten in den USA. In: NZZ vom 25.10.2000, S. 5)
39 Siehe z.B. die Synopse in: Congressional Digest, März 1992, S. 67 ff.; Congressional Quarterly Weekly Report vom 2.2.1991, S. 275–281; vom 11.4.1992, S. 931 f.; National Journal vom 2.5.1992, S. 1072
40 Vgl. URL: http://www.fec.gov/pages/bcra/bcra_update.shtml, 13.6.2007
41 Die beste deutsche Übersicht über dieses neue Gesetz findet sich bei Braml, Josef: From Softball to Hartball? Die Reform der Wahlkampffinanzierung in den USA. – Berlin: Stiftung Wissenschaft und Politik 2002 (= SWP-Aktuell 14)
42 Vgl. URL: http://www.fecwatch.org/law/court/mcconnell.asp, 13.6.2007
43 Zitiert nach Patterson u.a.: A more perfect union, S. 388
44 Vgl. URL: http://www.opensecrets.org/pressreleases/2004/04spending.asp, 13.6.2007

VII. Die amerikanischen Massenmedien

1 Vgl. URL: http://www.auswaertiges-amt.de/diplo/de/Laenderinformationen/UsaVereinigteStaaten/KulturUndBildungspolitik.html, 13.6.2007
2 Basisdaten zur Mediensituation in Deutschland 1999. Beilage zu „Mediaperspektiven" Jg. 1999, S. 45. Für die Zeitschriften existiert derzeit keine Gesamtstatistik. Die obige Angabe folgt der inzwischen eingestellten Zählung des Statistischen Bundesamt (Statistisches Bundesamt (Hrsg.) (in Zusammenarbeit mit dem Wissenschaftszentrum Berlin für Sozialforschung und dem Zentrum für Umfragen, Methoden und Analysen, Mannheim): Datenreport 1997. Zahlen und Fakten über die Bundesrepublik Deutschland. Bonn: Bundeszentrale für politische Bildung 1997 (2. Aufl.) S. 154 (= Schriftenreihe 340)). Die Angaben in „Basisdaten zur Mediensituation in Deutschland" weichen mit 1918 Zeitschriften beträchtlich von der Zahl des Statistischen Bundesamtes ab. Bei den Zeitungen sind nur die Hauptausgaben aufgeführt, es dürften noch ca. 1000 Nebenausgaben hinzukommen (ibid., 154)

3 Vgl. URL: http://www.auswaertiges-amt.de/diplo/de/Laenderinformatio nen/UsaVereinigteStaaten/KulturUndBildungspolitik.html, 13. 6. 2007
4 Ausführlicher z. B. Ruß-Mohl: Ferngelenkte Medienberichterstattung?, S. 24 ff.
5 Kleinsteuber: Massenmedien in den USA. In: Wasser: USA, S. 324
6 Graber: Mass media, S. 42
7 Graber, a. a. O., S. 44; Kleinsteuber: Massenmedien (Anm. 5), S. 310, S. 325
8 Kleinsteuber, a. a. O., S. 326
9 Patterson: American Democracy, S. 304
10 Ausführlicher z. B. Kelly u. a.: American constitution, S. 626; Kothé: Rufmord als Verfassungsauftrag?, S. 12 ff.
11 Zu diesen Fällen z. B. Kelly u. a.: American constitution, S. 675, S. 701; Graber: Mass media, S. 68 ff.; Aldrich u. a.: American government, S. 331 (hier auch das Zitat). Daß die Informationspolitik der amerikanischen Regierung in Kriegs- und Krisenzeiten nicht sonderlich zuverlässig ist, dafür mehren sich seit geraumer Zeit die Beispiele.
12 Ausführlicher zum folgenden vor allem Graber: Mass media, S. 42 ff.
13 Graber, a. a. O., S. 54 f.
14 Eine gute Zusammenfassung bei Burkart, Roland: Massenkommunikationsforschung. Grundlagen und Problemfelder. Umrisse einer interdisziplinären Sozialwissenschaft. Wien u. a.: Böhlau 1998 (3. Aufl.) S. 163 ff. (= Böhlau Studien Bücher); ausführlicher Bonfadelli, Heinz: Medienwirkungsforschung I: Grundlagen und theoretische Perspektiven; II: Anwendungen in Politik, Wirtschaft und Kultur. Konstanz: UVK Medien 1999/2000 (= Uni-Papers 10/11); Jäckel, Michael: Medienwirkungen. Ein Studienbuch zur Einführung. Opladen: Westdeutscher Verlag 1999; zur Beziehung von Politik und Medien siehe zusammenfassend auch Brosius, Hans-Bernd: Arbeit und Erscheinungsbild von Parteien in der Medienlandschaft. In: Hübner, Emil/Heinrich Oberreuter (Hrsg.): Parteien und Wahlen in Deutschland – eine kritische Bilanz. München: Bayerische Landeszentrale für politische Bildungsarbeit (erscheint demnächst)
15 Anschauliches Material für die Zeit des Nationalsozialismus bietet Heinz Boberach (Hrsg.): Meldungen aus dem Reich. Die geheimen Lageberichte des Sicherheitsdienstes der SS 1938–1945. Herrsching: Pawlak 1984. 17 Bde.
16 So auch Bonfadelli, a. a. O. (Anm. 14), S. 32
17 Z. B. Fiorina/Peterson: American democracy, S. 276 f.; Kernell/Jacobson: The logic, S. 461 f.; Stanley/Niemi (Hrsg.): Vital statistics, S. 169
18 Siehe z. B. Gallup Poll Topics: A–Z: Media use and evaluation I–III (http://www.gallup.com/poll/indicators/indmedia.asp; http://www.gallup.com/poll/indicators/indmedia2.asp; http://www.gallup.com/poll/indicators/indmedia3.asp (4. 2. 2001))

19 Zum folgenden William Schneider/I. A. Lewis: Views on the news. In: Public Opinion August/September 1985, S. 6–11, S. 58–59
20 a. a. O., S. 8
21 Ausführlicher z. B. Bonfadelli, a. a. O. (Anm. 14), S. 223 ff.
22 Hierzu z. B. Fiorina/Peterson: American Democracy, S. 279 f.
23 Aus der unübersehbaren amerikanischen Literatur siehe z. B. Kessel: Presidential campaign politics; Miller/Shanks: New American Voter; Patterson: The mass media election; Polsby/Wildavsky: Presidential elections; Pomper/Ledermann: Elections in America; Rosenstone/Hansen: Mobilisation.
24 Eine aktuelle Zusammenfassung der wichtigsten nicht eingehaltenen Wahlkampfversprechen findet sich bei Cannon, Carl: Promises, promises. In: National Journal vom 6. 1. 2001, S. 12 ff.; allgemein zur Rolle der Presse im Präsidentenwahlkampf, insbesondere zu ihrer zunehmend weniger berichtenden und immer stärker interpretierenden Funktion, vor allem Patterson: Out of order.
25 Z. B. Bachem, Christian: Fernsehen in den USA. Neuere Entwicklungen von Fernsehmarkt und Fernsehwerbung. Opladen: Westdeutscher Verlag 1995 (= Studien zur Kommunikationswissenschaft 9); zusammenfassend Kleinsteuber, a. a. O. (Anm. 5), S. 324 ff.
26 Graber: Mass media, S. 37 f.
27 Ausführlicher z. B. Bonfadelli, a. a. O. (Anm. 14), S. 160 ff.
28 Marek Sobolewski: Politische Repräsentation im modernen Staat. In: Heinz Rausch (Hrsg.): Zur Theorie und Geschichte der Repräsentation und der Repräsentativverfassung. Darmstadt: Wissenschaftliche Buchgesellschaft 1968. S. 429 (= Wege der Forschung 184)
29 Vgl. Bussemer, Thymian: Medien als Kriegswaffe – Eine Analyse der amerikanischen Militärpropaganda im Irak-Krieg, in: Aus Politik und Zeitgeschichte, B 49–50, 2003

VIII. Präsident und Kongreß

1 Hierzu z. B. Martin Draht: Die Gewaltenteilung im heutigen deutschen Staatsrecht. In: Heinz Rausch (Hrsg.): Zur heutigen Problematik der Gewaltentrennung. Darmstadt: Wissenschaftliche Buchgesellschaft 1969. S. 21 ff. (= Wege der Forschung 194)
2 Siehe Standing Order Nr. 66, die seit dem Beginn des 18. Jahrhunderts besteht, bzw. Art. 113 GG
3 SZ vom 24. 9. 1987, S. 6
4 Hamilton u. a.: Federalist, S. 327 ff.
5 Neustadt: Presidential power, S. 29
6 Zit. nach Klaus von Beyme: Das präsidentielle Regierungssystem der Vereinigten Staaten in der Lehre der Herrschaftsformen. Karlsruhe: Müller 1967. S. 36

7 Congressional Quarterly Almanac 1982, S. 31 C
8 Ornstein u. a.: Vital statistics ... 1999/2000, S. 194
9 Ornstein u. a.: Vital statistics, S. 172
10 Winfried Steffani: Opposition und Kooperation. Präsident und Kongreß in der Ära Reagan. In: Wasser (Hrsg.): Die Ära Reagan, S. 103; siehe auch Samuel C. Patterson: Parteien und Ausschüsse im Kongreß. In: Thaysen u. a. (Hrsg.): US-Kongreß, S. 236 ff.
11 Ornstein u. a.: Vital statistics, S. 174 ff.; vgl. auch URL: http//clerk.house.gov/evs/2007/index.asp, 14. 6. 2007
12 Davidson/Oleszek: Congress, S. 173, S. 212; Filzmaier/Plasser: Amerikanische Demokratie, S. 65; International Herald Tribune vom 6./7. 1. 2001, S. 3
13 Zu diesen informal groups bzw. informal caucuses im Kongreß siehe vor allem Hammond: Congressional caucuses. Im Deutschen insbesondere Schreyer: Neue Politiker, der den starken Bedeutungsanstieg der parteiinternen Gruppierungen herausarbeitet und ihn als äußerst bedeutungsvoll für das derzeitige größere Gewicht der Fraktionen darstellt. Die Zahlen für diese informal caucuses schwanken je nach Definition und Zählweise: Während Hammond für den 104. Kongreß 161 zählt, von denen allerdings 25 inaktiv waren (S. 21), und Davidson und Oleszek für die späten 90er Jahre auf ca. 180 solcher caucuses kommen (Congress, S. 348), geben Filzmaier/Plasser die Zahl mit „knapp dreistellig" an (Amerikanische Demokratie, S. 54).
14 Smith: Machtkampf, S. 396; siehe zusammenfassend auch Aldrich u. a.: American Government, S. 420
15 Berechnet nach den Zahlen in: Congressional Quarterly Weekly Report vom 7. 1. 1989, S. 7. Für Bush und Clinton: Ornstein u. a.: Vital statistics, S. 151; vgl. auch URL: http://thomas.loc.gov/cgibin/bdquery/L?d109:./list/bd/d109vt.lst:1(Vetoed_Bills)[TOM:/bss/d109query.html] 16. 6. 2007
16 Kernell/Jacobson: The logic, S. 220; Fisher: Constitutional Conflicts, S. 132 ff.
17 Burnham: Democracy in the making, S. 409
18 Zit. nach ibid., S. 412
19 Für einen Vergleich der Amtsführung Gingrichs mit derjenigen seines Nachfolgers siehe Davidson/Oleszek: Congress, S. 169 ff.; zur Machteinbuße der Ausschüsse, a. a. O., S. 221 ff. oder Cohen, Richard E.: Crackup of the committees. In: National Journal vom 31. 7. 1999, S. 2210 ff.
20 Ornstein u. a.: Vital statistics, S. 57 f., S. 146 f., sowie die Angaben im Internet (http://thomas.loc.gov.)
21 Zum folgenden z. B. Warren E. Miller/Donald Stokes: Constituency influence in Congress. In: Angus Campbell u. a.: Elections and the political order. New York: Wiley 1966. S. 351–372; oder Charles S. Bullock III/David W. Brady: Party, constituency and roll-call-voting in the US-Senate. In: Legislative studies quarterly Jg. 8 (1983) S. 29–43

22 Time vom 18. 2. 1980, S. 18
23 Phil Kuntz: Cranston case ends on floor with a murky plea bargain. In: Congressional Quarterly Weekly Report vom 23. 11. 1991, S. 3432–3438
24 Janet Hook: Reforms in Congress: An ongoing effort. In: Congressional Quarterly Weekly Report vom 2. 5. 1992, S. 1214
25 Eine Auflistung der jüngsten Skandale z. B. bei Kernell/Jacobson: The logic, S. 206; siehe zusammenfassend auch Davidson/Oleszek: Congress, S. 410 ff.
26 Loomis: Contemporary Congress, S. 185
27 Zum folgenden vor allem Sundquist: Decline and resurgence, S. 315 ff.
28 Zit. nach a. a. O., S. 335
29 a. a. O., S. 333
30 Zahlen nach Ornstein u. a.: Vital statistics, S. 43 ff.; Hirschfeld, Julie R.: Congress of relative newcomers poses challenge to Bush, leadership. In: CQ weekly vom 20. 1. 2001, S. 178 ff.; für frühere Kongresse siehe Polsby, Nelson W.: Die soziale Zusammensetzung des Kongresses. In: Thaysen u. a. (Hrsg.): US-Kongreß, S. 108 ff.
31 Winfried Steffani: Amerikanischer Kongreß und Deutscher Bundestag – ein Vergleich. In: ders.: Parlamentarische und präsidentielle Demokratie, S. 327 ff.
32 Philip Norton: The British polity. New York u. a.: Longman 1994 (3. Aufl.), S. 276
33 Genaue Angaben bei Peter Schindler (Hrsg.): Datenhandbuch zur Geschichte des Deutschen Bundestages 1949–1999. Gesamtausgabe in 3 Bänden. Baden-Baden: Nomos 1999, Bd. II, S. 1637 ff., Bd. III, S. 4370
34 Hierzu vor allem Fenno: Home style; siehe auch: Johannes: To serve the people; Parker: Homeward bound; und Cain u. a.: The personal vote
35 Ornstein u. a.: Vital statistics 1999/2000, S. 165; Zum Kommunikationsverhalten der Kongreßabgeordneten zusammenfassend Davidson/Oleszek: Congress, S. 155 ff.
36 Zit. nach Wilson: American government, S. 321
37 Burnham: Democracy in the making, S. 334 ff.
38 Z. B. Koenig: The Chief Executive, S. 115 ff.
39 Zit. nach Prewitt u. a.: Introduction, S. 379
40 Den gravierenden Kontrast zwischen den Behörden des Executive Office einerseits und den Departments und der sonstigen Administration andererseits macht die Unterscheidung Schlesingers zwischen „presidential government" für den ersteren und „permanent government" für den letzteren Bereich deutlich (zit. nach Lösche: Amerika, S. 124)
41 David A. Stockman: Der Triumph der Politik. Die Krise der Reagan-Regierung und ihre Auswirkung auf die Weltwirtschaft. Gütersloh: Bertelsmann 1986
42 Burnham: Democracy in the making, S. 346

43 MacManus u. a.: Governing a changing America, S. 358; und Congressional Quarterly Weekly Report vom 13. 8. 1988, S. 2257; siehe zum Amt des Vizepräsidenten auch Cronin/Genovese: Paradoxes, S. 314 ff.
44 Aus Patterson u. a.: A more perfect union, S. C 2 ff. (ergänzt)
45 National Journal vom 28. 1. 1989, S. 244 (Seither kam kein neuer Fall hinzu.)
46 SZ vom 10. 1. 2001, S. 8
47 Zum folgenden Fraenkel: Amerikanisches Regierungssystem S. 206 f.
48 a. a. O., S. 208
49 Wilson: American government (3. Aufl., 1986) S. 376; diese Unterscheidung fehlt allerdings in der neuesten Auflage
50 „In republican government the legislative authority, necessarily, predominates." (J. Madison, Federalist Nr. 51. In: Hamilton u. a.: Federalist papers, S. 350)
51 Zu diesem Gesamtkomplex noch immer lesenswert: Wilhelm Hennis: Aufgaben einer modernen Regierungslehre. In: Theo Stammen (Hrsg.): Strukturwandel der modernen Regierung. Darmstadt: Wissenschaftliche Buchgesellschaft 1967. S. 470 ff. (= Wege der Forschung 119)
52 Norton, British polity (Anm. 32) S. 271
53 Hierzu ausführlicher Emil Hübner: Die Beziehungen zwischen Bundestag und Bundesregierung aus der Sicht der Abgeordneten des V. Deutschen Bundestages. München: Vögel 1980. S. 35 ff. (= Politik und politische Bildung); siehe hierzu neuerdings: Fröhlich, Stefan: Wie mächtig ist der britische Premier? Neuere Forschungsansätze zu einem alten Disput. In: ZParl Jg. 28 (1997) S. 160–173; ders.: Vom „Prime Ministerial Government" zur „British Presidency"? Zur Stellung des britischen Regierungschefs im internationalen Vergleich. In: APuZ B 18/1997, S. 31–38
54 Genaue Angaben bei Schindler, a. a. O. (Anm. 33), Bd. III S. 3260 ff.
55 David Patrick Moynihan zit. nach Smith: Machtkampf, S. 307
56 Ornstein u. a.: Vital statistics, S. 126 ff.
57 a. a. O., S. 126
58 Zit. nach Smith: Machtkampf, S. 47
59 Ausführlicher zum folgenden z. B. Lösche: Politik in den USA, S. 37 ff.; Fisher: Constitutional conflicts, S. 196 ff., S. 256 ff.; jüngst auch Helms, Opposition, S. 127 ff.
60 Hierzu vor allem Fisher: Constitutional conflicts, S. 256 ff.
61 Hierzu vor allem Schick: Federal budget; Drew: Showdown, S. 203 ff.; zusammenfassend Patterson: American democracy, S. 517 ff.; zur verfassungsrechtlichen Problematik insb. Fisher: Constitutional conflicts, S. 196 ff.; im Deutschen vor allem Welz, Wolfgang: Budget und Haushaltsverfahren. In: Jäger/Welz: Regierungssystem, S. 198 ff.
62 Fiorina/Peterson: New American democracy, S. 657
63 Kernell/Jacobson: The logic, S. 221

64 Davidson/Oleszek: Congress, S. 391
65 Zur Kritik an diesem Urteil und zur weiteren Praxis Fisher: Constitutional conflicts, S. 152 ff.
66 Ausführlicher hierzu Jones: Separate but equal branches, insb. S. 105 ff.; Cronin/Genovese: Paradoxes, S. 171 ff., S. 349 ff.
67 Peter W. Rodino Jr.: The legislative veto and the balance of powers. In: The Parliamentarian Jg. 65 (1984) S. 29
68 Zit. nach Campbell: U.S. presidency, S. 234 f.
69 Aaron Wildavsky: The two presidencies. Zit. nach ders.: Perspectives on the presidency. Boston u. a.: Little, Brown 1975. S. 448
70 Zit. nach Aldrich u. a.: American government, S. 483
71 Zur Kritik an dieser These vor allem Shull, Steven A. (Hrsg.): The Two Presidencies. A quarter Century assessment. Chicago: Nelson-Hall 1991; Zusammenfassung der Positionen z. B. bei Patterson: American democracy, S. 414 ff.; Fiorina/Peterson: New American democracy, S. 647 ff.; im Deutschen vor allem Helms: Präsident und Kongreß, S. 854; ders., Politische Opposition, S. 143 und Prätorius: USA, S. 34 ff.
72 Zit. nach Uthmann: Volk ohne Eigenschaften, S. 20
73 Hierzu z. B. Lipset: Continental divide, S. 21
74 Hierzu jetzt vor allem Fiorina: Divided government, insb. S. 158 ff.; zusammenfassend Helms: Präsident und Kongreß, S. 855 ff.
75 Vgl. URL: http://www.nytimes.com/2006/06/29/washington/29cndscotus.html?ex=1309233600&en=a41b770966184274&ei=5088&partner=rssnyt&emc=rss, 17. 6. 2007
76 Vgl. URL: http://www.worldpress.org/Americas/2730.cfm, 17. 6. 2007

IX. Das Gerichtswesen der Vereinigten Staaten

1 Loewenstein, Karl: Verfassungslehre. Tübingen: Mohr 1969 (2. Aufl.) S. 136
2 Hamilton u. a: Federalist, S. 524 f.
3 Für die Zweiteilung siehe Fulda: Amerikanisches Recht, S. 31 ff.; zum Folgenden Prewitt u. a.: Introduction, S. 434 f.; ähnlich: Kincaid, John: Rechtssystem und Gerichtsbarkeit. In: Jäger/Welz (Hrsg.): Regierungssystem, S. 214 f.
4 Ausführlicher hierzu Fraenkel: Amerikanisches Regierungssystem, S. 23 ff.
5 a. a. O., S. 25
6 Fulda: Amerikanisches Recht, S. 23
7 MacManus u. a.: Governing a changing America, S. 403 f.; Kernell/Jacobson: The logic, S. 294 ff.
8 Siehe auch zum folgenden: Congressional Quarterly Weekly Report vom 7. 9. 1985, S. 1759 ff. Zu den Ernennungen und den jeweiligen Reaktionen siehe ausführlicher z. B. O'Brien: Storm center, S. 32 ff.; Baum:

Supreme Court, S. 30 ff.; Plöhn: Parlamentarische Verweigerungsmacht, S. 231 ff.
9 David M. O'Brien: The Supreme Court: from Warren to Burger to Rehnquist. In: PS Jg. 20 (1987), Nr. 1, S. 14
10 Siehe z. B. Congressional Quarterly Weekly Report vom 17. 10. 1992, S. 3265 ff. und vom 7. 11. 1992, S. 3557 ff.; Die Zeit vom 9. 10. 1992, S. 9
11 Filzmaier/Plasser: Amerikanische Demokratie, S. 161
12 Verschiedene wichtige Urteile des Supreme Court wurden an anderer Stelle behandelt. Siehe vor allem Kap. II, 3, Kap. III, 2, Kap. VI, 3 und Kap. VII, 2
13 Kelly u. a.: The American constitution, S. 170 ff.
14 Nach Kernell/Jacobson: The logic, S. 517 ff.
15 Patterson u. a.: A more perfect union (3. Aufl.), S. 425 f.
16 Ausführlich hierzu Kelly u. a.: American constitution, S. 678 ff.
17 Zu dieser Problematik siehe z. B. Baum: Supreme Court, S. 199 ff.; im Deutschen vor allem die Beispiele bei Brugger: Einführung, S. 112 ff.
18 Kelly u. a.: American constitution, S. 615
19 Wasser: Vereinigte Staaten, S. 220 f.
20 Im Deutschen jüngst z. B. Heinrich Wefing: Die Dauerbrenner. In: FAZ vom 11. 11. 2002, S. 35
21 O'Brien: Supreme Court (Anm. 9), S. 13

X. Zur politischen Kultur der Vereinigten Staaten

1 Almond/Verba: The civic culture, S. 429; zur Entwicklung in der Bundesrepublik siehe z. B. David P. Conradt: The German polity. New York u. a.: Longman 2001 (7. Aufl.) S. 73 ff.
2 Zusammenfassend Almond/Verba: The civic culture, S. 440; entsprechende Hinweise bereits bei Tocqueville: Demokratie, S. 270 ff.
3 Siehe z. B. die Beiträge in: Almond/Verba (Hrsg.): The civic culture revisited, S. 1–123; S. 394–410
4 Siehe z. B. Alan Abramowitz: The United States: The political culture under stress. In: Almond/Verba (Hrsg.): The civic culture revisited, insbesondere S. 177 ff.
5 Wilson: American government, S. 86
6 The Gallup public opinion poll 1991, S. 214 f.
7 Zahlen z. B. bei Samuel H. Barnes/Max Kaase u. a.: Political action. Political participation in five western democracies. Beverly Hills u. a.: Sage 1979. S. 545. Zusammenfassend Patterson: American Democracy, S. 198 ff.
8 Abramowitz: The United States (Anm. 4), S. 207
9 Lipset/Schneider: The confidence gap, S. 412
10 Lipset/Schneider: The confidence gap during the Reagan years, S. 23
11 National Journal vom 31. 10. 1992, S. 2513. 41% antworteten mit „nicht so gut", 51% mit „schlecht", nur 8% der Befragten bezeichneten die wirtschaftliche Situation als gut.

12 National Journal vom 11.7.1992, S. 1656

13 Eine gute, aber leider nicht gänzlich aktuelle Aufstellung der für das Institutionenvertrauen relevanten Zahlen findet sich bei Cooper (Hrsg.): Congress, S. 185 ff.

14 Frage: „Do you approve or disapprove of the way Congress is handling his job?" (Gallup Poll Trends – Congress Job Approval (http://www.gallup.com/poll/trends/ptjobapp_cong.asp) (8.3.2001))

15 Gallup Poll releases: Jones, Jeffrey M.: Most Americans satisfied with the U.S. position in the world. (http://www.gallup.com/poll/releases/pr010308.asp (8.3.2001))

16 Gallup Poll releases: Moore, David W.: Americans most satisfied with living conditions in country, opportunities to get ahead (http://www.gallup.com/poll/releases/pr010202.asp (2.2.2001)); Saad, Lydia: It's not „The best of times" but Americans remain content with the state of public affairs (http://www.gallup.com/poll/releases/pr010129.asp (29.1.2001))

17 Hierzu z.B. Mutz, Diana C./Gregory N. Fleming: How good people make bad collectives: A social-psychological perspective on public attitudes toward Congress. In: Cooper (Hrsg.): Congress, S. 79 ff.

18 Zit. nach FAZ vom 22.1.1993, S. 6

19 Siehe jüngst Nye (Hrsg.): Why people; oder Cooper (Hrsg.): Congress

20 James L. Sundquist zit. nach Lipset/Schneider: Confidence gap, S. 400

21 a.a.O., S. 438

22 Zusammengefaßt finden sich die Umfrageergebnisse zu diesen Aspekten z.B. in den verschiedenen Aufsätzen – insbesondere von Brian J. Gaines und Theda Skocpol – in der Sondernummer von PS: Political Science and Politics Jg. 35 (2002), S. 511 ff.; siehe jüngst auch NZZ vom 23.12.2002, S. 4

23 Vgl. URL: http://www.galluppoll.com/content/?ci=16555&pg=1, 16.6.2007

24 Die Sentenz Tocquevilles über die übertriebene Vaterlandsliebe der Amerikaner dürfte nur noch eingeschränkte Gültigkeit beanspruchen können („Es gibt in der Lebensgewohnheit der Amerikaner nichts Lästigeres als diese reizbare Vaterlandsliebe. Der Ausländer wäre gerne bereit, vieles an ihrem Land zu loben; er möchte aber, daß man ihm erlaube, etwas zu tadeln, und das verwehrt man ihm unbedingt." (Demokratie, S. 273)), aber das Bekenntnis der Amerikaner zu ihrem Land erreicht auch heute noch Werte um 90% (Cooper (Hrsg.): Congress, S. 203)

25 Die „gap between American political ideals and institutions" ist auch als „IvI gap" bekannt geworden (Huntington, American politics, S. 39)

26 Siehe Huntington, a.a.O., S. 2. Zum „Verfassungspatriotismus" (Dolf Sternberger) der Amerikaner siehe auch Vorländer: Verfassungsverehrung in den Vereinigten Staaten, S. 69 ff.

Auswahlbibliographie

Abraham, Henry J.: The judicial process. An introductory analysis of the courts in the United States, England and France. New York u.a.: Oxford U.P. 1998 (7. Aufl.)

Abramson, Paul R.: Political attitudes in America. San Francisco: Freeman 1983

Abramson, Paul R. u.a.: Change and continuity in the 1996 and 1998 elections. Washington: Congressional Quarterly Press 1999

Adams, Angela/Willi P. Adams (Hrsg.): Die Amerikanische Revolution und die Verfassung 1763–1789. München: dtv 1987 (= dtv-dokumente 2956)

Adams, Willi Paul: Republikanische Verfassung und bürgerliche Freiheit. Die Verfassungen und politischen Ideen der amerikanischen Revolution. Darmstadt/Neuwied: Luchterhand 1973 (= Politica 37)

Adams, Willi Paul/Peter Lösche (Hrsg.): Länderbericht USA. Geschichte, Politik, Geographie, Wirtschaft, Gesellschaft, Kultur. Bonn: Bundeszentrale für politische Bildung 1999 (3., aktual. u. neu bearb. Aufl.) (= Schriftenreihe 357)

Adams, Willi Paul: Die USA vor 1900. München: Oldenbourg 2000 (= Oldenbourg Grundriss der Geschichte 28)

Adams, Willi Paul: Die USA im 20. Jahrhundert. München: Oldenbourg 2000 (= Oldenbourg Grundriss der Geschichte 29)

Alba, Richard D.: Ethnic identity. The transformation of white America. New Haven u.a.: Yale U.P. 1990

Aldrich, John H. u.a.: American government. People, institutions, and policies. Boston u.a.: Houghton Mifflin 1986

Almond, Gabriel A./Sidney Verba: The civic culture. Political attitudes and democracy in five nations. Princeton: Princeton U.P. 1963

Almond, Gabriel A./Sidney Verba (Hrsg.): The civic culture revisited. Boston u.a.: Little, Brown 1980 (= The Little, Brown series in comparative politics)

Andrews, Bruce: Public constraint and American policy in Vietnam. Beverly Hills u.a.: Sage 1976 (= Sage professional papers 02-042)

Anton, Thomas J.: American federalism and public policy. How the system works. Philadelphia: Temple U.P. 1989

Asher, Herbert: Presidential elections and American politics. Voters, candidates, and campaigns since 1952. Pacific Grove: Brooks-Cole 1992 (5. Aufl.)

Baum, Lawrence: The Supreme Court. Washington: Congressional Quarterly Press 1998 (6. Aufl.)

Baumgartner, Frank R./Beth L. Leech: Basic interests. The importance of groups in politics and in political science. Princeton: Princeton U.P. 1998

Beard, Charles A.: Eine ökonomische Interpretation der amerikanischen Verfassung. Frankfurt: Suhrkamp 1974 (= Theorie) (Amerikanische Originalausgabe 1913)

Beck, Paul Allen: Party politics in America. New York u.a.: Longman 1997 (8. Aufl.)

Bellah, Robert N. u.a.: Gewohnheiten des Herzens. Individualismus und Gemeinsinn in der amerikanischen Gesellschaft. Köln: Bund 1987

Bellah, Robert N. u.a.: The good society. New York: Knopf 1990

Berry, Jeffrey M.: Lobbying for the people. The political behavior of public interest groups. Princeton: Princeton U.P. 1977

Berry, Jeffrey M.: The interest group society. New York u.a.: Longman 1997 (3. Aufl.)

Bibby, John F./L. Sandy Maisel: Two parties or more? The American party system. Boulder u.a.: Westview 1998

Brinkmann, Heinz Ulrich: Public Interest Groups im politischen System der USA. Organisierbarkeit und Einflußtechniken. Opladen: Leske und Budrich 1984 (= Forschungstexte Wirtschafts- und Sozialwissenschaften 12)

Brinkmann, Heinz Ulrich: Interessengruppeneinfluß auf den amerikanischen Kongreß. In: PVS Jg. 25 (1984) S. 255–274

Brugger, Winfried: Einführung in das öffentliche Recht der USA. München: Beck 1993 (= Schriftenreihe der Juristischen Schulung 116)

Burnham, Walter Dean: Democracy in the making. American government and politics. Englewood Cliffs: Prentice Hall 1986 (2. Aufl.)

Burns, James MacGregor: The power to lead. The crisis of the American presidency. New York: Knopf 1984

Burns, James MacGregor u.a.: Government by the people. Upper Saddle River: Prentice Hall 1998 (17. Aufl.)

Butler, David/Bruce Cain: Congressional redistricting. Comparative and theoretical perspectives. New York u.a.: Macmillan 1992 (= New topics in politics)

Cain, Bruce/John Ferejohn/Morris Fiorina: The personal vote. Constituency service and electoral indepedence. Cambridge: Harvard U.P. 1987

Campbell, Colin: The U.S. presidency in crisis. A comparative perspective. New York u.a.: Oxford U.P. 1998

Carp, Robert A./Ronald Stidham: Judicial process in America. Washington: Congressional Quarterly Press 1996 (3. Aufl.)

Cigler, Allan J./Burdette A. Loomis: Interest group politics. Washington: Congressional Quarterly Press 1998 (5. Aufl.)

Congress A to Z. CQ's ready reference encyclopedia. Washington: Congressional Quarterly 1988

Conlan, Timothy: From new federalism to devolution. 25 years of intergovernmental reform. Washington: Brookings 1998

Cooper, Joseph (Hrsg.): Congress and the decline of public trust. Boulder: Westview 1999

Cronin, Thomas E./Michael A. Genovese: The paradoxes of American presidency. New York u.a.: Oxford U.P. 1998

Crotty, William J.: American parties in decline. Boston u.a.: Little, Brown 1984 (2. Aufl.)

Cummings, Milton C./David Wise: Democracy under pressure. An introduction to the American political system. Fort Worth: Harcourt, Brace College 1997 (8. Aufl.)

Davidson, Roger H./Walter J. Oleszek: Congress and its members. Washington: Congressional Quarterly Press 2000 (7. Aufl.)

Diamond, Edwin/Stephen Bates: The spot. The rise of political advertising on television. Cambridge: M.I.T. 1992 (3. Aufl.)

Dietze, Gottfried: Amerikanische Demokratie. Wesen des politischen Liberalismus. München: Olzog 1988

Dippel, Horst: Geschichte der USA. München: Beck 1999 (3. Aufl.) (= Beck'sche Reihe 2051)

Dodd, Lawrence C./Bruce I. Oppenheimer (Hrsg.): Congress reconsidered. Washington: Congressional Quarterly Press 1997 (6. Aufl.)

Drew, Elizabeth: Showdown. The struggle between the Gingrich Congress and the Clinton White House. New York: Touchstone 1997

Dreyer, Michael: Die Bilanz der Ära Clinton in der Innen- und Verfassungspolitik. In: APuZ B 44/2000, S. 6–14

Dunbar, Leslie W. (Hrsg.): Minority report. What's happened to Blacks, Hispanics, American Indians, and other American minorities in the 1980s. New York: Pantheon 1984

Edsall, Thomas Byrne/Mary D. Edsall: Chain reaction. The impact of race, rights and taxes on American politics. New York u.a.: Norton 1991

Eldersveld, Samuel J./Hanes Walton: Political parties in American society. Boston u.a.: Bedford/St. Martin's 2000 (2. Aufl.)

Ellis, Joseph J.: Sie schufen Amerika. Die Gründergeneration von John Adams bis George Washington. München: Beck 2002

Epstein, Lee: The Supreme Court compendium. Data, decisions and developments. Washington: Congressional Quarterly 1996 (2. Aufl.)

Epstein, Leon D.: Political parties in the American mold. Madison: University of Wisconsin Press 1986

Falke, Andreas: Der „New Federalism": Reorganisation der Politikverflechtung oder konservative Strukturveränderungen? In: Amerikastudien Jg. 8 (1984) S. 400–415

Falke, Andreas: Sind 200 Jahre genug? Zur Debatte um eine Reform der amerikanischen Verfassung. In: APuZ B 30-31/1987, S. 16–28

Fenno, Richard F.: Home Style. House members in their districts. Boston u.a.: Little, Brown 1978

Ferguson, Thomas/Joel Rogers: Eine neue Politik ohne neue Wähler: Der Rechtsruck der Demokraten in den USA. In: Leviathan 1986, S. 255–289

Filzmaier, Peter/Fritz Plasser: Die amerikanische Demokratie. Regierungssystem und politischer Wettbewerb in den USA. Wien: Manz 1997

Filzmaier, Peter/Fritz Plasser: Wahlkampf um das Weiße Haus. Presidential elections in den USA. Opladen: Leske und Budrich 2001

Fiorina, Morris: Retrospective voting in American national elections. New Haven: Yale U.P. 1981

Fiorina, Morris: Divided government. Boston u.a.: Allyn and Bacon 1996 (2. Aufl.) (= New topics in politics)

Fisher, Louis: The politics of shared power: Congress and the executive. Washington: Congressional Quarterly Press 1993 (3. Aufl.)

Fisher, Louis: Constitutional conflicts between Congress and the President. Lawrence: Univ. Press of Kansas 1997 (4. Aufl.)

Förster, Winfried: Das Rassenproblem in den USA. München: Beck 1973 (2., erw. und überarb. Aufl.) (= Beck'sche Schwarze Reihe 102)

Forkel, Sandra/Manfred Schwarzmeier: „Who's doing you?" Amerikas Weg zur „Consultant Democracy". In: ZParl Jg. 31 (2000) S. 857–871

Fraenkel, Ernst: Das amerikanische Regierungssystem. Eine politologische Analyse. Opladen: Westdeutscher Verlag 1981 (4. Aufl.)

Franklin, John Hope/Alfred A. Moss Jr.: Von der Sklaverei zur Freiheit. Die Geschichte der Schwarzen in Amerika. Berlin: Ullstein 1999 (= Ullstein-Buch 26550)

Friedrich, Wolfgang-Uwe: Vereinigte Staaten von Amerika. Eine politische Landeskunde. Opladen: Leske und Budrich 2000 (= Beiträge zur Politik und Zeitgeschichte)

Fulda, Carl H.: Einführung in das Recht der USA. Baden-Baden: Nomos 1966

Gallup, George H.: The Gallup polls. Public opinion 1972 ff. Wilmington: Scholarly Research Center 1978 ff.

Graber, Doris A.: Mass media and American politics. Washington: Congressional Quarterly Press 1997 (5. Aufl.)

Green, Mark/Michael Waldmann: Who runs Congress? New York: Dell 1984 (4. Aufl.)

Guggisberg, Hans R.: Geschichte der USA. Stuttgart u.a.: Kohlhammer 1993 (3. Aufl.)

Hacker, Andrew: Two nations. Black and white, separate, hostile, unequal. New York: Ballantine Books 1995 (expanded and updated ed.)

Hall, Kermit L. (Hrsg.): The Oxford guide to United States Supreme Court decisions. New York u.a.: Oxford U.P. 1999

Hamilton, Alexander/James Madison/John Jay: The Federalist. (Hrsg. von Jacob E. Cook). Middletown: Wesleyan U.P. 1989 (3. Aufl.) (Originalausgabe 1788)

Hammond, Susan Webb: Congressional caucuses in national policy making. Baltimore u.a.: Johns Hopkins 1998

Harpe, Maria von: Der Einfluß der Massenmedien auf die amerikanische Politik. In: APuZ B 51/1991. S. 32–38

Hartmann, Jürgen: Der amerikanische Präsident im Bezugsfeld der Kongreßfraktionen. Strukturen, Strategien und Führungsprobleme in den Beziehungen der Präsidenten Kennedy, Johnson und Nixon zu den Mehrheitsfraktionen im Kongreß (1961–1973). Berlin: Duncker und Humblot 1977 (= Beiträge zur Politischen Wissenschaft 26)

Heck, Edward V./Albert C. Ringelstein: The Burger Court and the primacy of political expression. In: Western political quarterly Jg. 40 (1987) S. 413–425

Heideking, Jürgen: Die Verfassung vor dem Richterstuhl. Vorgeschichte und Ratifizierung der amerikanischen Verfassung 1787–1791. Berlin: de Gruyter 1988

Heideking, Jürgen (Hrsg.): Die amerikanischen Präsidenten. 41 historische Portraits von George Washington bis Bill Clinton. München: Beck 1995

Heideking, Jürgen/Vera Nünning: Einführung in die amerikanische Geschichte. München: Beck 1998 (= C. H. Beck Studium)

Helm-Busch, Franziska: Executive agreements im US-amerikanischen Verfassungsrecht. Weite Präsidialkompetenzen in der auswärtigen Gewalt. Köln u. a.: Heymanns 1995

Helms, Ludger: Parteiorganisationen und parlamentarische Parteien in der amerikanischen Präsidialdemokratie. In: ders. (Hrsg.): Parteien und Fraktionen. Ein internationaler Vergleich. Opladen: Leske und Budrich 1999, S. 307–329

Helms, Ludger: Präsident und Kongreß in der legislativen Arena. Wandlungstendenzen amerikanischer Gewaltenteilung am Ende des 20. Jahrhunderts. In: ZParl Jg. 30 (1999) S. 841–864

Helms, Ludger: Politische Opposition. Theorie und Praxis in westlichen Regierungssystemen. – Opladen: Leske und Budrich 2002 (= UTB 2242)

Herz, Dietmar: Die wohlerwogene Republik. Das konstitutionelle Denken des politisch-philosophischen Liberalismus. Paderborn u. a.: Schöningh 1999

Hochschild, Jennifer L.: The new American dilemma. Liberal democracy and school desegregation. New Haven: Yale U. P. 1984

Horst, Patrick: Die Ethikuntersuchungen im 101. Kongreß der USA und ihre Folgen für eine Reform des Wahlkampffinanzierungssystems. In: ZParl Jg. 22 (1991) S. 639–666

Huntington, Samuel P.: American politics: The promise of disharmony. Cambridge u. a.: Belknap Press 1981

Jäger, Wolfgang/Wolfgang Welz (Hrsg.): Regierungssystem der USA. Lehr- und Handbuch. München u. a.: Oldenbourg 1995

Janda, Kenneth/Jeffrey M. Berry/Jerry Goldman: The challenge of democracy. Government in America. Boston u. a.: Houghton Mifflin 1987

Jann, Werner: Kein Parlament wie jedes andere. Die veränderte Rolle des Kongresses im politischen System der USA. In: ZParl Jg. 17 (1986) S. 224–247

Johannes, John R.: To serve the people. Congress and constituency service. Lincoln: University of Nebraska Press 1984

Jones, Charles: Separated but equal branches. Congress and the presidency. Chatham: Chatham House 1995

Judis, John B./Ruy Teixeira: The emerging Democratic majority. New York: Scribner 2002

Kayden, Xandra/Eddie Mahe Jr.: Party goes on. The persistence of the two-party-system in the United States. New York: Basic 1987

Keefe, William J./Morris S. Ogul: The American legislative process: Congress and the States. Upper Saddle River: Prentice-Hall 1997 (9. Aufl.)

Keefe, William J.: Parties, politics and public policy in America. Washington: Congressional Quarterly 1994 (7. Aufl.)

Kelly, Alfred H./Winfred Harbison/Herman Belz: The American constitution. Its origins and development. New York u. a.: Norton 1991 (7. Aufl.) 2 Bde.

Kelso, William A.: American democratic theory: pluralism and its critics. Westport: Greenwood 1978 (= Contributions in political science series 1)

Kenyon, Cecelia M. (Hrsg.): The Antifederalists. Boston: Northeastern U. P. 1985 (Repr.)

Kernell, Samuel/Gary C. Jacobson: The logic of American politics. Washington: Congressional Quarterly 2000

Kessel, John H.: Presidential campaign politics. Coalition strategies and citizen response. Pacific Grove: Brooks-Cole 1992 (4. Aufl.)

Kincaid, John (Hrsg.): American federalism: the third century (= The Annals of the American Academy of Political and Social Science Vol. 509, May 1990)

Kleinsteuber, Hans J.: Die USA. Politik – Wirtschaft – Gesellschaft. Hamburg: Hoffmann und Campe 1984 (vollst. überarb. Neuaufl.)

Klumpjan, Helmut: Die amerikanischen Parteien. Von ihren Anfängen bis zur Gegenwart. Opladen: Leske und Budrich 1998

Kodalle, Klaus-Michael (Hrsg.): Gott und Politik in USA. Über den Einfluß des Religiösen. Eine Bestandsaufnahme. Frankfurt: Athenäum 1988

Konda, Thomas M./Lee Sigelmann: Public evaluations of the American parties, 1952–1984. In: Journal of politics Jg. 49 (1987) S. 814–829

Kothé, Michael: Rufmord als Verfassungsauftrag? Zum Konflikt zwischen Pressefreiheit und Beleidigungsschutz in der Rechtsprechung des US-Supreme Court. Berlin: Vistas 1989 (= Vistascript 4)

Leggewie, Claus: America first? Der Fall einer konservativen Revolution. Frankfurt: Fischer Taschenbuch Verlag 1997 (4.–5. Tausend) (= Fischer Taschenbuch 13496)

Leggewie, Claus: Amerikas Welt. Die USA in unseren Köpfen. Hamburg: Hoffmann und Campe 2000

Leidhold, Wolfgang: Das amerikanische Parteiensystem zwischen Erosion und Erneuerung, Von der „Krise der amerikanischen Parteien" zur Service-Partei. In: ZfP Jg. 37 (1990) S. 361–374

Levy, Leonard W./Kenneth L. Karst/Dennis J. Mahoney (Hrsg.): Encyclopedia of the American Constitution. New York/London: Free Press/Macmillan 1986. 4 Bde. (Supplement-Band 1991)

Light, Paul: The President's agenda. Domestic policy choice from Kennedy to Clinton. Baltimore: Johns Hopkins U.P. 1999 (3. Aufl.)

Lipset, Seymour Martin: The first new nation. New York: Basic Books 1963

Lipset, Seymour Martin/William Schneider: The confidence gap. Business, labor, and government in public mind. Baltimore: Johns Hopkins U.P. 1987 (2. Aufl.)

Lipset, Seymour Martin/William Schneider: The confidence gap during the Reagan years. In: Political science quarterly Jg. 102 (1987) S. 1–23

Lipset, Seymour Martin: Ist Amerika konservativ? In: APuZ B 52/1987. S. 3–11

Lipset, Seymour Martin: Continental divide. The values and institutions of the United States and Canada. New York u. a.: Routledge 1990

Lipset, Seymour Martin: American exceptionalism. A double-edged sword. New York u. a.: Norton 1997

Lösche, Peter: Politik in den USA. Das amerikanische Regierungs- und Gesellschaftssystem und die Präsidentenwahl 1976. Opladen: Leske und Budrich 1977 (= UTB 653)

Lösche, Peter: Parteien und Verbände am Beginn der 80er Jahre. Ende oder Wiedergeburt politischer Organisationen? In: Amerikastudien Jg. 29 (1984) S. 439–452

Lösche, Peter: Amerika in Perspektive. Politik und Gesellschaft der Vereinigten Staaten. Darmstadt: Wissenschaftliche Buchgesellschaft 1989

Loomis, Burdett A.: The contemporary Congress. New York: St. Martin's 1998 (2. Aufl.)

Lübcke, Barbara: Vorwahlen und Kandidatenprofile in den USA. Eine empirische Untersuchung am Beispiel der US-Senatoren. Frankfurt/Main u. a.: Lang 1989 (= Kieler Schriften zur politischen Wissenschaft 4)

McDonald, Forrest: We the people. The economic origins of the constitution. Chicago: University of Chicago Press 1958

McWorther, John: Losing the race. Self-sabotage in Black America. New York: Free Press 2000

MacFarland, Andrew S.: Common Cause. Lobbying in the public interest. Chatham u. a.: Chatham House 1984

MacManus, Susan/Charles S. Bullock/Donald M. Freeman: Governing a changing America. New York u. a.: Wiley 1984

Maisel, L. Sandy (Hrsg.): Political parties and elections in the United States. An encyclopedia. New York u. a.: Garland 1991 (= Garland Reference Library of the Social Science 498)

Marable, Manning: Black American politics. From the Washington marches to Jesse Jackson. New York: Schocken 1989 (2. Aufl.)

Marable, Manning: Black liberation in conservative America. Boston: South End Press 1997

Maurer, Christine/Tora E. Sheets (Hrsg.): Encyclopedia of organizations. Detroit u. a.: Gale 1999 (34. Aufl.) 3 Bde.

Mewes, Horst: Einführung in das politische System der USA. Heidelberg: Müller 1990 (2. Aufl.) (= UTB 1205)

Miller, Warren E./J. Merrill Shanks: The new American voter. Cambridge (Mass.): Harvard U.P. 1996

Moltmann, Günter/Wolfgang Lindig: USA-Ploetz. Geschichte der Vereinigten Staaten zum Nachschlagen. Freiburg u. a.: Ploetz 1998 (4. Aufl.)

Murswieck, Axel: Zwischen Nationalisierung und Dezentralisierung. Zur Entwicklung sozialpolitischer Reformen in den USA. In: Merkel, Wolfgang/Andreas Busch (Hrsg.): Demokratie in Ost und West. Für Klaus von Beyme. Frankfurt/Main: Suhrkamp 1999, S. 592–604 (= Suhrkamp taschenbuch wissenschaft 1425)

Nelson, Michael (Hrsg.): Guide to the Presidency. Washington: Congressional Quarterly Press 1996 (2. Aufl.) 2 Bde.

Neustadt, Richard E.: Presidential power and the modern presidents. The politics of leadership from Roosevelt to Reagan. New York: Free Press 1990 (3. Aufl.)

Nie, Norman H./Sidney Verba/John R. Petrocik: The changing American voter. Cambridge u. a.: Harvard U.P. 1976 (= A twentieth century fund study)

Nye, Joseph u. a. (Hrsg.): Why people don't trust government. Cambridge (Mass.): Harvard U.P. 1997

O'Brien, David M.: Storm center. The Supreme Court in American politics. New York u. a.: Norton 2000 (5. Aufl.)

O'Connor, Karen/Larry Sabato: American government. Continuity and change. Bosten: Allyn and Bacon 1997 (3. Aufl.)

Ornstein, Norman J. u. a.: Vital Statistics on Congress 2001/2002. Washington: AEI 2002

Parker, Glenn: Homeward bound. Explaining changes in Congressional behavior. Pittsburgh: University of Pittsburgh Press 1986

Patterson, Samuel C./Roger H. Davidson/Randall B. Ripley: A more perfect union. Introduction to American government. Pacific Grove: Brooks/Cole 1989 (4. Aufl.)

Patterson, Thomas E.: The mass media election. How Americans choose their president. New York: Praeger 1980 (= Political Parties and Elections)

Patterson, Thomas E.: Out of order. New York: Vintage Books 1994

Patterson, Thomas E.: The American democracy. New York u.a.: Mc-Graw-Hill 1999 (4. Aufl.)

Peele, Gillian u. a. (Hrsg.): Developments in American politics. Basingstoke: Macmillan 1992

Phillips, Kevin: The politics of rich and poor. Wealth and the American electorale in the Reagan aftermath. New York: Random 1990

Plöhn, Jürgen: Parlamentarische Verweigerungsmacht in einem präsidentiellen Regierungssystem. Die Bestätigung der Richter des Supreme Court durch den US-Senat. In: Hartmann, Jürgen/Uwe Thaysen (Hrsg.): Pluralismus und Parlamentarismus in Theorie und Praxis. Winfried Steffani zum 65. Geburtstag. Opladen: Westdeutscher Verlag 1992, S. 231–260

The politics of American dream. In: Public Opinion Jg. 9 (1987) H. 3 (= Sondernummer)

Polsby, Nelson W./Aaron Wildavsky: Presidential elections. Strategies and structures of American politics. Chatham: Chatham House 1996 (9. Aufl.)

Pomper, Gerald M./Susan Ledermann: Elections in America. Control and influence in democratic politics. New York u.a.: Longman 1980 (2. Aufl.)

Powers, Thomas: The war at home. The anti-war-movement 1964–1968. Boston: Hall 1984

Prätorius, Rainer: Die USA. Politischer Prozeß und soziale Probleme. Opladen: Leske und Budrich 1997 (= Grundwissen Politik 21)

Prewitt, Kenneth u.a.: An introduction to American government. New York u.a.: Harper Collins 1991 (6. Aufl.)

Pünder, Hermann: Exekutive Normsetzung in den Vereinigten Staaten von Amerika und der Bundesrepublik Deutschland. Eine rechtsvergleichende Untersuchung des amerikanischen rulemaking und des deutschen Verordnungserlasses mit Blick auf die in beiden Ländern bestehende Notwendigkeit, sachgerechte und demokratisch legitimierte Normen in einem kostengünstigen und rechtsstaatlichen Grundsätzen entsprechenden Normsetzungsverfahren zu erlassen. Berlin: Duncker und Humblot 1995

Pyle, Christopher/Richard Pious: The President, the Congress, and the constitution. Power and legitimacy in American politics. New York u.a.: Free Press 1984

Raeithel, Gert: Geschichte der nordamerikanischen Kultur. Frankfurt: Zweitausendeins 1995. 3 Bde.

Richards, David A.J.: Foundations of American constitutionalism. New York u.a.: Oxford U.P. 1989

Rieselbach, Leroy N.: Congressional reform: The changing modern Congress. Washington: Congressional Quarterly Press 1994

Ripley, Randall B./Grace A. Franklin: Congress, the bureaucracy and public policy. Pacific Grove: Brooks-Cole 1987 (4. Aufl.)

Rosenstone, Steven J./John Mark Hansen: Mobilization, participation and democracy in America. New York u.a.: Macmillan 1993 (= New topics in politics)

Rosenstone, Steven u.a.: Third parties in America. Citizen response to major party failure. Princeton: Princeton U.P. 1996 (2. Aufl.)

Rossiter, Clinton: 1787: the grand convention. New York u.a.: Norton 1987 (Neuauflage)

Ruß-Mohl, Stephan: Ferngelenkte Medienberichterstattung? Gefährdungen der Pressefreiheit in den USA. In: APuZ B 51/1991. S. 23–31

Salisbury, Robert H. u.a.: Who works with whom? Interest group alliances and opposition. In: APSR Jg. 81 (1988) S. 1217–1234

Sautter, Udo: Geschichte der Vereinigten Staaten von Amerika. Stuttgart: Kröner 1998 (6., erw. Aufl.) (= KTA 443)

Sautter, Udo: Lexikon der amerikanischen Geschichte. München: Beck 1997 (= Beck'sche Reihe 1194)

Sautter, Udo: Die Vereinigten Staaten. Daten, Fakten, Dokumente. Tübingen u.a.: Francke 2000 (= UTB für Wissenschaft 2131)

Schandler, Herbert Y.: The unmaking of a president. Lyndon Johnson and Vietnam. Princeton: Princeton U.P. 1977

Schattschneider, E. E.: The semisovereign people. A realist's view of democracy in America. Hinsdale: Dryden 1975 (2. Aufl.)

Schick, Allen: The federal budget. Politics, policy, process. Washington: Brookings 2000 (rev. ed.)

Schild, Georg: Der amerikanische „Wohlfahrtsstaat" von Roosevelt bis Clinton. In: VZG Jg. 46 (1998) S. 579–616

Schissler, Jakob (Hrsg): Neokonservatismus in den USA. Eine Herausforderung. Opladen: Westdeutscher Verlag 1983

Schlesinger, Arthur M.: The imperial presidency. Boston: Houghton Mifflin 1973

Schlesinger, Arthur M.: The disuniting of America. New York u.a.: Norton 1998 (erw. u. rev. Aufl.)

Schlozman, Kay L./Sidney Verba: Injury to insult: unemployment, class and political response. Cambridge: Harvard U.P. 1979

Schlozman, Kay L.: What accent the heavenly chorus? Political equality and the American pressure system. In: Journal of politics Jg. 46 (1984) S. 1007–1032

Schlozman, Kay L./John Tierney: Organized interests and American democracy. New York u.a.: Harper and Row 1986

Schneier, Edward V./Bertram Gross: Congress today. New York: St. Martin's Press 1993

Schröder, Hans-Christoph: Die amerikanische Revolution. Eine Einführung. München: Beck 1982 (= Beck'sche Elementarbücher)

Schreyer, Söhnke: Neue Politiker und Parteiströmungen im US-Kongreß. Zum Wandel der Struktur politischer Entscheidungsprozesse 1959–1994. Frankfurt u.a.: Campus 1997 (= Nordamerikastudien 5)

Schreyer, Söhnke: Die Sozial- und Gesundheitspolitik der Clinton-Administration. In: APuZ B 44/2000, S. 15–22

Schweigler, Gebhard: Die USA seit 1945: Strukturveränderungen und Entwicklungstendenzen. Ebenhausen: Stiftung Wissenschaft und Politik 1986

Sebaldt, Martin: Transformation der Verbändedemokratie. Die Modernisierung des Systems organisierter Interessen in den USA. Wiesbaden: Westdeutscher Verlag 2001

Sebaldt, Martin: Pluralismus zwischen Tradition und Moderne; Transformation und Entwicklung des Verbändesystems der USA seit 1955. In: ZParl Jg. 33 (2002) S. 512–531

Shafritz, Jay M.: The Harper Collins dictionary of American government and politics. New York: Harper 1993

Silbey, Joel H. (Hrsg.): Encyclopedia of the American legislative system. Studies of the principal structures, processes and policies of Congress and the state legislatures since the colonial era. New York u.a.: Scribner u.a. 1994 (3 Bde.)

Silverstein, Mark/Benjamin Ginsberg: The Supreme Court and the new politics of judicial power. In: Political science quarterly Jg. 102 (1987) S. 371–388

Simon, Julian: The economic consequences of immigration. Ann Arbor: Univ. of Michigan Press 1999 (2. Aufl.)

Sindler, Allan P.: Bakke, DeFunis, and minority admissions. The quest for equal opportunity. New York: Longman 1978

Smith, Hedrick: Der Machtkampf in Amerika. Reagans Erbe: Washingtons neue Elite. Reinbek: Rowohlt 1988

Sniderman, Paul M./Michael Gray Hagen: Race and inequality. A study in American values. Chatham: Chatham House 1985 (= Chatham House series on change in American politics)

Stanley, Harold W./Richard G. Niemi: Vital statistics on American politics: 1997–1998. Washington: Congressional Quarterly 1998 (6. Aufl.)

Statistical abstract of the United States. Hrsg. vom US-Department of Commerce. Washington: Government Printing Office (erscheint jährlich)

Stern, Philip M.: Still the best Congress money can buy. Washington: Regnery Gateway 1992

Steffani, Winfried: Parlamentarische und präsidentielle Demokratie. Strukturelle Aspekte westlicher Demokratien. Opladen: Westdeutscher Verlag 1979

Sundquist, James L.: Dynamics of the party system. Washington: Brookings 1983 (2. Aufl.)

Sundquist, James L.: The decline and resurgence of Congress. Washington: Brookings 1981

Tebbel, John/Sarah Miles Watts: The press and presidency: from George Washington to Ronald Reagan. New York u.a.: Oxford U.P. 1985

Thaysen, Uwe/Roger H. Davidson/Robert G. Livingston (Hrsg.): US-Kongreß und Deutscher Bundestag. Bestandsaufnahmen im Vergleich. Opladen: Westdeutscher Verlag 1988

Thernstrom, Stephan u.a. (Hrsg.): Harvard encyclopedia of the American ethnic groups. Cambridge u.a.: Harvard U.P. 1994 (5. Aufl.) (Deutsche

Auswahl bei: Elschenbroich, Donata (Hrsg.): Einwanderung, Integration, ethnische Bindung. Frankfurt: Roter Stern 1985)

Thomä, Dieter: Unter Amerikanern. Eine Lebensart wird besichtigt. München: Beck 2000 (= Beck'sche Reihe 1394)

Thunert, Michael: Wirtschaftsentwicklung und Wirtschaftspolitik in den USA unter der Clinton-Administration. In: APuZ B 44/2000, S. 23–30

de Tocqueville, Alexis: Über die Demokratie in Amerika. München: dtv 1984 (2. Aufl.) (Erstausgabe 1835/40)

Tribe, Laurence H.: American constitutional law. Westbury: Foundation Press 1987 (2. Aufl.) (= University Textbook Series)

Unger, Frank (Hrsg.): Amerikanische Mythen. Zur inneren Verfassung der Vereinigten Staaten. Frankfurt u. a.: Campus 1988

Uthmann, Jörg von: Volk ohne Eigenschaften. Amerika und seine Widersprüche. Stuttgart: DVA 1988

Verba, Sidney/Norman H. Nie: Participation in America. Political democracy and social equality. New York u. a.: Harper and Row 1972

Verba, Sidney/Gary R. Orren: Equality in America. The view from the top. Cambridge: Harvard U.P. 1985

Verba, Sidney/Kay Lehman Schlozman/Henry E. Broda: Voice and equality. Civic voluntarism in American politics. Cambridge (Mass.) u. a.: Harvard U.P. 1995

Vorländer, Hans: Nach dem Neokonservatismus der Neoliberalismus? Neuere politisch-ideologische Strömungen in den USA. In: APuZ B 26/1986. S. 29–45

Vorländer, Hans: Verfassungsverehrung in den Vereinigten Staaten. Zum konstitutionellen Symbolismus in den USA. In: Amerikastudien Jg. 34 (1989) S. 69–82

Walzer, Michael: Zivile Gesellschaft und amerikanische Demokratie. Frankfurt/Main: Fischer 1996 (= Fischer Taschenbuch 13 077)

Wasser, Hartmut: Die Vereinigten Staaten von Amerika. Portrait einer Weltmacht. Stuttgart: DVA 1980 (2. Aufl.)

Wasser, Hartmut (Hrsg.): USA. Wirtschaft Gesellschaft Politik. Opladen: Leske und Budrich 2000 (4., völlig überarb. u. aktual. Aufl.) (= Grundwissen Länderkunden)

Wattenberg, Martin P.: The decline of American parties 1952–1994. Cambridge (Mass.): Harvard U. P. 1996

Wehling, Hans-Georg (Hrsg.): USA. Stuttgart u. a.: Kohlhammer 1980 (= Kohlhammer Taschenbücher 1053)

Welz, Wolfgang: Auswahl und Nominierung der amerikanischen Präsidentschaftskandidaten. In: APuZ B 43/1987, S. 3–13

Welz, Wolfgang: Das amerikanische Parteiensystem im Wandel. In: APuZ B 37–38/1986, S. 31–43

Welz, Wolfgang: Präsidentielles Regierungssystem und bundesstaatliche Ordnung. Zur Reorganisation und Politisierung des föderativen Systems in der Reagan Ära. In: APuZ B 44/1988. S. 3–14

White, Theodore H.: America in search of itself. The making of the presidents 1956–1980. New York u. a.: Harper and Row 1982

Williams, Robert: Conduct unbecoming: the regulation of legislative ethics in Britain and the United States. In: Parl. aff. Jg. 55 (2002) S. 611–625

Wilson, James Q.: American government. Institutions and policies. Lexington u. a.: Heath 1992 (5. Aufl.)

Wilson, William J.: The truly disadvantaged. The inner city, the underclass, and public policy. Chicago u. a.: Chicago U. P. 1990

Windhoff-Héritier, Adrienne: Politik „für die Bedürftigsten und ehrlichen Armen". Ziele und Folgen der Sparpolitik Reagans im Sozialsektor. In: PVS Jg. 26 (1985) S. 107–128

Windhoff-Héritier, Adrienne: Sozialpolitik unter der Reagan-Administration. In: APuZ B 44/1988. S. 24–35

Witt, Elder: The Supreme Court A to Z: A ready reference encyclopedia. Washington: Congressional Quarterly Press 1994 (rev. ed.) (= CQ's encyclopedia of American government 3)

Zaroulis, Nancy/Gerald Sullivan: Who spoke up? American protest against the war in Vietnam 1963–1975. New York: Holt 1985

Zelle, Carsten: Parteien und Politiker in den USA: Personalisierung trotz „party revival". In: ZParl Jg. 27 (1996) S. 317–335

Zöller, Michael: Welfare – das amerikanische Wohlfahrtssystem. Köln: Bachem 1982

Zöller, Michael: Die neue Mehrheit und das Ende des New-Deal Liberalismus. Das veränderte politische Spektrum der USA. In: ZfP Jg. 32 (1985) S. 393–411

Aus dem Verlagsprogramm

Politik

Emil Hübner/Ursula Münch
Das politische System Großbritanniens
Eine Einführung
2. Auflage 1999. 222 Seiten. Beck'sche Reihe Band 1251

Stephan Bierling
Geschichte der amerikanischen Außenpolitik
Von 1917 bis zur Gegenwart
3., durchgesehene und erweiterte Aufl., 2007. 280 Seiten
mit 2 Grafiken und 4 Tabellen. Paperback.
Beck'sche Reihe 1509

Dietmar Herz
Die Amerikaner im Krieg
Bericht aus dem Irak im vierten Kriegsjahr
2. Aufl., 2007. 156 Seiten mit 28 Abb. Gebunden.

Joseph J. Ellis
Sie schufen Amerika
Die Gründergeneration von John Adams bis George Washington
2005. 373 Seiten. Paperback.
Beck'sche Reihe Band 1655

Jürgen Heideking/Christof Mauch (Hrsg.)
Die amerikanischen Präsidenten
42 historische Portraits von George Washington bis George W. Bush
Fortgeführt von Christof Mauch.
4., fortgeführte und aktualisierte Aufl., 2005. 494 Seiten.
42 Abb. Broschiert.

Rainer Prätorius
In God We Trust
Religion und Politik in den USA
2003. 206 Seiten. Paperback.
Beck'sche Reihe 1542

Verlag C. H. Beck München

Politik

Eberhard Eichenhofer
Geschichte des Sozialstaats in Europa
Von der „sozialen Frage" bis zur Globalisierung
2007. 219 Seiten. Paperback.
Beck'sche Reihe Band 1761

Felix Ekardt
Wird die Demokratie ungerecht?
Politik in Zeiten der Globalisierung
2007. 214 Seiten.
Beck'sche Reihe Band 1771

Volker Gerhardt
Partizipation
Das Prinzip der Politik
2007. 507 Seiten. Gebunden.

Margareta Mommsen / Angelika Nußberger
Das System Putin
Gelenkte Demokratie und politische Justiz in Rußland
2007. 216 Seiten mit 11 Abbildungen. Paperback.
Beck'sche Reihe Band 1763

Manfred G. Schmidt
Das politische System Deutschlands
Institutionen – Willensbildung – Politikfelder
2007. 552 Seiten mit etwa 15 Abbildungen und
8 Tabellen. Paperback.
Beck'sche Reihe Band 1721

Hildegard Hamm-Brücher
In guter Verfassung?
Nachdenken über die Demokratie in Deutschland
2006. 205 Seiten. Gebunden.

Verlag C. H. Beck München

Politik

Julian Nida-Rümelin
Demokratie und Wahrheit
2006. 160 Seiten. Gebunden.

Otfried Höffe
Wirtschaftsbürger – Staatsbürger – Weltbürger
Politische Ethik im Zeitalter der Globalisierung
2004. 309 Seiten. Broschiert.

Ernst-Otto Czempiel
Weltpolitik im Umbruch
Die Pax Americana, der Terrorismus und
die Zukunft der internationalen Beziehungen
Eine Publikation aus der Hessischen Stiftung
Friedens- und Konfliktforschung, Frankfurt am Main.
4. Aufl., 2003. 230 Seiten. Paperback.
Beck'sche Reihe Band 1503

Ralf Dahrendorf
Die Krisen der Demokratie
Ein Gespräch mit Antonio Polito
2003. 116 Seiten. Paperback.
Beck'sche Reihe Band 1531

Jutta Limbach
Die Demokratie und ihre Bürger
Aufbruch zu einer neuen politischen Kultur
2003. 166 Seiten. Gebunden.
Krupp-Vorlesungen zu Politik und Geschichte

Hans-Ulrich Wehler
Konflikte zu Beginn des 21. Jahrhunderts
Essays
2003. 244 Seiten. Paperback.
Beck'sche Reihe Band 1551

Verlag C. H. Beck München